NEUE BEITRÄGE

ZUR

DEUTSCHEN WIRTSCHAFTS- UND VERFASSUNGSGESCHICHTE

GESAMMELTE AUFSÄTZE

VON

GEORG CARO
PRIVATDOZENT AN DER UNIVERSITÄT ZÜRICH

LEIPZIG
VERLAG VON VEIT & COMP.
1911

NEUE BEITRÄGE

ZUR

DEUTSCHEN WIRTSCHAFTS- UND VERFASSUNGSGESCHICHTE

GESAMMELTE AUFSÄTZE

VON

GEORG CARO

PRIVATDOZENT AN DER UNIVERSITÄT ZÜRICH

LEIPZIG

VERLAG VON VEIT & COMP.

1911

Druck von Metzger & Wittig in Leipzig.

Vorwort.

Die meinen Beiträgen gewordene Beachtung wie auch das freundliche Entgegenkommen des Herrn Verlegers bestimmen mich, eine zweite Reihe von meist schon veröffentlichten Einzelabhandlungen gesammelt herauszugeben, die erst in der Vereinigung ihrem Zweck, als Bausteine zu einer deutschen Wirtschafts- und Verfassungsgeschichte zu dienen, wie sie mir als Endziel aller derartigen Studien vorschwebt, vollends gerecht werden können. Dem lokalhistorischen Rahmen, den die Beiträge kaum überschritten haben, fügen sich in den neuen Beiträgen zwei Aufsätze ein, von denen der eine (III.) den Anfang einer umfangreichen Spezialarbeit bilden sollte, die nicht bis zum Druck gediehen ist, während der andere (IV.) deren wesentliche Ergebnisse darlegt. Ihnen gehen zwei Aufsätze voraus, die Fragen allgemeiner Bedeutung behandeln. Zu dem zweiten haben aber die in V. erörterten italienischen Verhältnisse so enge Beziehungen, daß auch diese Abhandlung nicht in der Sammlung fehlen durfte, während der Versuch einer Verbindung von ländlicher und städtischer Wirtschaftsgeschichte (VI.) keineswegs nur im Hinblick auf die am Schluß berührte „Entstehung des Kapitalismus“ unternommen worden ist. Nicht aufgenommen habe ich den Nachweis für das Vorhandensein eines Reichsgutsurbars aus karolingischer Zeit, der, soviel ersichtlich, allseitig Zustimmung gefunden hat, dessen geplante Erweiterung und Fortsetzung indes noch aussteht.

Polemisches ist den neuen Beiträgen ferngeblieben; darum benutze ich den knappen Raum des Vorworts zu einigen Bemerkungen. Auf „das ursprüngliche Verhältnis des Bistums Konstanz zum Kloster St. Gallen" nochmals zurückzukommen, war um so weniger Veranlassung, als gerade nach der Erwiderung von K. Beyerle auf meine einschlägigen Ausführungen die Frage nur lokalgeschichtliches Interesse bietet. Übrigens war ich in den für ihre kirchengeschichtliche Beurteilung entscheidenden Punkten den Kirchenhistorikern Egli und Hauck gefolgt, gegen die Beyerle in erster Linie sich hätte wenden sollen. Was aber die Rechtsqualität des Bodens betrifft, auf dem St. Gallen erbaut wurde, so sehe ich keinen genügenden Grund, zweihundert und mehr Zeugen, die (um 820 vor Bischof Hatto von Basel als Königsboten) beschworen haben, daß das Kloster nicht auf grundherrlichem Boden stehe, des Meineids zu bezichtigen. Wesentlicher als der, wie gesagt lokalhistorischen Frage nachzugehen, erschien eine Auseinandersetzung wegen der von Beyerle versuchten Rekonstruktion des Bischöflich-Konstanzer Hofes Arbon in seinem ursprünglichen Bestande, die ich als verfehlt bezeichnen mußte. Statt anzuerkennen, daß für Arbon bei dem Fehlen älterer Quellen sichere Ergebnisse nicht zu gewinnen sind, hat Beyerle die Lehen, die in den von ihm erläuterten jüngeren Urbaren sich vorfinden, den Schupposen gleichgesetzt und diese wiederum den mansi serviles, so daß er einer karolingischen Villikation Schupposen als Zubehör zu geben sich getraute, die doch in zeitgenössischen Quellen niemals erwähnt werden. Daß in Wirklichkeit die Schuppose (als Ackermaß = $^1/_4$ Hufe) ein jüngeres Gebilde der Grundherrschaft ist, habe ich in der Vierteljahrschrift für Sozial- und Wirtschaftsgeschichte, 1909, S. 495ff. nachgewiesen, vgl. auch u. S. 67. Wie Beyerle versuchen wird, die Wandlung des Sprachgebrauchs zu erklären, die eingetreten sein müßte, wenn später Schuppose genannt wurde, was früher Hufe hieß, darf man abwarten.

Meine Auffassung der Hufe als eines abhängigen Guts im Verbande der Grundherrschaft hat nunmehr Anklang gefunden; unbefangene Quellenbetrachtung kann eben zu keinem anderen Ergebnis führen. Demgegenüber vermag ich Ausführungen wie die von Rhamm nicht als ernsthaften Versuch einer Widerlegung gelten zu lassen, weil sie von einer Auffassungsweise ausgehen, deren Berechtigung erst bewiesen werden sollte. Eine wirkliche Nachprüfung hätte vor allen Dingen zu untersuchen, wie die ältere, so lange unbestritten herrschende Ansicht entstanden ist. Die Fadenscheinigkeit der Argumente, mit denen einst Olufsen operierte, und die durch Hanssens Autorität geradezu kanonisches Ansehen erlangten, würde dann klar genug zutage treten. Stammen sie doch aus einer Zeit, da philosophische Spekulation die exakte Quellenforschung ersetzte!

Vielfachen Widerspruch haben meine Bemerkungen über die Ministerialität hervorgerufen. Indem ich anderwärts eingehend darauf zurückkomme, ist es hier wohl am Platz, der Befriedigung Ausdruck zu geben, daß durch die Untersuchungen, die seither der Frage zuteil geworden sind, eine Klärung in wesentlichen Stücken erzielt sein dürfte. Die Stelle bei Ekkehard, auf die ich seinerzeit hinwies, bietet den Schlüssel zur Lösung. Um Erblichkeit der Lehen zu erlangen, sind in Deutschland die Söhne von freien milites des 10. Jahrhunderts durch Eintritt in die familia des Herrn „unfrei" geworden!

Was die Marken anbetrifft, so scheint durch neuere Forschungen gleichfalls ein Fortschritt erzielt zu sein. Vielleicht wird zur Hebung der Schwierigkeiten eine Berücksichtigung der „Bannherrschaften" beitragen, in denen ja doch, ob sie nun aus der Grundherrschaft (Vogtei) oder der Grafschaft stammen, die obrigkeitliche (Bann-) Gewalt über die Mark inbegriffen sein muß, während die Genossenschaft der Nutzungsberechtigten wohl nicht sehr früh im späteren Mittelalter zu fester Organisation gelangte.

Nachdem auf die immer wieder erörterten Probleme der zentralen Reichsverfassung, Königswahlen und Kurfürsten, eine Unsumme von Mühe und Scharfsinn verwandt worden ist, erscheint es an der Zeit, daß nun auch die lokalen Institutionen, auf denen die Ausgestaltung der Territorien beruhte, zu ihrem Recht kommen. Dabei muß die Erkenntnis des organischen Zusammenhanges zwischen den Verfassungseinrichtungen des früheren und späteren Mittelalters, wie ich ihn in der vierten Abhandlung darzulegen suchte, den Ausgangspunkt bilden. Wenn die „Hofgeschichten" noch für einige

Grundherrschaften verschiedener Stammesgebiete untersucht sein werden, dürfte sich vielleicht die Überzeugung Bahn brechen, daß die anscheinend so große Mannigfaltigkeit der ländlichen Zustände auf wenige Normen reduzierbar ist. Es lassen sich daher auch jeweils im Einzelfall an der Hand einiger gegebener Daten die Zwischenstufen der Entwicklung rekonstruieren, deren es wohl mehr gegeben hat, als man anzunehmen pflegt, die aber unbeschadet der kaum irgendwo fehlenden Zufälligkeiten überall ziemlich gleichmäßig wiederkehren, so daß eine genetische Erklärung geradezu mit ihnen rechnen kann.

Zürich, Anfang September 1911.

Inhalt.

I

Probleme der deutschen Agrargeschichte.[1]

Von verschiedenen Gesichtspunkten aus ist die deutsche Agrargeschichte in neuerer Zeit behandelt worden. Ausbildung und Verfall der Großgrundherrschaften des früheren Mittelalters bilden den wesentlichen Gegenstand der einen Gruppe von Forschungen, die andere legt das Schwergewicht auf die grundstürzenden Agrarreformen des ausgehenden achtzehnten und des neunzehnten Jahrhunderts und greift nur, gleichsam einleitungsweise, mehr oder weniger weit auf die vorher bestehenden Verhältnisse zurück. In der Mitte, aber wiederum recht isoliert, liegt die umfangreiche, um den Bauernkrieg von 1525 gruppierte Literatur, die, vorzugsweise dessen äußerem Verlauf zugewandt, doch nicht verabsäumen konnte, auch Ursachen und Wirkungen in ihr Bereich zu ziehen. Bei der Zwiespältigkeit der Behandlungsweise sind ein wenig die Fragen in den Hintergrund geschoben worden, die mit den leitenden Gesichtspunkten nicht unmittelbar zusammenhängen; es kommen wohl auch die Zeitepochen zu kurz, in denen die eine oder die andere Form der Agrarverfassung noch nicht oder nicht mehr voll ausgebildet war. Am nachhaltigsten hat aber die Verschiedenheit der Ausgangspunkte für die Untersuchungen auf die Problemstellung eingewirkt. Wer die Zustände der Neuzeit ins Auge faßt, konzentriert sein Interesse auf das ostelbische Rittergut, oder sucht etwa zu zeigen, inwieweit dessen charakteristische Formen in anderen Gegenden Deutschlands sich

[1] Veröffentlicht in der Vierteljahrschrift für Sozial- und Wirtschaftsgeschichte, hg. v. G. v. Below etc., Bd. 5 (1907) S. 433ff. Eine bloße Skizze mit umfangreichen Literaturnachweisen zu belasten erschien überflüssig, da alles Wesentliche zusammengestellt ist in der siebenten Auflage von Dahlmann-Waitz, Quellenkunde der deutschen Geschichte, Leipzig 1905, s. besonders S. 117ff. und S. 310ff., vgl. dazu den Ergänzungsband, Leipzig 1907, und die neuere Literatur in der Bibliographie zur deutschen Geschichte, bearb. von O. Maßlow, die der Historischen Vierteljahrschrift, hg. v. G. Seeliger, beigegeben ist; s. übrigens G. v. Below, Der Osten und der Westen Deutschlands, in Territorium und Stadt (Hist. Bibliothek, hg. v. d. Redaktion der Hist. Ztschr. Bd. 11, 1900) S. 1ff.

nicht wiederfinden; ebenso nimmt die Villikation eine zentrale Stellung ein in der Betrachtung des früheren Mittelalters, und keine gangbare Brücke verbindet die beiden, nach Raum und Zeit so weit voneinander entfernten Institutionen. Den gesamten, mehr als tausendjährigen Entwicklungsgang, selbst nur unter lokaler Begrenzung darzustellen, ist noch erst selten versucht worden. So wird es nicht unangebracht sein, einige Momente zu erörtern, die zur Zusammenfassung der deutschen Agrargeschichte unter einheitlichen Gesichtspunkten hinleiten.

Das Bestreben, die Fülle der Einzeltatsachen zu ordnen und zu sichten, hat zu begrifflichen Scheidungen Anlaß gegeben[1], deren wesentlichste die Gegenüberstellung von zwei Formen der Agrarverfassung ist, von Grundherrschaft und Gutsherrschaft. Der Grundherr nutzt den in seinem Obereigentum befindlichen Boden nicht selbst durch eigenen oder für seine Rechnung geführten Landwirtschaftsbetrieb, sondern begnügt sich mit der Grundrente, die ihm unter mannigfachen Rechtstiteln von den Hintersassen geleistet wird. Auch der Gutsherr bezieht solche Rente; aber für ihn fällt der Schwerpunkt der Bodennutzung in den Eigenbau, zu dessen Betrieb ihm die Frondienste der abhängigen Bauern zu Gebote standen. Während des 18. Jahrhunderts und schon früher hatte die Gutsherrschaft ihre Stätte im Osten Deutschlands; am Rhein und in Schwaben war der landwirtschaftliche Großbetrieb in Gestalt des Ritterguts, der jenseits der Elbe vorherrschte, so gut wie unbekannt, in den übrigen Ländern deutscher Zunge war er nicht stark verbreitet. Der Unterschied in der Agrarverfassung von Ost und West ist mit dem zwischen Gutsherrschaft und Grundherrschaft gleich zu setzen, der sich noch weit über die deutschen Grenzen hinaus erstreckte. Man darf Frankreich als Land der reinen Grundherrschaft betrachten, und in Polen bestand eine bis zu äußerster Schärfe ausgeprägte Form der Gutsherrschaft. Unstreitig sind die beiden Begriffe vorzüglich geeignet, zwei Gestaltungen der Agrarverfassung zu charakterisieren, die wiederum zusammenfallen mit der Häufigkeit größerer (durch öffentlich-rechtliche Vorrechte ausgezeichneter) landwirtschaftlicher Betriebe und dem Vorwiegen der Bodennutzung im bäuerlichen Mittel- und Kleinbetrieb; die beiden Arten der Grundbesitzverteilung wurden, wie noch gegenwärtig, durch die Elbe ziemlich scharf voneinander abgegrenzt. Indessen die Begriffe sollen

[1] S. das grundlegende Werk von G. F. Knapp, Die Bauernbefreiung und der Ursprung der Landarbeiter in den älteren Teilen Preußens, Leipzig 1887.

nicht nur Formen der Agrarverfassung scheiden, die nebeneinander bestanden haben, sondern auch für eine zeitliche Aufeinanderfolge gelten. Gutsherrschaft und Grundherrschaft sind Entwicklungsstufen der Agrarverfassung; jene ist im Osten aus dieser hervorgegangen. Eben hier beginnen die Schwierigkeiten.

Vergleicht man die Betriebsorganisation eines neuzeitlichen ostelbischen Ritterguts mit derjenigen einer karolingischen Villikation, so tritt die Ähnlichkeit in wesentlichen Stücken unverkennbar vor Augen. Hier wie dort wurde der dem Gutsverbande eingegliederte Boden teils unmittelbar vom Herrn oder für ihn bebaut, teils war er parzelliert an Bauern zur Nutzung gegen Dienste und Abgaben ausgetan. Mit der größeren, herrschaftlichen Eigenwirtschaft standen die kleineren, bäuerlichen Betriebe in organischer Verbindung; sie lieferten einen erheblichen Teil der für jene erforderlichen Arbeitskräfte durch die Fronden, die auf ihnen lasteten, und denen für die herrschaftliche Wirtschaftsführung eine erhebliche Bedeutung zukam. Die Fronden der Bauern machten das Halten eines zahlreicheren Gesindes auf den Herrenhöfen überflüssig, ersparten die Heranziehung von Lohnarbeitern und ermöglichten Beschränkungen der Betriebsmittel. Was über den unmittelbaren Selbstbedarf der herrschaftlichen Wirtschaft hinaus produziert wurde, war ein reiner Überschuß, von dem verhältnismäßig geringe Ausgaben abgingen; nur in der Verwendung des Überschusses zeigen sich Unterschiede, insofern als er den Großgrundherrn des früheren Mittelalters hauptsächlich in natura zum eigenen Unterhalt und dem ihres Hofgesindes diente, während er den Rittergutsbesitzern der Neuzeit durch Verkauf Einnahmen in Bargeld brachte. Indessen vermag der Unterschied zwischen dem geld- und naturalwirtschaftlichen Zweck des Betriebes nicht die Tatsache von der Ähnlichkeit seiner Organisation zu beeinträchtigen; kannte doch bereits die Römerzeit Gutsherrschaften, die für den Verkauf produzierten, und ebensowenig fällt ein „quantitativer“ Unterschied schwer ins Gewicht, daß nämlich das Salland karolingischer Villikationen dem Umfange nach kaum je heranreichte an den Herrenacker eines ostelbischen Rittergutes.

Zweimal sind also in der agrarischen Entwicklung Deutschlands analoge Organisationsformen des Landbaus in den Vordergrund getreten, aber räumlich und zeitlich getrennt voneinander durch einen sehr weiten Abstand. Die alte Villikation fand ihre eigentümliche Ausgestaltung am frühesten und deutlichsten im äußersten Westen, besonders links vom Rhein in den zur Zeit der Völkerwanderung von den Franken eroberten Gebieten. Dort kamen geschlossene Hofbezirke vor, die eine ganze Gemarkung umfaßten, und es bestand das Dorf ausschließlich aus Hütten der Hörigen, die sich um den Herrenhof gruppierten. Anderwärts überwog die Streulage des grundherrlichen Besitzes; die Pertinenzen des Hofes erstreckten sich über mehrere Ansiedlungsplätze und lagen zwischen denen anderer Höfe oder auch den Gütern freier Bauern. Das neuzeitliche Rittergut hatte dagegen seine Stätte östlich der Elbe in den vom zwölften bis vierzehnten Jahrhundert durch deutsche Einwanderer neu besiedelten Landschaften, die vorher von Slawen bewohnt, gar nicht zum Frankenreich gehört hatten, und wo auch die Villikationsverfassung in ihrer typischen Gestalt niemals bestanden haben kann. Schon deswegen ist ein unmittelbarer Zusammenhang zwischen Villikation und Rittergut kaum je ernstlich behauptet worden; läßt es sich doch überdies nachweisen, wie die Villikation im Laufe der Entwicklung einer fortschreitenden Auflösung anheimfiel oder doch einer so tiefgreifenden Umwandlung, daß gerade ihr vom wirtschaftlichen Standpunkt aus wesentlichstes Merkmal, der grundherrliche Eigenbetrieb unter Verwendung bäuerlicher Dienste, so gut wie völlig verschwand. Besser noch kann die jüngeren Zeiten angehörende Ausbildung des Ritterguts schrittweise verfolgt werden.

Beide Prozesse sind für die verschiedenen Landschaften, in denen sie sich jeweils ziemlich gleichzeitig abspielten, der Gegenstand vielfacher Untersuchungen geworden, und sie verdienen die ihnen geschenkte Beachtung; haben sie doch zu dem eigentümlichen Ergebnis geführt, daß eben da, wo die alte Villikation fehlte, das Rittergut entstand, während es nicht emporkam, wo jene geblüht hatte.

Einen recht sonderbaren Entwicklungsgang hätte demnach die deutsche Agrargeschichte genommen; sie wäre in diametralen Gegensätzen verlaufen. Im Westen hätte die Gutsherrschaft die Grundherrschaft abgelöst; im Osten wäre gerade das Umgekehrte eingetreten. Eine solche Gegensätzlichkeit erscheint unbegreiflich in Anbetracht der allezeit vorhandenen Wechselbeziehungen zwischen Osten und Westen. Fiel doch, zumal im 18. Jahrhundert, die wirtschaftliche Scheidelinie kaum irgendwo selbst nur mit den Grenzen von Territorialstaaten zusammen. Die Sachlage gewinnt denn auch ein anderes Ansehen, wenn man sie nicht nur vom Standpunkt der landwirtschaftlichen Betriebsorganisation aus betrachtet, sondern auch rechtsgeschichtliche Erwägungen mitsprechen läßt.

Dreierlei Arten von Rechten konnte im Rahmen der Staats-

und Gesellschaftsordnung, deren Sturz die französische Revolution nach sich zog, ein Herr über abhängige Leute üben, leibherrliche, auf die Person bezüglich, grundherrliche, die aus dem Eigentum am Boden stammten, und gerichtsherrliche, auf öffentlich-rechtlichen Befugnissen beruhende. Die begrifflich klare Unterscheidung ist vom französischen Recht mit aller Schärfe zum Ausdruck gebracht worden; in Deutschland allerdings hat eine gewisse Begriffsverwirrung sich eingeschlichen, die gelegentlich noch auf die neuere Literatur nachwirkt. Tatsächlich mochte es bereits in älterer Zeit nicht leicht sein, den Ursprung bäuerlicher Lasten mit Sicherheit auf eines der drei Herrschaftsrechte zurückzuführen, denn oft genug wurde die gleiche oder doch eine sehr ähnliche Leistung kraft verschiedenen Rechts beansprucht. Fronden forderte der Grundherr und der Gerichtsherr, Hühner kamen beiden zu und auch dem Leibherrn. Der Zehnten endlich, vom Staat der Kirche zuerkannt und häufig durch sie an weltliche Empfänger entfremdet, läßt sich in keiner der drei Kategorien unterbringen; er wurde von freieigenem Boden so gut wie von grundherrlich gebundenem entrichtet. Da übrigens der Ursprung der Zehntberechtigung kaum je merklich verdunkelt worden ist, wird es nur selten schwer fallen, den Grundzins vom Zehnten zu sondern; aber auch sonst müssen, soweit irgend möglich, die Leistungen von Bauern an die Herrschaft, die in Urbaren und anderweitig aufgezählt sind, auf ihren Ursprung zurückgeführt werden.

Die Unentbehrlichkeit solch reinlicher Scheidung für eine gesicherte Erkenntnis der agrarischen Zustände unterliegt wohl keinem Zweifel; durch die bloße Wiedergabe der Quellennachrichten läßt sich auch bei kunstvoller Gruppierung nur ein verschwommenes Bild des Zuständlichen liefern. Prüft man nun aber die agrarischen Verfassungsformen auf den Anteil, den die drei Gewalten an ihrer Ausgestaltung hatten, so wird leicht ersichtlich, daß die Villikation vorwiegend auf Leib- und Grundherrschaft beruhte, auf der Gewalt des Herrn über die Person der Hintersassen und seinem Eigentum an dem von ihnen bebauten Boden; das Rittergut dagegen leitete seine wesentlichsten Gerechtsame aus der Gerichtsherrschaft ab, den obrigkeitlichen, vom Landesherrn übertragenen Befugnissen. Die beiden äußerlich so ähnlichen Institutionen sind aus verschiedenen Wurzeln erwachsen.

Die Villikation in ihrem Bestand aus Herrenhof mit Salland und dienstbaren Hufen war dem Ursprung nach ein privatrechtliches Gebilde. Aus dem Leiheverhältnis, kraft dessen die Hintersassen den Boden innehatten, schrieb sich ihre Verpflichtung zu Abgaben und Fronden her; der Unfreie mußte wohl die Hufe annehmen, auf die ihn der Leibherr setzte, und leisten, was ihm auferlegt war, wenn nicht der Landesbrauch feste Normen bestimmte. Allerdings übte der Villikationsherr Gerichtsbarkeit über seine Hintersassen; er schlichtete selbst oder durch seinen Vertreter, den Meier, Streitigkeiten wegen Nutzung des von ihm verliehenen Bodens. Er hatte auch Strafgewalt, verschieden abgestuft gegenüber Unfreien, Halbfreien und den Freien, die sich in seinen Schutz begeben hatten; aber all das stand ihm auf Grund privater Berechtigung zu, ohne spezielle Verleihung durch die Staatsgewalt. Die in fränkischer Zeit den geistlichen und vielen weltlichen Grundherren von den Königen gewährte Immunität befreite die grundherrlichen Besitzungen vom Zutritt der Staatsbeamten und förderte so die Ausbildung einer geschlossenen Hofverfassung; aber sie war nicht eine unentbehrliche Voraussetzung für deren Bestehen. Viel eher beeinträchtigte sie ihren rein privaten Charakter durch den Zusatz öffentlich-rechtlicher Momente, wie das ganz besonders die geistlichen Großgrundherrschaften zu empfinden hatten, als in ihnen die Vögte kraft staatlicher Bevollmächtigung schalteten.

Das ostelbische Rittergut dagegen fußte in dem für seine Ausbildung maßgebenden Bestandteil auf der Gerichtsherrschaft. In seiner Eigenschaft als Inhaber der (höheren) Gerichtsbarkeit hatte der Gutsherr Anspruch auf Dienste der Bauern, soviel er für seine Notdurft brauchte. Nur durch diese Erklärung ist das Rätsel von der enormen Ausdehnung der Frondienste im Osten zu lösen. Leibherrliche Rechte im eigentlichen Sinne des Wortes fehlten dem ostelbischen Gutsherrn ganz. Als freie Leute waren die deutschen Ansiedler ins Land gekommen, wes Standes sie immer in der Heimat gewesen sein mögen, und die slawische Hörigkeit hat weniger sichere Spuren hinterlassen als die echte, alte Unfreiheit des Westens. Was man später im Osten als Leibeigenschaft bezeichnete, war nichts anderes als ein gesteigerter Grad der Erbuntertänigkeit, die gleichfalls auf Gerichtsherrschaft beruhte und nur von sehr kenntnislosen oder voreingenommenen Juristen der römischen Sklaverei gleichgesetzt werden konnte. Grundherrliche Fronden mögen jenseits der Elbe die Ansiedler gelegentlich von Anfang an auf sich genommen haben. Derengleichen kamen überall vor, wennschon zu bemerken ist, daß sie gerade während des klassischen Zeitalters der Kolonisation im Westen, bei dem Rückgang des grundherrlichen Eigenbaus, sich sehr vermindert haben müssen, und grundherrliche Fronden waren ein für allemal durch den Leihevertrag festgelegt; sie konnten nicht einseitig gesteigert werden, sowenig wie der Grundzins, der, bei der Ansetzung des Dorfs nach deutschem Recht den Hufen auferlegt, bei deren Übertragung von einem Inhaber auf den anderen durch Erbgang oder Kauf sich nicht wohl erhöhen ließ und oft genug bis zu seiner Ablösung im 19. Jahrhundert kaum wesentlich verändert worden ist. Auch die Fuhrfronden (für Kriegszwecke), die in der Mark Brandenburg der Landesherr vielfach seinen Rittern überließ, waren gemessen und konnten bei ihrer Umwandlung in Ackerdienste nicht erheblich gesteigert werden.

Anspruch auf ungemessene Fronden vermochte nur die (hohe) Gerichtsbarkeit zu geben, die den Grundherrn des Ostens zugleich mit der Erlaubnis zur Ansetzung deutscher Bauern verliehen oder doch von ihnen später erworben wurde. Allerdings hing es nicht allein vom Belieben des Gerichtsherrn ab, Fronden zu verlangen oder zu vermehren, nur bittweise konnte er die Bauern darum angehen; aber inwieweit diese die Bitte abschlagen durften, ließ sich wohl im Einzelfall schwer ermessen. Was von Zwangsmaßregeln der Grundherrn berichtet wird, mag sich auf die zur Einwilligung in die Bitte geübte Nötigung beziehen, nicht aber auf völlig rechtswidrige Gewalttat; denn die Bitte war eben ein gutes Recht des Herrn, ihre Verweigerung, abgesehen von der tatsächlichen Mißlichkeit, auch juristisch bedenklich, und selbst wenn eine Übereinkunft betreffs der Höhe der Fronden geschlossen war, konnte der Gerichtsherr später neue Forderungen erheben. Die gerichtsherrlichen Fronden waren im Prinzip ungemessen, analog den Steuern oder Beden, wie sie etwa im Südwesten von den Inhabern der hohen Gerichtsbarkeit, Grafen oder Vögten, bereits sehr früh ihren Gerichtseingesessenen auferlegt wurden.

Für den ostelbischen Gutsherrn fiel der Schwerpunkt der bäuerlichen Leistungen in die Dienste, ganz so wie einst der römische Possessor von den Kolonen in erster Linie Arbeit verlangte und der Pacht weit weniger Wert beimaß. Die Bestellung des Ritterackers geschah durch die von den Bauern geschuldeten Fronden. Vergrößerte der Gutsherr die Eigenwirtschaft durch Einziehung von Bauernhufen, so pflegte er zu verlangen, daß die übriggebliebenen Bauern durch vermehrte Fronden für die wegfallenden der gelegten Bauern und für den Mehrbedarf aufkamen. Daher wird es begreiflich, daß im 18. Jahrhundert Untertanen dem Gerichtsherrn sechs Tage in der Woche fronden mußten, während die Leibherrn der auf mansi serviles angesiedelten Unfreien zur Karolingerzeit sich mit drei Tagen begnügt hatten.

Um den Unterschied der agrarischen Entwicklung von Osten und Westen, jenen anscheinend entgegengesetzten Übergang von Grund- in Gutsherrschaft und umgekehrt, zugleich zu kennzeichnen und zu erklären, ist die Formel aufgestellt worden, daß im Osten regelmäßig die (uneigentliche) leibherrliche, die grundherrliche und die gerichtsherrliche Gewalt in einer Hand sich vereinigten, während im Westen fast ebenso regelmäßig die drei Gewalten auseinandergingen, — außer wenn sie dem Landesherrn selbst zustanden. Diese begriffliche Bestimmung entspricht den Tatsachen. Es ist richtig, daß der dem niederen Adel angehörige Gutsherr des Ostens einen landwirtschaftlichen Großbetrieb zu begründen imstande war, weil er als Obereigentümer die Bauernhufen einziehen konnte, als Gerichtsherr über die zur Bewirtschaftung erforderlichen Arbeitskräfte verfügte, und als Leibherr die bedrückten Untertanen am Entlaufen hinderte. Indessen ist doch bemerkenswert, daß im Westen, selbst wenn durch Vereinigung der drei Gewalten in einer Hand die gleiche Möglichkeit vorhanden war, nicht die gleichen Folgen eingetreten sind. Das Rittergut als wirtschaftlicher Organismus war fast ausschließlich dem Osten eigentümlich; was man am Niederrhein Rittergut nannte, war „kein wirtschaftlicher Begriff“[1].

Trifft es nun überhaupt zu, und damit komme ich auf die bereits mehrfach berührte, entscheidende Frage zurück, daß die Entwicklung im Gegenzug verlief; stehen Ost und West, vom gleichen Volke bewohnt, einander gegenüber wie fremde Welten? Soweit es sich um die rechtlichen Grundlagen der Agrarverfassung handelt, läßt sich das unmöglich zugestehen. Es sind augenfällige, starke Abweichungen vorhanden; deswegen darf jedoch ein Parallelismus der Entwicklung nicht verkannt werden. Gleichgerichtete Strömungen machten sich in ganz Deutschland geltend.

Der Schwerpunkt des Vergleichs fällt in die Gerichtsherrschaft, die spätestens seit dem 13. Jahrhundert an Bedeutung für die soziale Lage der Landbevölkerung die anderen beiden Gewalten weit überragte. Eben erst auf Grund der Gerichtsherrschaft konnte die neue Leibherrschaft des Ostens entstehen, die in ihrer Ausbildung vielfach auf der milderen Stufe der Erbuntertänigkeit verharrte und nicht zur vollen Fesselung des Bauern an die Scholle führte, geschweige denn zu der Möglichkeit, ihn ohne den Boden,

[1] Below l. c. S. 159.

auf dem er saß, zu veräußern; aber auch im Westen hat sich mit den Resten der alten Unfreiheit eine neue, gerichtsherrliche Leibeigenschaft verschmolzen, die gerade am Ende des Mittelalters bedenkliche Tendenzen zur Ausdehnung zeigte und unter den Ursachen des Bauernkriegs eine keineswegs geringfügige Rolle spielte. Die Grundherrschaft wiederum beschränkte sich in ihren Wirkungen, wenn sie nicht mit der Gerichtsherrschaft in einer Hand lag, auf das Recht zum Rentenbezug, und die Belastung des Bodens zugunsten der Grundherren blieb allerwärts merkwürdig stabil, selbst wenn der Bauer einem bloßen Zeitpächter nahekam, wie das zeitweise im Gebiet des Meierrechts der Fall war.

In der Beschaffenheit der bäuerlichen Besitzrechte kann jedenfalls kein durchgreifender Unterschied zwischen Ost und West gefunden werden. Hier wie dort tritt die Hinneigung zu tatsächlicher Erblichkeit hervor, ob sie nun beim Meiergut vom Landesherrn begünstigt wurde, oder beim Laßbesitz bis zu einem gewissen Grade im Interesse des Gutsherrn selbst lag. Eigene Güter hatten die Kölmer in Ostpreußen, das niederschlesische, als erbeigen bezeichnete Erbzinsrecht war kaum viel schlechter als das südwestdeutsche, und das bayerische Freistiftrecht nicht erheblich besser als etwa der pommersche Laßbesitz. Wenn selbst bei Vorhandensein eines ungünstigen Besitzrechts und (nominellem) Fortbestehen der Leibeigenschaft die Lage der Bauern im Westen und Süden sich durchschnittlich günstiger gestaltete als im Osten, so beruhte das auf den abweichenden Formen, welche die Gerichtsherrschaft angenommen hatte, und den verschiedenen Wirkungen, die sie übte.

Einen diametralen Gegensatz stellen der Südwesten und der Nordosten dar. In Schwaben und am Oberrhein, im Lande der territorialen Zersplitterung, war fast der gesamte Adel reichsunmittelbar. Höhere Gerichtsbarkeit, die er auf Grund von Grafschafts- oder Vogteirechten besaß, rührte unmittelbar vom Reich her und bildete die Basis für die Landeshoheit des Inhabers; das gleiche gilt für die geistlichen Gerichtsherrn. In den großen Territorien des Nordostens gab es dagegen nur landsässige Ritter und Prälaten, denen aber im Lauf der Zeit fast durchweg, nicht vom Reich, sondern vom Landesherrn die höhere Gerichtsbarkeit zuerkannt worden war. Den vielen kleinen Landesherren des Südwestens stand also im Nordosten eine noch weit erheblichere Zahl von Gerichtsherren gegenüber, die, wenigen großen Landesherren untergeordnet, nicht selbst Landeshoheit erlangt hatten. Nur der Landesherr bezog im Nordosten die Steuer oder Bede, die im Südwesten von den Einkünften des Gerichtsherrn wohl das wesentlichste Stück ausmachte. Wollte der ostelbische Gutsherr seine Einkünfte aus der Gerichtsbarkeit steigern, so blieb ihm kaum anderes übrig als die Fronden zu erhöhen, ein Weg, den übrigens gegen Ende des Mittelalters die Landesherren des Südwestens gleichfalls einschlugen. Auch die Bedrückung durch gesteigerte Fronden spielte unter den Ursachen des Bauernkrieges eine Rolle, und selbst die Verwendung der Fronden zu herrschaftlichem Eigenbau im Zusammenhang mit dessen Vergrößerung scheint damals im Südwesten nicht ganz ungewöhnlich gewesen zu sein; aber immer nur der Gerichtsherr konnte die Fronden steigern, nicht der Grundherr. Beide Gewalten fielen im Nordosten regelmäßig zusammen, nicht jedoch im Südwesten. Grundherrschaft ohne Gerichtsherrschaft gab auf nichts weiter Anspruch, als auf den Bezug einer, meistens fixierten Grundrente.

In dem Sinne, wie es zu Anfang der Erörterungen geschehen war, läßt sich also gar nicht Grundherrschaft und Gutsherrschaft in Gegensatz zueinander stellen; die Entwicklung führte nicht sowohl den Übergang von der einen zur andern und umgekehrt herbei, sondern vielmehr: die eigentliche, reine Grundherrschaft, auf der die alte Villikationsverfassung beruht hatte, verflüchtigte sich mit deren Verfall zu einem bloßen Anrecht auf Grundrentenbezug; dafür trat als das für die Lage der Landbevölkerung maßgebende Herrschaftsrecht die Gerichtshoheit in den Vordergrund, die im Osten zur Ausbildung der Gutsherrschaft führte, während sie im Südwesten überwiegend mit der Landeshoheit zusammenging, — Zwischenstufen sind ebenso zahlreich als mannigfaltig. Die spätere, sogenannte Grundherrschaft des Westens, insoweit sie mehr zu bedeuten hatte als bloßes Obereigentum am Boden, und die Gutsherrschaft des Ostens beruhen gleichmäßig auf Kombination der eigentlichen Grundherrschaft mit der Gerichtsherrschaft und haben sich ziemlich gleichzeitig, etwa seit dem 13. Jahrhundert, ausgebildet, allerdings nach verschiedenen Richtungen hin wegen des Einflusses, den die Landesherrschaft ausübte. In wirtschaftlicher Hinsicht fielen, wie nochmals betont werden muß, für den Grundherrn des Westens, der zugleich Gerichtsherr (und Landesherr) war, die Einnahmen aus seinen gerichtsherrlichen Gerechtsamen am schwersten ins Gewicht, während dem Grund- (und Guts-)Herrn des Ostens der Eigenbau, den er pflegte, den meisten Ertrag brachte. So fehlten dem Westen die für den Osten charakteristischen landwirtschaftlichen Großbetriebe fast völlig. Diese Differenz geht jedoch so weit zurück, daß mit ihr für die Entwicklung der ostelbischen Verhältnisse von vornherein gerechnet werden muß.

In ganz Deutschland bis zur alten Slawengrenze war seit dem 13. Jahrhundert der kulturfähige Boden, wenn nicht vollständig, so doch zum allergrößten Teil unter Bauern aufgeteilt, die ihn in Mittel- oder Kleinbetrieben bestellten. Die Frage, ob das gleiche zu irgendeinem Zeitpunkt, etwa unmittelbar nach Abschluß der Kolonisation, jenseits der Elbe der Fall war, muß meines Erachtens schlechthin verneint werden. Es gab im Osten stets landwirtschaftliche Betriebe, die an Umfang den eines mittleren Bauernguts erheblich übertrafen.[1] Nicht gar soviel anders als heutzutage, nach Auflösung des gutsherrlich-bäuerlichen Verbandes, die Gutsbezirke neben den Dörfern lagen in Schlesien die herrschaftlichen allodia neben den bäuerlichen ville; und wenn in der Kolonisationsepoche viele Allode nach Hufen vermessen an deutsche Ansiedler ausgetan wurden, so blieben ihrer noch immer genug übrig.[2] Jene Abnahme des herrschaftlichen Eigenbaus, die im Westen eintrat, ist im Osten niemals gleich weit vorgeschritten. Früher wurde er auf den Alloden betrieben und später auf den Vorwerken, aus denen die Rittergüter hervorgingen.[3] Daß hier ein

[1] Das ergibt für die Mark Brandenburg der Bedevertrag von 1281, Riedel, Cod. dipl. Brand. T. 3. Bd. 1, S. 10f. Nr. 9, der besagt, daß der Ritter 6 Hufen, der Knappe 4 Hufen unter seinem Pfluge haben wird, die sollen steuerfrei sein; und wenn sie mehr unter dem Pfluge haben werden, sollen sie von diesen die Steuer entrichten. 6 mansi dominicales hätten in einer alten Villikation ein recht ansehnliches Salland ausgemacht, auch wenn man das größere Ausmaß der Hufen im Kolonialland gar nicht in Betracht zieht, vgl. Grossmann, Über die gutsherrlich-bäuerlichen Rechtsverhältnisse in der Mark, Schmoller, Forschungen Bd. 9, H. 4 (1890), S. 6. Der Einwand von Fuchs, Zur Gesch. d. gutsherrlich-bäuerlichen Verh. in d. Mark, Ztschr. der Savigny-Stift. f. R.G., Bd. 12 (1891), S. 21, daß der Ritter damals Nachbar, nicht Herr des Bauern war, mag für die Mark und in geringerem Grade auch für andere Landschaften zutreffen, berührt aber nicht die Tatsache, daß es im Jahre des Bedevertrags im westlichen Deutschland herrschaftliche Landwirtschaftsbetriebe, die 6 oder selbst nur 4 Hufen Ackerland umfaßten, wohl überhaupt nicht mehr gab.

[2] Vgl. bei P. Boenisch, Die geschichtliche Entwicklung der ländlichen Verhältnisse in Mittel-Schlesien, Diss. Jena 1894, die Tabellen S. 28ff.

[3] Die gewundenen Auseinandersetzungen von Dessmann, Geschichte der schlesischen Agrarverfassung (Abhandl. a. d. staatswiss. Seminar zu Straßburg H. 19, 1904), S. 31ff. können nicht recht befriedigen. Das Allod (im wirtschaftlichen Sinne, nicht in dem sonst üblichen rechtlichen, als Gegensatz zu Lehen) ist das Vorwerk, auf dem der Grundherr Eigenbau betreibt. Es ist nicht selten parzelliert worden, ganz oder teilweise, und es sind auch wieder

Zusammenhang bestehen muß, ließe sich kaum bezweifeln, selbst wenn nicht fortlaufende Zeugnisse dafür sprächen.[1] Es mag sein, daß die Zahl der Großbetriebe sich später durch Anlegung neuer Vorwerke erhöhte und ihr Umfang sich vergrößerte, indem der Gutsherr wieder mehr Äcker unter den Pflug nahm. Nur um quantitative Verschiebungen kann es sich dabei handeln, nicht um eine grundstürzende Umwälzung in der Besitzverteilung. Allerdings sind spezielle, für Schlesien angestellte Berechnungen, die für das Verhältnis des Hoflandes zum Bauernlande eine Verschiebung von etwa 1 zu 2 auf 2 : 2 ergeben,[2] wohl nicht ganz unanfechtbar oder dürfen doch nicht allgemeine Geltung beanspruchen.[3] Immerhin wird man

---

aus eingezogenen Bauernhufen neue Vorwerke errichtet worden; das zeigen in typischer Weise die für das Dorf Domslau von Meitzen, Codex dipl. Silesiae Bd. 4 (1863) mitgeteilten Urkunden. 1288 hat Herzog Heinrich IV. der Kantorei des Kreuzstifts in Breslau ein Allod von sechs Hufen zugewiesen, das einst der Pfarrkirche in Domslau gehörte (ibid. S. 4 Nr. 3); dieses Allod wird im Landbuch des Fürstentums Breslau 1353/58 aufgeführt (ibid. S. 18 Nr. 23) und nach den Grundsteuerkatastralakten von 1743 (ibid. S. 119ff. Nr. 204) hatte das Kreuzstift 6 Hufen in Kultur, auch ist bemerkt: „diese 6 Hufen werden das Warusche Vorwerk oder Carlau genannt“. Eine Entscheidung des Oberpräsidenten von 1783 (ibid. S. 124 Nr. 207) gesteht zu, daß „von je dazugezogenen Bauer-Huben keine Spur vorhanden ist“. Dagegen ist ein anderes Vorwerk am Orte aus vier Bauerngütern „zusammengezogen“ worden (ibid. S. 114 Nr. 200, 1690), und zur Zeit des Landbuchs gab es in Domslau außer dem Allod der Kantorei noch andere, vgl. Meitzen in der Einleitung S. 35.

[1] Auch für Livland ist herrschaftlicher Eigenbetrieb von Beginn der Kolonisation an nachgewiesen, s. H. Freiherr v. Engelhardt, Beitrag zur Entstehung der Gutsherrschaft in Livland während der Ordenszeit. Diss. Leipzig 1897, S. 21ff.

[2] Boenisch l. c. S. 27 berechnet für die Zeit des Landbuchs Karls IV. den ritterlichen Besitz zu 35,64 %, Gemeindeland 64,36 %; für die Zeit der preußischen Besitzergreifung (1740, s. S. 56) herrschaftlichen Besitz 49,71 %, davon 7,94 % wüste Hufen, Gemeindeland 47,75 %; nach der Grundsteuerveranlagung von 1861/65, s. S. 96, herrschaftlichen Besitz 48,31 %, Gemeindeland 49,14 %, davon bäuerlicher Privatbesitz 47,04 %; vgl. dageg. Dessmann S. 34.

[3] Großmann l. c. S. 6f. berechnet aus dem Landbuch von 1375, daß in der Mittelmark „der bäuerliche Besitz um zirka achtmal größer als der ritterschaftliche war“, für die Uckermark stelle „sich das Verhältnis fast nur wie 5 : 1“; er hält jedoch diese Zahlen als zu niedrig für letzteren. Es wäre zu bemerken, daß die Allode oder Vorwerke gar nicht immer genau nach Hufen ausgemessen gewesen sein müssen. In dem „Extract aus Wolfgang Redorffers Landbuche des Landes Ruppin, das Schloß Goldbeck und dessen Zubehör betreffend, vom Jahre 1525“ bei Riedel, Cod. dipl. Brand. T. 1, Bd. 2 S. 339, heißt es für das Vorwerk zu Goldbek nur: „hatt itzliche Preiten ackerwerck auss den vorwerk geackert“; für das (nicht wüste) Dorf Titzütz ist ibid. S. 341 die Hufenzahl angegeben. Im Urbar des Klosters Amelungsborn, ibid.

nur zwischen einer Periode unterscheiden dürfen, in der ein Rückgang des grundherrlichen Eigenbaus eintrat (die Kolonisationszeit) und einer Epoche erneuter Zunahme, die gegen Ende des Mittelalters kräftig einsetzte. Nach beiden Richtungen hin hatte bis zur Mitte des 18. Jahrhunderts die Entwicklung noch kein Extrem erreicht; damals hatte selbst in Mecklenburg und Schwedisch-Vorpommern der Ritteracker noch nicht das Bauernland verschlungen, aber es war eben auch im 13. und 14. Jahrhundert der Boden nicht vollständig unter die Bauern aufgeteilt gewesen.[1]

Um die Parallele zwischen der Entwicklung des Ostens und Westens zu vervollständigen, wird man gut tun, die (west)slawische Agrarverfassung, wie sie vor der deutschen Einwanderung bestand, unter denselben Gesichtspunkten zu betrachten wie die gleichzeitigen Zustände in deutschen Gebieten. Trotz markanter Unterschiede tritt die Ähnlichkeit unverkennbar hervor. Selbst das typische, schlechte Besitzrecht der slawischen Bauern findet seine Analogie in den Villikationen. Freilich waren deutsche Einflüsse auf die Westslawen[2] seit Beginn der historischen Zeit wirksam, nicht nur auf die früh und vollständig Unterworfenen an Saale und Main, sondern auch auf die jenseits der Elbe wohnhaften, die zu eigenen Staatenbildungen fortschritten. Speziell für die Länder zwischen Elbe und Oder fällt geradezu die Auflösung der alten Agrarverfassung mit der Germanisierung zusammen, also mit einer nationalen Umwälzung in der Bevölkerung, während im Westen die Umwandlung der Villikationen einen rein internen Vorgang ausmachte, der nicht wie dort durch

Bd. 1 S. 451ff., das nur die zum Hofe Dransee gehörigen Hufen aufführt, nicht aber den Hof selbst beschreibt, bemerkt der Verfasser, der jedenfalls vor 1430 schrieb, ausdrücklich (S. 458), daß dem Landesherrn soweit irgend möglich die Zahl der Hufen verheimlicht werden soll, (sic similiter de agris curie Dransee, qui de curia coluntur, nunquam sane mensura mansorum nominetur, sed in perpetuum manebunt, prout huc usque est servatum, immensurati).

[1] Ein recht interessantes Beispiel für (beabsichtigtes) „Bauernlegen" am Anfang des 13. Jahrhunderts gibt eine Urkunde von 1204 im U.B. des Klosters Pforte T. 1, Halle 1893 (Geschichtsquellen der Provinz Sachsen Bd. 33), S. 76 Nr. 58. Allerdings handelt es sich hier um ein Kloster des Zisterzienserordens, der prinzipiell den Eigenbau auf Grangien bevorzugte, ein Moment, dessen nicht genügend gewürdigte Bedeutung für die Kolonisation des Ostens sehr mit Recht von W. Schulte, in Silesiaca, Festschrift für Grünhagen, Breslau 1898, S. 62 hervorgehoben worden ist.

[2] Über südslawische, unter byzantinischem Einfluß ausgebildete Agrarverfassung vgl. M. Wlainatz, Die agrarrechtlichen Verhältnisse des mittelalterlichen Serbiens, in Sammlung nationalök. und statist. Abh. d. staatswiss. Seminars zu Halle, hg. von J. Conrad, Bd. 40, Jena 1903.

fremde Einwanderung verursacht war, sondern von innen heraus sich entwickelte.

Daß im Osten gegen Ende der Kolonisationsepoche hin ein Höhepunkt in der Verteilung des Bodens unter bäuerliche Betriebe eingetreten war, entspricht recht gut der gleichzeitigen Entwicklung im Westen. Hier war ungefähr in der ersten Hälfte des 14. Jahrhunderts die Grundbesitzzersplitterung sehr weit fortgeschritten, zumal in den Gegenden, wo die Hufen, parzellenweise von den Inhabern selbst zerteilt, nur noch eine ideelle Belastungseinheit innerhalb der Grundherrschaft bildeten oder ganz verschwanden.

Später ist dann ein Rückschlag gegen die allzuweitgehende Güterteilung eingetreten. Es bildeten sich wieder größere Bauerngüter, die nach Bestimmung des Grundherrn oder erbrechtlicher Gewohnheit ungeteilt bleiben mußten.[1] Die Tendenz zur Vergrößerung der landwirtschaftlichen Betriebe trat gegen Ende des Mittelalters vieler Orten hervor. Im Westen kam sie wesentlich für die Bauerngüter zur Geltung, aber auch im Osten blieb sie durchaus nicht auf die Rittergüter beschränkt. Es kann keinem Zweifel unterliegen, daß auch die Bauerngüter an Umfang zugenommen haben. Wenn bei der Kolonisation die Hufe als Normalmaß für das grundherrlich abhängige Gut nach dem Osten übertragen wurde, und das in einer Zeit, als sie im Westen bereits ihre Bedeutung zu verlieren begann, so muß angenommen werden, daß die Absicht bestand, jedem bäuerlichen Ansiedler je eine Hufe zu geben. Sonst ließe es sich nicht erklären, weswegen die Flur überhaupt nach Hufen aufgeteilt wurde, die bei aller lokalen Verschiedenheit durchgängig erheblich größer waren als die des Westens. Hätte man nicht je eine Hufe als ausreichend für den Ansiedler erachtet, so würde doch nichts im Wege gestanden haben, ihr Ausmaß noch größer zu gestalten, als es in Wirklichkeit ist. Später aber findet sich sehr häufig, daß ein Bauer zwei Hufen Ackerland und mehr unter dem Pfluge hat.[2] Gewiß mochten die Verwüstungen des

---

[1] Vgl. dazu Gothein, Die Hofverfassung auf dem Schwarzwald, Ztschr. f. Gesch. d. Oberrh. N. F. Bd. 1 (1886) S. 257ff., und auch die Nachweise in meinen Beiträgen zur älteren deutschen Wirtschafts- und Verfassungsgesch., (Leipzig 1905) S. 84ff.

[2] So schon im Urbar von Amelungsborn (vor 1430) bei Riedel, Cod. dipl. Brand. T. 1, Bd. 1 S. 451ff. Allerdings ist beachtenswert, daß bereits zur Karolingerzeit nach dem breviarium Lulli in den thüringischen Besitzungen des Klosters Hersfeld öfters auf eine Hofstätte zwei (oder auch mehr) Hufen Ackerland zu entfallen scheinen, während nach dem polyptichum Irminonis

Landes, welche die Kriege des späteren Mittelalters mit sich brachten, eine Zusammenlegung der Hufen erleichtern und selbst bei dem Menschenmangel erfordern. Immerhin erscheinen im Osten wie im Westen neben den eigentlichen, spannfähigen Bauernnahrungen die kleineren der Kossäten, Gärtner oder wie sie sonst heißen, so daß relativ größere, mittlere und kleine Betriebe überall vorhanden waren, wenn sie auch dem absoluten Umfang nach recht verschieden sein mochten, und noch mehr Verschiedenheiten die Verteilung des Bodens unter sie aufwies und vollends im Laufe der Zeit erreichte.

Im Osten vergrößerten sich die großen Betriebe auf Kosten der mittleren, Niedersachsen und Bayern blieben die Heimat eines behäbigen Bauernstandes, während im Südwesten die Neigung zur Güterzerstückelung sich später wieder freie Bahn machte. Bis zur letzten Stufe der Entwicklung, zur fast vollständigen Aufsaugung der Bauerngüter, sind die Großbetriebe nur in einem verhältnismäßig engbegrenzten Gebiet, in Mecklenburg und Schwedisch-Vorpommern, in den letzten Jahrzehnten des 18. und im 19. Jahrhundert gelangt. Wirtschaftliche Ursachen haben dabei stark mitgewirkt; in der letzten Periode des Bauernlegens waren die nach verbesserten technischen Grundsätzen geleiteten Großbetriebe entschieden die leistungsfähigeren; freilich wäre auch hierbei noch zu fragen, inwieweit die Steigerung der privatwirtschaftlichen Rentabilität mittels Vergrößerung des Betriebsumfangs beeinflußt wurde durch eine Gestaltung der Agrarverfassung, die es so sehr erleichterte und verbilligte, jene durchzuführen. Daß früher, vor Aufnahme der technischen Verbesserungen, der Großbetrieb dem mittleren selbst nur rein privatwirtschaftlich überlegen war, ist nicht nachgewiesen.[1] Jedenfalls konnte er die Schwierigkeit, an der bereits die römische Plantagenwirtschaft gescheitert war, die Arbeiterfrage, nur auf öffentlich-rechtlicher Grundlage lösen, durch Steigerung der bäuerlichen Fronden kraft der gutsherrlichen Gerichtsbarkeit und durch die von den Landesherren zugestandene

---

in Nordfrankreich häufig zwei Kolonenfamilien auf einem mansus saßen. In den Tabellen für die Mark bei Grossmann l. c. S. 111ff. ist durchgängig die Zahl der Bauernhufen größer als die der Bauernstellen. Für das südliche Niedersachsen rechnet Wittich, Die Grundherrschaft in Nordwestdeutschland S. 86 (nach Entstehung des Meierrechts, das hier die Vergrößerung der Bauerngüter mit sich brachte) den Voll-, Dreiviertel-, Halb- und Viertelhof zu je 4, 3, 2 oder 1 Hufe Ackerland.

[1] S. dagegen G. H. Schmidt, Zur Agrargeschichte Lübecks und Ostholsteins (Zürich 1887) S. 110ff.

Einführung des Zwangsgesindedienstes. So läßt sich nicht behaupten, daß eine unabweisbare Notwendigkeit die Entwicklung des Nordostens verursacht hat. Im Nordwesten wurde die Vergrößerungstendenz gleichsam an der Wurzel abgeschnitten, weil die Landesherren steuerpflichtigen Bauerngütern vor den steuerfreien Rittergütern den Vorzug gaben; und auch jenseits der Elbe genügte noch weit später eine Maßregel polizeilichen Gepräges, das einfache Verbot, Bauernstellen einzuziehen, um das Fortschreiten einer Bewegung zu hemmen, deren volkswirtschaftliche Schädlichkeit dem Zeitalter der Aufklärung zum Bewußtsein gekommen war.

Bereits die letzten Erörterungen haben von der rein deskriptiven Betrachtung in das viel schwierigere Gebiet der Ursachenerklärung übergeleitet, für die auch das Operieren mit Begriffen nicht ausreicht. Allerdings ist, um die so überaus mannigfaltigen Unterschiede in den lokalen Verhältnissen zu erkennen und zu würdigen ein fester Grundstock von Begriffen erforderlich, an den sich die Einzelforschungen angliedern lassen, damit nicht ihre Ergebnisse lose Splitter bleiben; aber die letzten Gründe werden nicht durch Begriffsbildungen erschlossen, die für eine, etwas mehr als die Oberfläche der Dinge berücksichtigende Zustandsbeschreibung unentbehrlich sein mögen, aber doch selbst wieder nur aus den augenfälligen Erscheinungen des Wirtschafts- und Rechtslebens abgeleitet sind. Aus dem Handeln von Menschen ist das Zuständliche hervorgegangen, und das Handeln beruht auf menschlichem Fühlen, Denken und Wollen. Wohl mag der einmal vorhandene Zustand gleich einer Naturkraft auf den Menschengeist einwirken, während die Entstehung seiner ältesten, wahrnehmbaren Gestalt sich in das Dunkel der vorgeschichtlichen Zeiten verliert, so daß mit ihm als Entwicklungsfaktor zu rechnen ist. Indessen die sukzessiven Veränderungen, denen alles Zuständliche unterliegt, sind jeweils durch die Mittel historischer Forschung erkennbar. Es muß demnach die Ursachenerklärung beim gegebenen Ausgangspunkt einsetzen. Einwandfreie Ergebnisse wird freilich nur der nach allen Richtungen hin geprüfte Einzelfall liefern können, daher der Wert von Spezialuntersuchungen mit lokaler Abgrenzung, die auf agrargeschichtlichem Gebiet bereits vielfach, wenn auch noch nicht in ausreichendem Maße angestellt worden sind. Immerhin möchte ich auf einige, für den Kausalnexus beachtenswerte Gesichtspunkte kurz zurückkommen.

Die Villikationsverfassung steht nicht am Anfang der deutschen Agrargeschichte. Eine ältere Form der Grundherrschaft, zusammenhangloses Nebeneinanderbestehen von Eigenwirtschaft des Herrn und seiner angesiedelten Unfreien ließe sich vielleicht schon nach den Worten des Tacitus für die Germanen der Urzeit annehmen. Vor allem aber ist es als ein besonderes Kennzeichen rein deutscher Zustände anzusehen, daß nicht aller Boden in grundherrlicher Abhängigkeit sich befand. Freie Leute, die auf rechtem Eigen saßen, machten vor dem Aufkommen der Großgrundherrschaften im Südwesten, in Alamannien und am fränkischen Mittelrhein, wo die Halbfreien (Liten, Aldien) fehlten, wohl selbst die Mehrzahl der Bevölkerung aus. Wenn in der Karolingerzeit, vornehmlich durch Traditionen an Kirchen, viele Landgüter einen Obereigentümer erhielten, so büßten deswegen die Inhaber ihre persönliche Freiheit nicht ein, und es blieb noch genug freies Eigen übrig, das niemals unter abgeleitetem Besitztitel von Bauern innegehalten worden ist.[1] Eigengut konnte, zumal in älterer Zeit, bei Erbgang oder Verkauf beliebig vom Eigentümer geteilt werden. Der Einfluß des Vorhandenseins von freieigenen Grundstücken auf die Bodenzerstücklung im Südwesten darf nicht außer acht gelassen werden neben der ohnehin dem Kleinbetrieb günstigen Formation des Geländes.[2]

Des ferneren haben rein wirtschaftliche Ursachen, wie die Ergiebigkeit des Bodens in ihrer Abhängigkeit von seiner geologischen Beschaffenheit und dem Klima, ohne Zweifel auf die Grundbesitzverteilung eingewirkt. Ebenso würde die durch bessere Absatzmöglichkeit gesteigerte Ertragsfähigkeit in Betracht kommen; aber für die Bedeutung dieser Momente werden sich allgemein gültige Regeln kaum aufstellen lassen. Die Großbetriebe haben keineswegs

[1] Nach Th. Knapp, Über die vormalige Verfassung der Landorte des jetzigen Oberamts Heilbronn, in Württembergische Jahrbücher für Statistik und Landeskunde, Jahrg. 1899, S. 55 (Gesammelte Beiträge, S. 202), waren die eigenen Güter, die keine grundherrlichen Lasten trugen, sondern nur (Kirchen-) Zehnten entrichteten und Abgaben, die aus Rentenkauf oder Schenkung stammten, „in manchen Dörfern sogar recht zahlreich“; so waren in Bonfeld 1739 „eigen ungefähr $^5/_{12}$ der Äcker, $^3/_5$ der Wiesen, fast alle Weingärten“, in Großgartach bestanden 1802 „Äcker und Wiesen zur Hälfte in eigenen“ Gütern, in Böckingen war dagegen weniger als $^1/_5$ eigen. Es ist gewiß anzunehmen, daß manches bäuerliche Eigen erst durch Ablösung grundherrlicher Lasten (oder Ankauf zu Eigen, vgl. Knapp l. c. S. 53, n. 3) entstanden ist; deswegen darf aber nicht ein Zusammenhang mit dem im frühen Mittelalter im Südwesten so häufigen bäuerlichen Eigen in Abrede gestellt werden, das nur bei der Beschaffenheit des Quellenmaterials in den mittleren Jahrhunderten sich schwer nachweisen läßt, vgl. meine Beiträge S. 67.

[2] Auf die Knapp, Die Grundherrschaft im südwestl. Deutschl., Ztschr. der Savigny-Stift. f. Rechtsgesch., germ. Abt., Bd. 22 (1901), S. 104 (Gesammelte Beiträge, S. 444) das Schwergewicht legt.

mit Vorliebe den schlechteren Boden sich ausgesucht, und die mittleren und kleineren sind nicht ausschließlich im Hügelland zu finden. Wenn die Entwicklung der Rittergüter als wirtschaftlicher Organismen hauptsächlich in der norddeutschen Tiefebene vor sich ging, so bestand doch ein durchgreifender Unterschied in der Häufigkeit ihres Vorkommens zwischen Nordwest und Nordost, und die Nähe von Städten kann als ein den Bauern günstiges Moment wenig austragen, da es an solchen hier wie dort nicht mangelte; selbst durch die Ausbreitung der Industrie auf dem Lande ist die Gutsherrschaft, wo sie bestand, nicht beeinträchtigt worden.[1]

Eher noch ließe sich umgekehrt an einen Einfluß des Getreidehandels auf die Vergrößerung der Betriebe denken, die dessen naturgemäßem Bestreben, Vorräte für den Export zu beschaffen, entgegenkam; aber auch hier bleibt der unmittelbare Zusammenhang und vor allem die Kausalwirkung zweifelhaft.[2] Es mochte besonders bei der Preissteigerung im 16. Jahrhundert den Gutsherrn vorteilhaft erscheinen, ihre eigene Produktion, die ihnen ganz für den Verkauf zu Gebote stand, zu vermehren; aber auch den Bauern mußte der Mehrwert der Bodenerzeugnisse zugute kommen, so daß es sich schließlich nur darum handeln konnte, ob Gutsherr oder Bauer den Löwenanteil am Gewinn davontragen sollte. Wirtschaftliche Ursachen sind eben nur teilweise für die Ausgestaltung einer Agrarverfassung maßgebend gewesen, unter deren Bestandteilen das öffentlich-rechtliche Moment überwog. Die einzige durchweg zutreffende Erklärung scheint auf staatsrechtlich-politischem Gebiet zu liegen. Die Ausbildung der gutsherrlichen Großbetriebe ist um so weiter fortgeschritten, je mehr Einfluß die Stände und vor allem der grundbesitzende Adel auf die Regierung eines Territoriums erlangten.

Indessen wäre es ein Zirkelschluß, die Konstatierung dieser Tatsache als letzte Lösung des Problems zu betrachten, so eng auch immer der Konnex zwischen Ausbildung der Gutsherrschaft und Einfluß der Stände auf die territoriale Gesetzgebung sein mag. Es ließe sich eben das Verhältnis umkehren und die Frage aufwerfen, ob nicht gerade deswegen die landesherrliche Gewalt schwach war, weil sie einem zahlreichen Adel gegenüberstand, der die Bauern in sozialer und auch rechtlicher Abhängigkeit hielt. Hat doch selbst

---

[1] Vgl. H. Knothe, Die Stellung der Gutsuntertanen in der Oberlausitz zu ihren Gutsherrschaften, in Neues Lausitzisches Magazin, Bd. 61, 1885, s. S. 199f.

[2] Vgl. Below l. c. S. 40ff.

der aufgeklärte Absolutismus in Preußen nicht mehr erreichen können, als daß einige Härten des bestehenden Systems gemildert wurden. Nun wäre wohl zu vermuten, daß für die Ausbildung von Staats- und Agrarverfassung zugleich ein psychologisches Moment nicht ohne Bedeutung gewesen ist. Neigung zu Gewalttat bei den höheren Klassen und träge Unterwürfigkeit der niederen wird als Kennzeichen slawischer Stammesart angesehen. Es könnte die infolge der Kolonisation eingetretene Rassenmischung einen ungünstigen Einfluß geübt haben. Indessen ist es doch bedenklich mit Volkscharakter und vollends mit Rasseneigenschaften als schlechthin gegebenen Größen zu rechnen, da beides selbst wieder mindestens ebensosehr Ergebnis der Entwicklung als ihre Ursache ist. Gewiß lassen sich Nachwirkungen der älteren slawischen Zustände bis weit über die Zeit der Kolonisation hinaus verfolgen, vor allem die Erhaltung des schlechteren (lassitischen) Besitzrechts in seiner juristisch unklaren Form scheint dem besseren deutschen Erbrecht schädlich gewesen zu sein; vielleicht noch wirkungsvoller war für den Osten das schlimme Vorbild, das die gutsherrlich-bäuerlichen Verhältnisse der benachbarten Adelsrepublik Polen boten. Auffällig bleibt es immerhin, daß je weniger tief die Germanisierung in die Landbevölkerung eindrang, um so ungünstiger sich später die Lage der Bauern gestaltete. Doch gilt auch dieser Satz nicht unbedingt, und es läßt sich die Zahl der deutschen Einwanderer kaum annäherungsweise schätzen. Inwieweit also das weichere slawische Naturell von Einfluß war auf mangelnde Widerstandskraft gegen Übergriffe der Gutsherrn, muß höchst zweifelhaft bleiben.[1] Gutwillig haben sich jedenfalls auch im Osten die Bauern nicht überall der wachsenden Bedrückung gefügt.[2]

Im Südwesten und in Mitteldeutschland hat die Erbitterung über die gegen Ende des Mittelalters eingetretene Steigerung der

---

[1] Ibid. S. 20ff. Die Rückführung der im Vergleich zur Mark und Pommern günstigeren Entwicklung in Schlesien auf das „gemütlichere" Temperament der hier eingewanderten Oberdeutschen, vgl. Dessmann, S. 55, im Gegensatz zu den dort seßhaften „rauheren, härteren" Niederdeutschen würde eigentlich den umgekehrten Schluß ziehen lassen, daß nämlich letztere besser der Unterdrückung durch die Gutsherrn widerstanden als erstere.

[2] Vgl. für die (stark slawische) Oberlausitz Knothe l. c. S. 236ff. Für den Unterschied zwischen Schlesien und der Mark dürfte denn doch auch die günstigere prozessuale Rechtstellung der Untertanen bei Klagen gegen die Obrigkeit, die Grünberg, Die Bauernbefreiung usw. in Böhmen, Mähren und Schlesien, Leipzig 1894, 1, 30ff., allerdings erst für die Zeit nach dem Dreißigjährigen Kriege nachweist, in Betracht kommen.

Lasten zum Ausbruch offener Empörung geführt.[1] Der große Bauernkrieg des Jahres 1525 war trotz des hineinspielenden religiösen Moments eine Agrarrevolution, wie einst der Bagaudenaufstand im römischen Gallien, wie die Jacquerie und in wesentlichen Stücken die Bewegung von 1789 in Frankreich. Von der Ansicht, daß die tiefe, durch den Bauernkrieg hervorgerufene Erschütterung keine Nachwirkungen hinterlassen habe, ist man jetzt wohl zurückgekommen. So standen die Dinge doch nicht, daß nach der blutigen Unterdrückung des Aufstands die Sieger hätten einfach ihr bisheriges Treiben in gesteigertem Maße fortsetzen können, ganz abgesehen davon, daß mancher Orten die Bauern überhaupt nur durch ver-

---

[1] Gegen die feinsinnigen Ausführungen von Gothein, Die Lage des Bauernstandes am Ende des Mittelalters, vornehmlich in Südwestdeutschland, Westdeutsche Ztschr., Bd. 4 (1885), S. 1ff. erhob Kiener, Zur Vorgeschichte des Bauernkrieges, Ztschr. f. Gesch. d. Oberrheins N. F., Bd. 19 (1904), s. S. 503 sehr zu Unrecht Widerspruch. Below l. c. S. 72 geht auf den (indirekten) Einfluß, den die Schweizer Bauernfreiheit auf die Bewegung übte, nicht näher ein; ich möchte dazu bemerken: Gerichtsherrschaft (und Landeshoheit) haben die drei Urkantone erlangt, zur Zeit als sie in ihren späteren Formen sich ausbildete; Glarus und Appenzell haben die bereits vorhandene Gerichtsherrschaft nachträglich in revolutionärer Weise abgeschüttelt bzw. selbst in die Hand genommen. Die leib- und grundherrlichen Lasten wurden hier abgelöst, in Schwyz, Uri und Unterwalden durch Einzelverträge der Pflichtigen mit den Berechtigten, von Glarus kollektiv, während die Appenzeller überhaupt nur sehr ungern zu Entschädigungen sich verstanden. Bemerkenswert bleibt immerhin, wie genau das Volksbewußtsein zwischen den sonst so gern vermengten privaten (leib- und grundherrlichen) Berechtigungen und der öffentlich-rechtlichen Gerichtsherrschaft unterschied; den Ausschlag gaben allerdings kriegerische Ereignisse. Abgesehen von den ganz freien Landkantonen war die Lage der Bauern in der Schweiz der im südwestlichen Deutschland sehr ähnlich. Der wesentlichste Unterschied ist, daß in der Schweiz die Städte viel ausgedehntere Landgebiete erworben hatten, als das irgendwo in Deutschland der Fall war, in denen sie die Landeshoheit übten, vielfach, aber nicht einheitlich verbunden mit (niederer, mittlerer und hoher) Gerichtsbarkeit, Grund- und Leibherrschaft über die Bauern, so daß also wiederum ein schweizerischer Stadtstaat einem südwestdeutschen Fürstentum bis auf die Konstituierung der höchsten Gewalt ähnelte. Der Bauernkrieg hat daher auch auf die Schweiz übergegriffen, jedoch nahm hier die Bewegung bei dem Fehlen erheblicher spezieller Anlässe zur Unzufriedenheit einen verhältnismäßig milden Charakter an und gipfelte etwa im Gebiet von Zürich in einem großen Schmaus und Trinkgelage auf Kosten des bedrohten Klosters Töß, s. H. Nabholz, Die Bauernbewegung in der Ostschweiz 1524/25, Diss. Zürich 1898, S. 59. Es ist übrigens bemerkenswert, daß gerade in den der Schweiz benachbarten Landschaften, in Oberschwaben und im Schwarzwald, von wo der Aufstand seinen Ausgang nahm, die Bauern vergleichsweise am gemäßigsten auftraten, aber auch am nachhaltigsten ihre Forderungen verfochten.

tragsmäßige Zugeständnisse zur Ruhe gebracht wurden. Die Furcht vor einer Wiederholung der Ereignisse blieb noch lange lebendig; Neuerungen einzuführen mochte deswegen den Bauern gegenüber, die am alten, besseren Recht festhielten, nicht ratsam sein. Es scheint in der Tat, daß seit dem Bauernkriege die agrarischen Zustände des Südwestens ziemlich stabil geblieben sind. Freilich liegt darin wohl nur zum geringsten Teil die Ursache für die mangelnde Ausbildung größerer Gutsbetriebe, und die Stabilität, den Bauern an sich nicht unvorteilhaft, hat dem Lande, im ganzen genommen, keinen rechten Segen gebracht, das bei der Zersplitterung in viele kleine Territorien nicht die ihm nach seiner alten Kultur zukommende politische und wirtschaftliche Bedeutung behauptete.

In der zweiten Hälfte des 18. Jahrhunderts kam allerwärts die Überzeugung zum Durchbruch, daß die Lage der Bauern dringend der Verbesserung bedürftig sei. Nicht als ob die gleichen Mißstände es gewesen wären, welche in den verschiedenen Landschaften die numerisch obenan stehende Bevölkerungsklasse bedrückten. Schwerer noch als die erstarrten Überreste einer veralteten Agrarverfassung im Westen lasteten auf den Bauern des Ostens die Folgen einer Entwicklung sehr jungen Datums. Daß die durchgreifende Umwandlung im Gefolge einer politischen Umwälzung eintrat, ist durchaus kein Zufall. Niemals waren auf den Verlauf der deutschen Agrargeschichte ausschließlich wirtschaftliche Ursachen wirksam. Die Organisation des Landbaus läßt sich für keine Epoche schlechthin in ein statistisches Rechenexempel auflösen, so daß die Ergebnisse für die einträglichste Betriebsform zugleich die Lösung der Frage nach der jeweils vorwiegenden Entwicklungsrichtung in sich schlößen. Zwischen Druck und Gegendruck schwankend, hat im Lauf der Jahrhunderte das Verhältnis von Freien und Unfreien, Grundherren und Hintersassen, Gutsherrn und Bauern sich sehr mannigfach gestaltet. Selbst jene Ansicht, die für die soziale Lage der Landbevölkerung eine aufsteigende Richtung bis etwa zum 14. Jahrhundert und darauf ein anhaltendes Sinken konstatieren will, ist nicht unbedingt zutreffend, schon weil vor dem Höhepunkt des Mittelalters die Landbevölkerung keine einheitliche Masse bildete und neben vollfreien bäuerlichen Eigentümern Unfreie standen, denen gegenüber die Strenge des alten Rechts noch wenig genug Milderungen erfahren hatte.

Die Agrargeschichte ist nicht identisch mit der Geschichte der Landwirtschaft, aus der sie Belehrungen über die technische Seite der Bodenkultur schöpft. Zu Staatsverfassung und Standesverhältnissen, Volkscharakter und Strömungen des Geisteslebens steht sie in vielverschlungenen Wechselbeziehungen, die zu entwirren Sache der lokalen Einzelforschung ist. Die hier gebotene Skizze wollte nur die allgemeinsten Gesichtspunkte hervorheben, und es ist ihr hoffentlich gelungen zu zeigen, daß die geltenden Begriffe, Grundherrschaft und Gutsherrschaft, einiger Modifikationen bedürfen, um für die Darstellung des Entwicklungsganges brauchbar zu werden. Die frühmittelalterliche Grundherrschaft, auf Leibherrschaft und Eigentum am Boden beruhend und maßgebend für die Ausgestaltung der Villikation, hat wenig gemein mit der neuzeitlichen Grundherrschaft,[1] in die sie sich umbildete, deren wesentlichster Bestandteil aber die Gerichtsherrschaft wurde. Auch die (neuzeitliche) Gutsherrschaft des Ostens beruhte hauptsächlich auf der Gerichtsherrschaft und ist nahezu gleichzeitig mit der jüngeren Grundherrschaft entstanden. Zum mindesten umschließen die Jahrhunderte vom Höhepunkt des Mittelalters bis zur französischen Revolution Ausbildung und Verfall dieser beiden Formen der Agrarverfassung, die auf gleichen Grundlagen nach verschiedenen Richtungen hin sich entwickelten, indem bei der jüngeren Grundherrschaft des Westens der für die ältere eigentümliche herrschaftliche Eigenbau stark zurücktrat oder ganz verschwand, während er im ostelbischen Rittergut[2] zu landwirtschaftlichen Großbetrieben sich auswuchs.

[1] Der grundlegende Fehler in den Ausführungen von Wittich l. c. über die älteren sächsischen Agrarzustände war (s. jetzt Ztschr. d. Savigny-Stift. germ. Abt., Bd. 22, S. 271), daß er die ältere und die jüngere Grundherrschaft zusammenwarf und daher den sächsischen nobiles, die gleich den bayerischen häufig Grundherren gewesen sein werden, Eigentümer von Latenhufen, den Eigenbau absprach, den eben in älterer Zeit jeder Grundherr betrieb, vgl. Heck, Die Gemeinfreien der karolingischen Volksrechte, Halle 1900, S. 320.

[2] Gegen Grossmann l. c. S. 10 ist zu bemerken, daß die gutsherrliche Verfassung nicht „mit und durch die Kolonisation“ entstanden sein kann, weil die gerichtsherrlichen Rechte, auf denen jene beruhte, wenigstens in der Mark von Rittern anscheinend erst später erworben wurden. Es kann aber auch nicht eine „rein grundherrliche“ Verfassung bestanden haben, weil die Ritter im 13. Jahrhundert, wie ihre Vorfahren in Sachsen von jeher, Eigenbau trieben.

II

Grundherrschaft und Staat.[1]

Mit Grundherrschaft und Staat in ihren wechselseitigen Beziehungen hat neuerdings die verfassungs- und wirtschaftsgeschichtliche Forschung sich lebhaft beschäftigt, und das aus triftiger Ursache. Jahrhunderte- und selbst jahrtausendelang übte die Grundherrschaft maßgebenden Einfluß auf alle Formen der Bodennutzung. Als wesentlicher Bestandteil der Agrarverfassung nahm sie staatliche Befugnisse in sich auf oder verflüchtigte sich zum bloßen Eigentum am Boden. Ob ihre Bedeutung eine so weitreichende war, wie man vielfach angenommen hat, ist freilich bestritten worden. Auf die Kontroversen unmittelbar einzugehen wird jedoch im folgenden vermieden werden. Bei schroffem Gegenüberstellen abweichender Ansichten pflegen die Unterschiede größer zu erscheinen, als sie es in Wirklichkeit sind oder der Natur der Sache nach sein können.

Grundherrschaft ist nicht eigentlich ein quellenmäßiger Ausdruck, sondern ein historischer Begriff, wie andere seinesgleichen geprägt zur bestimmteren Abgrenzung eines Komplexes verwandter Gebilde, und was man jeweils unter Staat verstand, wer die Staatsgewalt übte, wie sie in Erscheinung trat, welche Funktionen ihr zufielen, das bedarf noch nach manchen Richtungen hin der Aufklärung. Nur einige der einschlägigen Gesichtspunkte sollen im folgenden erörtert werden. Erschöpfend behandeln ließen sich die mannigfaltigen Probleme in dem knappen Rahmen eines Vortrags ohnehin nicht; aber daß eine historische Synthese auch auf dem von mir eingeschlagenen Wege zu erzielen ist, und nicht nur durch philoso-

---

[1] Nachfolgende Ausführungen geben im wesentlichen einen auf der Historikerversammlung zu Dresden, September 1907, gehaltenen Vortrag wieder und sind bereits größerenteils veröffentlicht worden in den Deutschen Geschichtsblättern, hg. v. A. Tille, Bd. 9, H. 4, Januar 1908. Literaturnachweise und Belege sind auch hier auf das Notwendigste beschränkt; im allgemeinen sei hingewiesen auf G. Seeliger, Staat und Grundherrschaft in der älteren deutschen Geschichte, Leipziger Univ.-Progr. 1909.

phische Spekulation, das hoffe ich mittels der folgenden Ausführungen zeigen zu können.

I. Grundherrschaft unterscheidet sich vom bloßen Grundeigentum oder Grundbesitz dadurch, daß sie nicht nur über den Boden sich erstreckte, sondern auch Rechte über die Leute einschloß, die auf dem Boden saßen. Die Rechte konnten dem Grundherrn durch die Gesetzgebung zuerkannt sein, wie dem römischen Possessor über seine Kolonen, oder auch auf obrigkeitlichen Befugnissen beruhen, wie die Erbuntertänigkeit der ostelbischen Bauern im 18. Jahrhundert; denn die Gutsherrschaft ist nur eine Form der Grundherrschaft. Ob das Verhältnis des Grundherrn zum Grundholden durch einen Vertrag begründet war oder in anderer Weise, ist nicht schlechthin entscheidend. Die ältere lombardische Grundherrschaft zählte außer Unfreien und Aldien auch freie Zeitpächter (libellarii) zu Hintersassen.[1]

Neben dem rechtlichen darf ein wirtschaftliches Moment als Kennzeichen der Grundherrschaft gelten, nämlich daß auf dem agrarisch nutzbaren Besitzkomplex, der ihr zugehörte, nicht ein landwirtschaftlicher Betrieb allein, sondern mehrere vorhanden waren. Die Betriebe brauchten nicht notwendig in organischer Verbindung zu stehen, wie das bei der ausgebildeten Villikationsverfassung der Fall war und später wieder beim ostelbischen Rittergut, wo die Arbeitskraft von Bauern, deren jeder für sich wirtschaftete, zugleich in der Eigenwirtschaft des Herrn Verwendung fand. Der Zusammenhang fehlte vielleicht bei der frühgermanischen Grundherrschaft:[2] Tacitus spricht nur von Abgaben der angesiedelten Unfreien, nicht auch von Fronden; und der Zusammenhang ist wieder fortgefallen, als die Grundherren den Eigenbau aufgaben und sich mit dem Bezug von Grundrente begnügten. Jedenfalls läßt sich nur dann von Grundherrschaft im wirtschaftlichen Sinne reden, wenn der Boden an mehrere Betriebe verteilt war, übergeordnete und abhängige, oder auch gleichgestellte; nicht jedoch kann ein einziger Betrieb, der den gesamten Boden umfaßte, wie etwa die römische Plantage vor Ausbildung des Kolonats,[3] als grundherrlich bezeichnet werden, und es

[1] Vgl. L. M. Hartmann, Zur Wirtschaftsgeschichte Italiens im frühen Mittelalter (Gotha 1904), S. 53ff.

[2] Vgl. R. Kötzschke, Studien zur Verwaltungsgeschichte der Großgrundherrschaft Werden an der Ruhr (Leipzig 1901), besonders die Ausführungen in § 2, S. 52ff., im Vergleich zu Tacitus, Germania, cap. 25.

[3] Über die gallo-römischen Agrarzustände s. Fustel de Coulange, Histoire des institutions politiques de l'ancienne France, besonders L'Alleu et le domaine rural (Paris 1889).

tut der begrifflichen Abgrenzung keinen Eintrag, daß, wie ein Grundherr getrennte Villikationen, so auch ein Grundeigentümer mehrere Plantagen besitzen konnte.

Das Mittelalter hat freilich isolierte Großbetriebe wohl überhaupt nicht gekannt. Die Sallandwirtschaft in den Villikationen war mäßigen Umfanges und stets mit dienenden Gütern verknüpft. Betriebe, für die ausschließlich die Arbeitskraft des Inhabers und seiner Hausgenossen in Betracht kam, also der Familienglieder und unfreier Knechte im früheren Mittelalter, gemieteten Gesindes im späteren, darf man getrost als bäuerliche bezeichnen. Nun hat jeder Landwirtschaftsbetrieb eine gewisse Konzentration zur Voraussetzung. Äcker, die allzuweit vom Hofe abliegen, erfordern unverhältnismäßigen Zeitaufwand für die Bestellung. Wenn etwa ein Großbauer Außenländereien einem Knecht zu selbständiger Bewirtschaftung überließ, so verwandelte er sich selbst dadurch in einen Grundherrn. Schon aus Erwägungen ganz allgemeiner Natur würde sich ergeben, daß Vollfreie im früheren Mittelalter sowohl Grundherren als Bauern sein konnten; die Kluft war leicht zu überbrücken. Auf der Geburt beruhte das Standesrecht, nicht auf der Größe des Besitzes oder gar auf der Betriebsform. Durch den Übergang aus einer wirtschaftlichen Klasse in die andere wurde es nicht berührt. Die Alternative, ob die freien Leute Grundherren oder Bauern waren, hätte niemals aufgestellt werden sollen.

Unhaltbar ist jedenfalls die Theorie von einer grundherrlichen Lebensweise der Germanen,[1] die ja auch insoweit, als sie ihnen den Eigenbau absprechen wollte, der Urheber selbst bereits aufgegeben zu haben scheint. Bis zum späteren Mittelalter mag kaum ein Grundherr, und wenn es selbst ein Stadtbewohner war, sich mit dem Bezug von Grundrente begnügt haben. Gerade in Sachsen, für das jene Theorie zunächst gelten sollte, oder doch sicher in Ostfalen hat der grundherrliche Eigenbau sich viel besser erhalten als in Südwestdeutschland.[2] Landwirte, Leiter eines landwirtschaftlichen Betriebes, waren die sächsischen Ritter von jeher, und im Kolonisationsgebiet, jenseits der Elbe, sind sie es andauernd geblieben.

---

[1] S. W. Wittich, Die Grundherrschaft in Nordwestdeutschland (Leipzig 1896), Anlage 6, S. 104*ff., und in Ztschr. d. Savigny-Stift. f. Rechtsgeschichte, germ. Abt., Bd. 22 (1901), S. 245ff. Vgl. dagegen Ph. Heck, Beiträge zur Geschichte der Stände im Mittelalter, I. Die Gemeinfreien der karolingischen Volksrechte (Halle 1900), S. 292ff., und in Vierteljahrschrift f. Soz.- u. Wirtschaftsgeschichte, 1905, S. 451ff.

[2] Vgl. o. S. 11.

Andererseits ergeben sich die schwersten Bedenken gegen die kleinbäuerliche Theorie, gegen jene Auffassung des Freien als Einhufners, der, zufrieden mit seinem Gütchen, gar nicht mehr Land haben wollte als eine einzige Hufe, damit nur nicht die ideale Besitzgleichheit gestört werde. Die Hufenfrage[1] ihrem ganzen Umfange nach aufzurollen, würde abseits führen; immerhin kommt ihr keine geringe Bedeutung für die Geschichte der Grundherrschaft zu.

Wer die urkundliche Überlieferung aus den deutschen Stammesgebieten, die mit dem Ende des 7. Jahrhunderts einsetzt, unter dem Gesichtspunkt betrachtet, ob die in ihr gegebenen, mehr oder weniger ausführlichen Beschreibungen von Landgütern grundherrliche Betriebsformen erkennen lassen oder bäuerliche, dem muß sich mit unwiderstehlicher Gewalt die Überzeugung aufdrängen, daß die Ausdrücke mansus und Hufe, die ohne erkennbaren Unterschied Anwendung finden, abhängige Güter bezeichnen.[2] Die Hufe ist mit dem Hintersassen eines Grundherrn besetzt; fehlt der Hintersasse, so heißt der mansus „absus"; der Herrenhof mit dem Salland wird mansus dominicalis, indominicatus usw. genannt. Scheinbare Ausnahmen, Schwankungen des Sprachgebrauchs, verschwinden gegenüber der unabsehbaren Menge von Fällen, welche die Regel bestätigen. Hufe ist auch gleichbedeutend mit colonia, Stelle des Hintersassen. Das Rückenkonzept einer Urkunde von 815 aus dem Breisgau bezeichnet als Gegenstand der Tradition eines Wolfini zwei Hufen, deren Inhaber Gerbold und Heilbold hießen; in der

[1] Vgl. meinen Aufsatz über Die Hufe in Deutsche Geschichtsblätter, hg. v. A. Tille, Bd. 4 (1903), S. 257ff., gegen den die weitschweifigen Ausführungen von K. Rhamm, Ethnographische Beiträge zur germanischen und slavischen Altertumskunde, 1. Abt., Die Großhufen der Nordgermanen (Braun schweig 1905) geltend gemacht worden sind durch H. Brunner, Deutsche Rechtsgeschichte, Bd. I, 2. Aufl., S. 285, n. 22. Es sollten doch einmal dänische Grundherrschaften, wie sie etwa im Urbar des Bistums Roeskilde, bei Langebek, Scriptores rerum Danicarum, Bd. 7, beschrieben sind, nicht im Hinblick auf die mythische Urzeit, sondern mit Berücksichtigung der gleichzeitigen Zustände in den ostdeutschen Kolonisationsgebieten untersucht werden. Vgl. übrigens R. Henning in Anzeiger für deutsches Altertum und deutsche Literatur, Bd. 25 (1899), S. 225ff.

[2] Zu diesem Ergebnis ist nunmehr auch gelangt J. Reichel, Die Hufenverfassung zur Zeit der Karolinger, Diss. Leipzig 1907. Th. Ilgen, Zum Siedlungswesen im Klevischen, Westdeutsche Ztschr., Bd. 29, S. 11, äußert sich bei aller Vorsicht doch dahin, daß „am Niederrhein, insbesondere im Klevischen, die Hufe in ihrer ältesten Gestalt fast ausschließlich im Bereich grundherrschaftlicher Wirtschaftsform zu erweisen" ist.

Ausfertigung steht dafür „duas calonicas Gerboldo et Heilboldo“;[1] und auch die Gegenprobe stimmt. Die Urkundenschreiber lassen bäuerliche Eigentümer nicht Hufen tradieren, weder eine noch mehrere, sondern all ihren Besitz gelegen am Orte so und so mit Gehöft, Acker, Wiesen, Wald, Weide usw. Ein aus den Freisinger Traditionen zu 818 nachgewiesener freier Kleinbauer, Perahart, besaß ein halbes Gehöft mit Viehbestand und einem Unfreien, 12 Juchart Acker und Wiesen zu 30 Fuhren Heu.[2] Das Gut, von dem die Hälfte durch Erbgang an Perahart gefallen war, wird also nicht als eine Hufe aufgefaßt, deren üblichem Ausmaß es auch schlecht entsprochen hätte. Übrigens erscheint für die Grundbesitzverteilung in bayrischen Dörfern so wenig wie in alamannischen oder fränkischen die Hufe als maßgebende Einheit.[3] Nur wenn die ganze Dorfgemarkung einem Herrn gehörte, gruppierten sich um den Fronhof die Hufen der Hintersassen. Gegenüber den unmittelbaren Einblicken in die Organisation von Bauerngütern und Grundherrschaften, welche die Zeugnisse der Karolingerzeit gewähren, können Rückschlüsse aus den fast ein Jahrtausend jüngeren Flurkarten keine selbständige Beweiskraft in Anspruch nehmen; ist doch selbst der Zusammenhang zwischen Hufe und Gewannen kein notwendiger. In der Lombardei, wo die römische Gliederung der Flur nach quadratischen Flächen erhalten blieb,[4] spielte der mansus als Bestandteil der Grundherrschaft eine ganz ähnliche Rolle wie in Deutschland, und in Spanien war er gleichfalls wohlbekannt. Einen Hinweis auf die Hufe enthält schon das westgotische Gesetzbuch.[5] 50 aripennes oder 25 Juchart sollten auf den Pflug entfallen und nach diesem Maßstab den Hintersassen, die Leiheland empfangen haben, vom Grundherrn (terrarum dominus) Äcker zugewiesen werden, wenn die Grenzen der ursprünglichen Verleihung zweifelhaft geworden sind.

[1] S. Urkundenbuch der Abtei St. Gallen, hg. v. H. Wartmann, Bd. 1, S. 203f., Nr. 214.

[2] S. Quellen und Erörterungen zur bairischen und deutschen Geschichte N. F. Bd. 4, Die Traditionen des Hochstifts Freising Bd. 1, hg. v. Th. Bitterauf (München 1905), S. 348, Nr. 404.

[3] S. die Zusammenstellungen ibid. in der Einleitung, S. LXXXXVIII ff.

[4] S. A. Schulten, Die römische Flurteilung und ihre Reste, Abhandlungen d. k. Gesellschaft d. Wissensch. zu Göttingen, phil.-hist. Klasse, N. F., Bd. 2, Nr. 7 (Berlin 1898).

[5] Lex Visigothorum lib. 10, tit. 1, cap. 14 (ed. K. Zeumer, M. G. LL. nat. Germ., Bd. 1, S. 387f.). Übrigens faßt auch R. Altamira y Crevea, Historia de España, Bd. 1 (2. Aufl., Barzelona 1909), S. 310 den spanischen „manso“ als Bestandteil der Grundherrschaft auf, der im Gegensatz zum Herrenland von Unfreien, Freigelassenen, Kolonen oder Schutzbefohlenen bebaut wurde.

Die nordische Großhufe, hide in England, bol in Dänemark genannt, wurde vielleicht nach der jährlichen Leistungsfähigkeit des schweren, mit 8 Ochsen bespannten Pfluges berechnet.[1] So könnte auch die viel kleinere deutsche Hufe zu dem vornehmsten Ackergerät in Beziehung stehen; aber deswegen braucht das übliche Landmaß[2] noch nicht das Normalmaß für den Besitz des Freien darzustellen. Hätte der gemeinfreie Angelsachse zu irgend einer Zeit je eine hide besessen, also etwa ein viermal so großes Gut wie sein deutscher Standesgenosse, so müßte damals auch die bewegliche Habe in ihren wichtigsten Stücken, Pflug und Zugvieh, gleich gewesen sein. Jeder Angelsachse hätte 8 Ochsen gehabt und jeder festländische Germane nur deren zwei. Überdies ergäbe sich eine Schwierigkeit, die für Deutschland geradezu unlöslich erscheint.

Da nun einmal feststeht, daß sehr viele Hufen grundherrlich waren, daß zu großen Grundherrschaften Tausende von Hufen gehörten, so müßte, wenn überall oder auch nur vielfach Hintersassen an Stelle der Freibauern getreten wären, ein massenhaftes Herabsinken der letzteren in Abhängigkeit stattgefunden haben. Eine derartige grundstürzende soziale Umwälzung wurde denn auch angenommen, nur daß der Zeitpunkt, an dem sie sich vollzogen haben soll, zweifelhaft blieb. Wird sie nach dem Vorgang Mösers in die spätere Karolingerzeit verlegt, so trifft das gerade für Sachsen nicht zu, wo bereits im Stellingaaufstand die ungeheure Menge der Minderfreien und Laten sich gegen ihre Grundherrn erhob;[3] aber auch die Annahme, daß der Prozeß allmählich, vom Ende der Völkerwanderung bis ins spätere Mittelalter fortgeschritten sei, hebt die Schwierigkeiten nicht. Reste von Freibauern haben sich noch länger erhalten, sogar in Ostfalen, und, was wesentlicher ist: Im 18. Jahrhundert war in Südwestdeutschland das Eigen, wohl zu unterscheiden von Erbe und Lehen und nicht zu verwechseln mit dem ostelbischen Erbeigen, ein weit verbreitetes bäuerliches Besitzrecht.[4] Es ist eben keineswegs aller Boden in den Bereich von Grundherrschaften gezogen worden. Die scheinbar so massenhaften

[1] So Rhamm l. c.

[2] Daß die hide ein solches darstellt, entspricht recht wohl den Ausführungen von F. Liebermann über die Eideshufen bei den Angelsachsen, in den Historischen Aufsätzen zum 60. Geburtstage von Karl Zeumer. Wirtschaftseinheit, und zwar als abhängiges Gut im Verband der Grundherrschaft war in England nicht die hide sondern die carucata!

[3] Vgl. Waitz, D. V. G., 3², S. 149.

[4] Vgl. o. S. 17.

Traditionen an Kirchen, wie sie in der Karolingerzeit und später stattfanden, dürfen in ihrer Wirkung nicht überschätzt werden. Zu beachten ist ferner, daß die geistlichen Grundherrschaften sich eher durch Angliederung von Bestandteilen der weltlichen als durch Aufsaugen von Bauernland vergrößerten. Dem ausgeprägten Erwerbssinn der karolingischen Beamten darf man auch nicht allzuviel Schuld an einem Rückgang der Freibauern beimessen. Schultheiß Folquin, der nach Ausweis seiner Urkunden um 820 recht übel im Vorarlberg hauste, übrigens unter romanischer Bevölkerung, hat keinen Bauern gelegt, sondern es genügten ihm einzelne Äcker und Wiesen, die er kaufte oder sich schenken ließ, während sein Vorgesetzter, der Graf Roderich, nahm, wo mehr zu holen war, beim Bistum Chur.[1] Selbsttraditionen von Bauern mit ihrem Eigengut sind vorgekommen, aber weder so häufig, noch derart auf eine bestimmte Periode konzentriert, daß in ihnen eine Massenerscheinung zu erblicken wäre.

Die wirtschaftliche Bedeutung des Eigen für die Landschaften, in denen es andauernd breiten Raum einnahm, darf nicht unterschätzt werden. Eigen war beliebig teilbar; so hatte die Neigung zur Güterzersplitterung, die für ein Charakteristikum des südwestdeutschen Agrarwesens gilt, freiesten Spielraum, und als seit dem 13. Jahrhundert grundherrliche Hufen durch die erbberechtigten Inhaber aufgeteilt wurden, zerfielen sie nicht wie anderwärts in Hälften oder Viertel, sondern nach dem Vorbild des Eigen in Parzellen. Auch dem Rückschlag gegen die übermäßige Parzellierung, der Herstellung geschlossener Höfe, die gegen Ende des Mittelalters erfolgte,[2] setzte das Eigen Schranken. Gerade weil das Eigengut der Teilung unterlag, ist es undenkbar, daß Hufen selbst nur zwei Generationen hindurch ihren ursprünglichen Bestand bewahrt hätten, wenn sie Bauern zu Eigentum gehörten. Durch Erbgang, Kauf, Tausch, Mitgift und Morgengabe zerfielen die Besitzungen, und Bruchstücke wurden wieder zusammengelegt. Statt Regelmäßigkeit und Ordnung zeigen die Urkunden aus deutschen Stammesgebieten von Anfang an Zersplitterung und Streulage, bei Grundherrschaften und Bauerngütern.

[1] S. die Urkunden des Folquin bei Wartmann, S. G. U., Bd. 1. Wegen Graf Roderich s. auch meine Ausführungen über ein Urbar des Reichsguts in Churrätien, M. J. Ö. G., Bd. 28, S. 261 ff.

[2] Vgl. E. Gothein, Die Hofverfassung auf dem Schwarzwald, dargestellt an der Geschichte des Gebiets von St. Peter, in Ztschr. f. d. Gesch. d. Oberrheins, N. F., Bd. 1, S. 257 ff.

II. Die geschlossene Villikation oder das grundhörige Dorf, wie es im Polyptychum Irminonis beschrieben wird, hatte seine Heimat in Nordfrankreich. Als vollkommenste Form grundherrlichen Betriebes diente es zum Muster für die deutschen Großgrundherrschaften. Das Streben nach Erreichung des Vorbildes macht deren Entwicklungsgang aus; als der Impuls sich abschwächte, begann ihr Verfall. Eine gewaltige Summe organisatorischer Tätigkeit muß es erfordert haben, zerstreute Besitzsplitter zu festen Hofverbänden zusammenzufügen, und kaum leichter mag es gewesen sein, den Fronhofsbetrieb auf neugerodetem Boden in Gang zu bringen. Der Ausbau der Villikationen zwischen Rhein und Elbe ist wesentlich in der Karolingerzeit vollzogen worden, wenn er auch früher begann und später noch fortgesetzt wurde. Seine rechtliche Basis bildeten der Besitz des Bodens, Gewalt über die Person der Anbauer und Befugnisse, die der Staat den Grundherren gewährte. Alle drei Momente, die fast von Anfang an sich miteinander vermengten, müssen reinlich geschieden werden, und da haben nun Schlüsse aus den Volksrechten und Kapitularien zu Ergebnissen geführt, deren volle Tragweite erst unlängst erkannt worden ist. Der Sachverhalt läßt sich etwa folgendermaßen darlegen.

Am einfachsten wäre der Fall, daß ein Grundherr die Villikation mit seinen eigenen Unfreien besetzt, ihnen Hütten baut, Hufen zuweist und die Betriebsmittel, Zugvieh und Ackergerät, liefert. Dann kann er die Abgaben und Dienste festsetzen, deren Verwendung regeln; er kann aber auch die Hufner ein- und absetzen oder bei Todesfall über die Hufe verfügen. Die Gesamtheit der vom Grundherrn getroffenen Anordnungen und die im Laufe der Zeit für den Betrieb der Villikation sich herausbildenden Gewohnheiten machen das Hofrecht aus, das notwendigerweise viele zivilrechtliche Bestandteile in sich aufnahm. Erbrecht und eheliches Güterrecht der Hintersassen, Abgrenzung ihrer Besitzungen, Nutzung der Almende, die dem Herrn gehörte, unterlagen hofrechtlichen Normen, und diese mußten in Großgrundherrschaften, die aus einer Mehrzahl von Villikationen bestanden, um so festere werden, weil nicht der Herr persönlich jeden einzelnen Betrieb leitete, sondern dazu seinen Vertreter bestellte, den villicus oder Meier, der für die Behandlung der Untergebenen sich an die einmal vorhandenen Grundsätze zu binden hatte. Außerdem stand dem Herrn über seine Unfreien die volle leibherrliche Gewalt zu; er schlichtete Streitigkeiten zwischen ihnen, bestrafte Vergehen; selbst wenn ein Totschlag vorfiel, war die Ahndung seine Sache. Nur bei Klagen

Dritter hatte er seine Unfreien vor Gericht zu verantworten. Was innerhalb der unfreien familia vorging, bekümmerte niemand als den Herrn und den Beamten, den er mit Wahrnehmung seiner Rechte betraute.

Die geschlossene, von bestimmten Grenzen umfaßte Villikation stellte, wenn sie mit Unfreien besetzt war, an sich schon einen lokalen Herrschaftsbezirk dar, in dem der Grundherr aus eigener Machtvollkommenheit gebot. Solche Privatherrschaften von rein grund- und leibherrlichem Charakter dürften freilich nicht häufig vorgekommen sein. Es gab überhaupt nirgends so übermäßig viel Unfreie, und während die Zahl der nicht angesiedelten sich stetig verminderte, ist bei gar mancher unfreien Villikation die Frage aufzuwerfen, ob die Hintersassen von Ursprung servi waren, oder aber zu Unrecht so genannt wurden. Sicherlich ist schon früh eine gewisse Begriffsverwirrung eingetreten. Je mehr mit Einschränkung des Sklavenhandels die Unfreiheit ihr Wesen veränderte, um so leichter konnten andere grundhörige Hintersassen, Halbfreie oder römisch-rechtliche Kolonen, als schlechthin unfrei gelten.

In Gallien bestand bereits vor der fränkischen Eroberung die Masse der Landbevölkerung aus Kolonen, bei denen das wesentlichste Stück des Hofrechts, das Ausmaß der Leistungen, ein für allemal feststand. Der Staatsgewalt gegenüber spielte für die Kolonen der Grundherr den Vermittler, und er übte förmliche Gerichtsbarkeit über sie, nicht bloße Disziplinargewalt wie über Sklaven; denn die Kolonen waren an sich freie Leute, wiewohl die Fesselung an die Scholle ihre Freiheit gar sehr minderte. Auch die mit Kolonen besetzten, geschlossenen Villikationen bildeten Herrschaftsbezirke, und deren muß es in Gallien ungemein viele gegeben haben; sie nahmen wohl den größeren Teil des Landes ein. Richterliche Funktionen der Privatbeamten von Großgrundherren sind für das 7. Jahrhundert bezeugt[1] und gehen auf römische Einrichtungen zurück. Eigentlich ist die fränkische Grafschaftsverfassung kaum älter als die Privatherrschaften, und die Gewährung der Immunität an Großgrundherren reicht jedenfalls höher hinauf als die ältesten der erhaltenen Urkunden.

Die Immunität war ein Privileg, das der König aus Gnade gewährte. Privilegien sind nach dem strengen Wortlaut zu inter-

[1] Im Edikt Chlothars II. von 614, M. G. Capit. 1, 22, vgl. auch W. Sickel, Die Privatherrschaften im fränkischen Reich, Westdeutsche Ztschr., Bd. 15 (1896), S. 111ff. und Bd. 16 (1897), S. 47ff.

pretieren, galt einstmals als juristischer Grundsatz. Die historische Auslegung hat von den Verhältnissen auszugehen, auf die sie berechnet waren. Nun tritt bei der Immunität nach dem üblichen karolingischen Formular, das in der Hauptsache dem älteren, merowingischen entspricht, die negative Seite in den Vordergrund. Den Staatsbeamten wird verwehrt, den Boden des Grundherrn zu betreten und gegen dessen Hintersassen Amtshandlungen vorzunehmen. Aus der Grafschaft eximiert war der immune Boden mit nichten; gerade die karolingische Gesetzgebung hat die Fälle präzisiert, für die das Verbot des Einschreitens nicht galt. Räuber, die nicht ausgeliefert werden, holt der Graf selbst, um sie aufzuhängen, auch behielt er seine volle Kompetenz gegenüber dem Immunitätsherrn, wenn nicht noch besondere Beschränkungen zu dessen Gunsten eintraten. Kirchen erlangten durch Aufnahme in den Königsschutz, Laien als königliche vassi privilegierten Gerichtsstand.

Entsprechend der Herkunft aus Gallien entsprach die Immunität der dort vorwiegenden geschlossenen Villikation, deren Abschluß nach außen sie vollendete. Zu den Villikationen in Streulage paßte die Immunität viel schlechter. Hier fehlte es der Privatherrschaft des Grundherrn ohnehin an der wesentlichsten Vorbedingung, der räumlichen Abgrenzung, und in deutschen Stammesgebieten waren noch andere Voraussetzungen zu vermissen. Das Hofrecht entstand erst beim Ausbau der Villikationen. Die leibherrliche Gerichtsbarkeit, uneingeschränkt über Unfreie, mangelte ganz gegen freie Hintersassen, die sich nicht in Schutz ergeben hatten. Der sächsische Late bedurfte vor Gericht keiner Vertretung durch den Herrn. Von den fränkischen Königen nach Deutschland übertragen, konnte die Immunität hier nicht die gleiche Wirkung üben wie in ihrer Heimat, sondern bedurfte der Modifikationen. Da muß es denn als höchst bedeutsam erscheinen, daß sie von Anfang an neben den negativen Bestimmungen eine positive enthielt. Zur Freiung des Bodens und der Bewohner trat die Zession aller Einkünfte, die davon der Fiskus beziehen konnte. Die bekannte Formel, quicquid exinde fiscus noster sperare poterat, das alles schenken wir dem Heiligen so und so zum Unterhalt der Mönche, oder wie sie sonst lauten mag, findet sich nicht jedesmal; aber sie ist sehr alt, schon im Jahre 635 wurde sie angewandt.[1] Inhaltlich steht sie einer Regalienverleihung

[1] Diese und andere bei Behandlung der Immunität im folgenden herangezogene Urkunden sind zusammengestellt bei Altmann und Bernheim, Ausgewählte Urkunden zur Erläuterung der Verfassungsgeschichte Deutschlands im Mittelalter, 3. Aufl. (Berlin 1904), S. 286ff.

gleich. Dem Immunitätsherrn wird der Bezug von Einkünften aus Hoheitsrechten des Königs zugewiesen, Pertinenzen der Staatsgewalt sind ihm übertragen.

Mit mehr Recht als später ein Ludwig XIV. konnte der fränkische König sich selbst als Inbegriff des Staates betrachten. Alle staatliche Gewalt ging von ihm aus und war nichts anderes als seine persönliche Regierungsbefugnis, die er selbst übte oder von anderen wahrnehmen ließ. Als Träger der Staatsgewalt handhabten der König und seine Beamten den Bann, mittels dessen sie Befolgung ihrer Verfügungen erzwangen. Wer den Bann brach, machte sich bußfällig, und die Buße kam dem zu, der sie verhängte. Die Ausübung der Regierungsgewalt verschaffte Einkünfte; ein bestimmter Kreis von Verfügungen bildete sich heraus, die ausschließlich dem König vorbehalten blieben. Nur er konnte Märkte errichten mit der Friedensgewährung für die Besucher, die wohl einer Abgabe wert war; ihm allein kam es zu, für Handel und Wandel auf den allgemeinen Verkehrsstraßen, auf schiffbaren Flüssen, an Ankerplätzen und Brücken Gebühren zu erheben. Der König legte seinen Bann über die Fische in den Gewässern und das jagdbare Wild im Forst. Die Verfügung über allen Boden, der nicht Privateigentum war, nahm er in Anspruch; für die Besiedlung mußte ihm ein Zins entrichtet werden. Jedes Hoheitsrecht des Königs war nutzbar oder konnte nutzbar gemacht werden, Gerichtsbarkeit so gut wie Markt Münze, Zoll, Forsten, Fischerei. Mit dem Begriff der Regalien hat sich ganz von selbst derjenige der Nutzbarkeit verbunden.

Der Name Regalien ist jüngeren Ursprungs. Im letzten Stadium des Investiturstreites war viel von ihnen die Rede; später, als Kaiser Friedrich I. die Verfassungsverhältnisse der Lombardei ordnen wollte, ließ er ermitteln, was Regal sei, und es wurde auf dem ronkalischen Reichstage ein Verzeichnis angelegt,[1] dem nicht nur für Italien Bedeutung zukommt; denn davon kann nicht die Rede sein, daß die Bologneser Doktoren römisches Recht des corpus iuris an Stelle des geltenden italienischen Staatsrechts gesetzt hätten. Fast alles, was in dem Regalienverzeichnis enthalten ist, stand auch den früheren Beherrschern des regnum Italicum zu.

Zwischen deutschen und italienischen Regalien gab es noch Unterschiede. Diesseits der Alpen sind die Könige nicht so früh und in so ausgedehntem Maße zur Nutzbarmachung ihrer Hoheits-

[1] In verschiedenen Fassungen vorliegend, M. G. Constit. imp. 1, 244, Nr. 175.

rechte gelangt wie im Süden. Märkte und Münzstätten mußten erst errichtet, Zölle neu eingeführt werden, während in Italien und Gallien solche Einnahmequellen des römischen Staates niemals zu fließen aufgehört hatten. Die in der Immunität enthaltene Regalienverleihung bezog sich hauptsächlich auf die Bannbußen und Friedensgelder, die statt an den Fiskus an den Immunitätsherrn fallen sollten; aber eine prinzipielle Beschränkung enthielt die übliche Formel nicht. Schon 673 wurde ausdrücklich die Erhebung eines rotaticus (Wagengeld) durch die Staatsbeamten auf den Märkten des gefreiten Gebietes ausgeschlossen; und nicht so gar viel jünger sind unmittelbare Regalienverleihungen, die neben der Immunität einhergehen, ohne mit ihr innerlich zusammenzuhängen.

Ganz unzweifelhaft ist der Königszins, den langobardischen arimannie entsprechend, unter die Regalien zu rechnen, ob er nun als Entgelt für eine Niederlassungs- und Rodungserlaubnis angesehen oder auf einen alten Tribut zurückgeführt wird. Über den Königszins freier Leute hat bereits Karl Martell zugunsten des Klosters Reichenau[1] und Pippin für St. Gallen[2] verfügt. Die Hoheitsrechte und ihr Ertrag waren nicht untrennbar mit dem Fiskus verknüpft, sondern konnten in Immunitätsprivilegien überlassen oder mittels besonderer Verleihung übertragen werden.

III. Zu den Regalien gehörte die Gerichtsbarkeit. Herzogtümer, Markgrafschaften, Grafschaften, Stadtkonsulate verleiht der König, und auch das sind nur spezielle Fälle seiner allgemeinen Befugnis, Obrigkeiten für die Rechtspflege zu setzen, wie sie im ronkalischen Regalienverzeichnis Anerkennung gefunden hat. Zur Wahrnehmung der Rechtspflege ist von den fränkischen Königen die Grafschaftsverfassung geschaffen worden. Mit Banngewalt ausgestattet, übte der Graf den Gerichtszwang über alle Eingesessenen des Gaues, Grundherren und Bauern; aber eine Nötigung, zu gerichtlichen Zwecken sich ausschließlich der Grafen zu bedienen und der von diesen gesetzten niederen Beamten, gab es für den König nicht. Hat doch erst Karl der Große die Grafschaftsverfassung einheitlich im ganzen Reiche durchgeführt, und gerade er ließ häufig durch Sendboten Gericht halten. Nun schrieb sich die grund-leibherrliche Gerichtsbarkeit nicht wie die gräfliche vom König her. In den Immunitäts-

[1] S. die Restitution der Urkunde von K. Brandi, Quellen und Forschungen zur Geschichte der Abtei Reichenau, Bd. 1 (Heidelberg 1890), S. 101.

[2] S. Urkundenbuch der Abtei St. Gallen, hg. v. H. Wartmann, Bd. 1, S. 289, Nr. 312.

privilegien als bestehend vorausgesetzt, bedurfte sie einer ausdrücklichen Erwähnung höchstens dann, wenn in ihrer rechtlichen Existenz etwas zweifelhaft erschien; aber sie konnte auch im weitesten Umfange verliehen werden, wo sie noch nicht bestand, sondern mit Neugründung einer Villikation erst hergestellt werden mußte. Um eine Verleihung von Gerichtsbarkeit handelt es sich bei der Urkunde Ludwigs des Frommen für den Spanier Johannes, der mit seinen Leuten sich im Gau von Narbonne niedergelassen, zwei Weiler ganz und eine „villa" teilweise besetzt hatte und noch Beifänge anlegen wollte. Über die Leute sollte kein öffentlicher Beamter richten, sondern allein der Grundherr, dessen Söhne und deren Nachkommen. Was sie dem Gesetz gemäß urteilen, hat Gültigkeit; verfahren sie gesetzwidrig, so werden sie bußfällig. Auf geringere Sachen ist die Gerichtsbarkeit des Johannes nicht beschränkt worden; sie umfaßte alles, während die gleichzeitig anderen Spaniern zugestandene, von ihnen selbst auszuübende Rechtsprechung sich nur auf cause minores bezog. Mord, Raub, Brandstiftung und anderes mehr blieb dem Gericht des Grafen vorbehalten, von dem aber auch Johannes nicht völlig eximiert wurde. Er hatte in seinem Gericht nach Volksrecht zu urteilen (unter der lex ist hier wohl die westgotische zu verstehen), und der Rechtszug ging an das ordentliche Gericht, vor dem er bei Verfehlungen erscheinen mußte. Nur insofern könnte der Graf am Einschreiten behindert gewesen sein, als Johannes königlicher vassus war. Ganz analog ist die Verleihung erblicher Gerichtsbarkeit durch Arnulf (888) an seinen Ministerialen Heimo für dessen Eigengut in der Ostmark, die gleichfalls unbeschränkt gegeben, dennoch keine vollständige Exemtion von der Grafschaft gewährte. Befugnisse, die anderwärts den Grundherrn seit alters zustanden, wurden hier speziell übertragen. Der König regelte die Ausübung der Gerichtsbarkeit nach seinem Gutdünken.

Ähnliche Fälle finden sich auch in jüngeren Zeiten. 1233 schenkte Herr Niklot von Meklenburg-Rostock dem Kloster Amelungsborn 60 Hufen am Dransee in der Priegnitz, befreite alle Hintersassen des Klosters von jedweder Abgabe, Burgbau, Steuer und Diensten, und gab dem Kloster richterliche Gewalt über Dienstleute und Bauern, die auf dessen Gütern verweilen, in allen Sachen.[1] Das war nach der negativen wie der positiven Seite hin nichts anderes als eine Immunität. Die mit ihr verbundene Verleihung von Ge-

[1] Riedel, Cod. dipl. Brandenb. T. 1, Bd. 1, S. 445ff.

richtsbarkeit konnte ein slawischer Fürst, der seine Gewalt nicht von einem Reichsamte herleitete, wohl vornehmen. Die gerichtlichen Exemtionen der Babenberger nach der Erhebung Österreichs zum Herzogtum sind sehr ähnlich,[1] und es ist bekannt genug, welche Bedeutung derartigen Akten für die Ausbildung der ostelbischen Gutsherrschaften zukam. Nicht nur niedere, sondern auch hohe Gerichtsbarkeit erhielten die Rittergutsbesitzer. In Preußen gewährte der Orden gleich bei der Kolonisation beides.[2] Das Verhältnis zwischen den älteren und jüngeren Verleihungen von Gerichtsbarkeit entspricht etwa dem zwischen Prekarie und freier Landleihe. Die Formen haben sich geändert, besonders die der Beurkundung, aber nicht das Wesen der Sache. Immerhin ist noch von einer inneren Entwicklung der Immunität ihre Ausdehnung mittels hinzugetretener Spezialverleihungen zu scheiden.

Weitergehende Rechte, als Karl der Große am Anfang seiner Regierung den Bischofskirchen von Trier und Metz[3] bestätigte, konnten kaum aus den rein negativen Bestimmungen der Immunität abgeleitet werden. Die Hintersassen der Kirchen sollten von den Staatsbeamten weder an die öffentlichen Malstätten geladen, noch dort verurteilt werden; sie haben vielmehr ihren ausschließlichen Gerichtsstand vor den Beamten der Kirchen, in deren privatem Gehör sie Recht geben und nehmen. Außenstehende haben demnach Klagen gegen Immunitätsinsassen vor dem Immunitätsgericht anzubringen. Der Grundsatz mag nicht überall gleich früh und vollständig durchgedrungen sein, war aber eine notwendige Folge des Prinzips der Immunität. Indem die Staatsgewalt ihn anerkannte, nahm sie zugleich Einfluß auf die Bestellung der Privatbeamten in Anspruch und das Aufsichtsrecht. Karl der Große reglementierte

---

[1] S. Brunner in den Sitzungsberichten der phil.-hist. Klasse der Wiener Akademie d. Wiss., Bd. 47 (1864), S. 315ff.

[2] H. Plehn, Zur Gesch. d. Agrarverfassung von Ost- und Westpreußen, Forsch. z. brandenb. u. preuß. Gesch., Bd. 17 (1904), S. 68ff.; vgl. auch A. Ernst, Zur Entstehung der Gutsherrschaft in Brandenburg, ibid. Bd. 22 (1909), S. 493ff. Jedenfalls sollten die Untersuchungen über die ostelbische Agrarverfassung noch mehr Rücksicht nehmen auf die Zustände des Mutterlandes, wobei freilich wohl Ostsachsen und Thüringen besonders zu berücksichtigen wären. Daß im südöstlichen Kolonisationsgebiet, abweichend vom nordöstlichen, die „patrimonialen Gewalten" wenigstens teilweise nicht aus landesherrlicher Verleihung herzuleiten sind, sondern von der alten Grund- und Leibherrschaft herstammen, hat A. Dopsch, Mitteilungen d. Instituts f. österr. Geschichtsforschung, Bd. 28 (1908), S. 594ff. gezeigt.

[3] S. M. G. Dipl. Karolinorum, Bd. 1 (1906), S. 95, Nr. 66 und S. 131, Nr. 91.

oft genug,[1] welche Eigenschaften ein tüchtiger vicedominus, advocatus oder praepositus nötig habe, und was wurde da nicht alles verlangt. Gesetzeskundig sollen sie sein, gerechtigkeitsliebend, friedfertig, milde, sogar uneigennützig und frei von Habgier; wenn sie den Anforderungen nicht entsprachen, konnten königliche Sendboten ihre Absetzung verfügen, gleich wie die von Unterbeamten des Grafen, der Vikare und Zentenare, mit denen überhaupt die Privatbeamten in der karolingischen Rangordnung auf einer Stufe standen, ohne daß deswegen die Befugnisse identische gewesen sein müssen. Auch der vicedominus, prepositus und advocatus unterschieden sich recht wesentlich in ihren Amtspflichten.

Durch die Eingriffe des Staates in die Verwaltung der Privatherrschaften wurde deren Umbildung angebahnt. Je mehr der Grundherr und seine Beamten sich den allgemeinen, vom König festgesetzten Normen zu fügen hatten, um so leichter konnten ihnen wiederum Rechte übertragen werden, die über ihren ursprünglichen Wirkungskreis hinausreichten. Soll eine reinliche Scheidung zwischen grund-leibherrlicher und öffentlich-rechtlicher oder staatlicher Gewalt durchgeführt werden, so bleiben für erstere nur die Hofgerichtsbarkeit in ihrer Begrenzung auf die Betriebsordnung der Villikation übrig und die leibherrlichen Befugnisse nach Maßgabe des Volksrechts über Unfreie, Halbfreie und kommendierte Freie oder andere Mundmannen. Was darüber hinausgeht, muß als öffentlich-rechtlich gelten und ließe sich nur von königlicher Verleihung ableiten, wenn eben nicht das Prinzip der Immunität seine Einwirkungen geübt hätte. Tradenten, die ihre Güter zu Prekarie zurückempfangen hatten, wurden gelegentlich in die Immunität einbezogen. Die Privilegien des 10. Jahrhunderts erkennen regelmäßig an, daß Hintersassen auf immunem Boden, gleichgültig wes Standes, vor dem Vogt zu Recht stehen sollen; damit war aber auch die äußerste Grenze einer inneren Entwicklung der Immunität erreicht. Über den Boden der Grundherrschaft hinaus konnte sie sich nicht erstrecken. Für alles, was durch königliche Verleihung hinzukam, liegt der staatliche Charakter ohne weiteres zutage; aber auch die Rechte innerhalb der Immunität können, insoweit als sie die ausschließlich grund-leibherrlichen Befugnisse überragen, nicht für rein private angesehen werden.

Eine begriffliche Unklarheit haftet den Bestimmungen der Urkunden an, die vielfach negativ ausdrücken, was doch auch positiv

[1] S. M. G. Capit. 1, 93, 101, 104, 124 usw.

hätte verfügt werden können. Die Ursache hierfür liegt offenbar in dem Charakter der Grundherrschaften selbst. Bei der geschlossenen Villikation gallischen Gepräges genügte die Immunität, um den Abschluß der Privatherrschaft zu vollenden. Selbst daß Außenstehende mit Klagen gegen Immunitätsinsassen sich an den Immunitätsrichter zu wenden haben, ließ sich aus der bloßen Negation des staatlichen Gerichts ableiten. Der Fall mag übrigens viel seltener eingetreten sein, als bei den Grundherrschaften in Streulage, die in den deutschen Stammesgebieten überwogen. Hier war es zur Vermeidung von Streitigkeiten wohl angebracht, ausdrücklich hervorzuheben, was anderwärts sich beinahe von selbst verstand. Dem gallischen Vorbild gleichzukommen, vermochten die deutschen Grundherrschaften dennoch nicht, soweit es ihnen nicht gelang, sich durch Austausch von Besitzsplittern zu arrondieren. Sonst war die Herstellung privater Herrschaftsbezirke nur möglich durch den Erwerb öffentlich-rechtlicher Befugnisse, die sie wiederum ihres privaten Charakters entkleideten. Den Grundherren wurde Gewalt über Personen zuteil, die nicht zur Grundherrschaft in Beziehung standen, und diese Gewalt wurde über einen räumlich abgegrenzten Landkomplex erstreckt, indem sie Ausdehnung fand über Boden, der nicht zur Grundherrschaft gehörte. Die Regalienverleihungen gliederten der Immunität Rechte an, die nur noch rein äußerlich mit der Grundherrschaft sich berührten. Das konnte dann in verschiedener Weise geschehen.

Märkte errichteten die Grundherren am liebsten auf eigenem Boden; es fiel ihnen dann allein der Arealzins von der Kaufmannsansiedlung zu, und in die Gerichtsbarkeit konnte sich der Immunität wegen niemand einmischen. Notwendig war es aber nicht, daß der Boden des Marktorts ganz dem Marktherrn gehörte; dann ergänzte der König durch Verleihung, was zur Machtvollkommenheit fehlte, und es wurden so Bannbezirke mit bestimmten Grenzen konstituiert, innerhalb deren in der Regel einem Grundherrn die Gerichtsbarkeit zustand, aber nicht notwendig dem Grundherrn des Ortes.[1] Der Zu-

[1] Vgl. z. B. für Bremen S. Rietschel, Das Burggrafenamt und die hohe Gerichtsbarkeit in den deutschen Bischofsstädten während des früheren Mittelalters (Leipzig 1905), S. 283ff., und Markt und Stadt in ihren rechtlichen Verhältnissen (Leipzig 1897), S. 80ff. S. auch das Marktprivileg für den Erzbischof von 965, M. G. Dipl. 1, 422, Nr. 307, das ihm die Erlaubnis gibt, in loco Bremun einen Markt zu errichten, nicht in loco suo. Den Kaufleuten, die der Kaiser zugleich in seinen Schutz nahm, gehörte offenbar der Grund und Boden, auf dem ihre Häuser standen, zu Eigentum, während die Gerichtsbarkeit über sie

sammenhang zwischen Grund- und Gerichtsherrschaft war nur noch ein lockerer. Die vom König verfügte Änderung der lokalen Verwaltung berührte weder das Standesrecht der Bewohner, noch ihr Besitzrecht am Boden. Sie besuchten fortan die drei jährlichen placita vor dem Richter, der Vogt hieß, statt vor dem Grafen; das war alles. Wem die fiskalischen Gefälle zufielen, die sie ohnehin entrichten mußten, konnte ihnen gleichgültig sein. Hofrecht stand für die Stadt überhaupt nicht in Frage. Die Marktansiedlung war keine Villikation, und Kaufleute sind keine Bauern.

Wenn Empfänger von Regalien eine Kirche war, ein Bistum oder ein Kloster, so trat es in den Genuß der Einkünfte. Die Gerichtsbarkeit übte jedoch in Deutschland nicht der Bischof oder Abt persönlich, sondern der Vogt. Dessen Befugnisse konnten auch vom König unmittelbar erweitert werden, durch Verleihung des Rechts bei Königsbann zu richten,[1] während in Italien, wo sich mit der Vogtei jurisdiktionelle Befugnisse nicht verknüpften, an Grundherren unmittelbar eine höhere als die gräfliche Gerichtsbarkeit verliehen wurde, nämlich die missatische, und zwar nicht nur an Bischöfe für ihre Städte und deren Umkreis, sondern auch anderweitig. Der Gegenkönig Arduin bestätigte 1002 seinem Kanzler Kunibert den Hof Desana, der ihm zu eigen gehörte, mit Kastell, Kapelle, Hufen, Weinbergen usw., und verlieh ihm dazu die Regalien am Orte und im Umkreis einer Millie nebst der Gerichtsbarkeit über die Bewohner des Orts, so daß Kunibert mit der Machtvollkommenheit eines königlichen Missus Prozesse entscheiden kann, wie wenn der Pfalzgraf selbst zugegen wäre.[2] Durch diesen Akt wurde also der für Kunibert geschaffene Herrschaftsbezirk von der Grafschaft Verzelli, zu der Desana bis dahin gehört hatte, vollständig eximiert. Die letzte Erweiterung der Immunität durch äußere Angliederung von Rechten stellte alles Frühere auf den Kopf. Wenn der Grundherr, von dessen Besitzungen die Grafengewalt durch Immunität ausgeschlossen war, ganze Grafschaften erwarb

---

mit den Regalien nunmehr dem Erzbischof (bzw. seinem Vogt) zufiel, der jedenfalls in dem Bannbezirk bereits Grundeigentum besaß. Die Erweiterung einer Regalienverleihung (Münze und Zoll) durch nachträgliche Hinzufügung der Gerichtsbarkeit s. M. G. Dipl. 1, 154, Nr. 74 und 157, Nr. 77.

[1] Zum Königsbann vgl. Heck a. a. O. II, Der Sachsenspiegel und die Stände der Freien (Halle 1905), S. 734ff., und H. Fehr, Fürst und Graf im Sachsenspiegel, in Berichte und Abhandlungen der K. Sächsischen Gesellschaft der Wissenschaften, phil.-hist. Klasse, Bd. 58 (1906), S. 41ff.

[2] S. M. G. Dipl. 3, 706, Nr. 6.

oder gräfliche Rechte in Teilen von Gauen, so verlor die Immunität alle Bedeutung; aber es fiel auch der letzte Zusammenhang zwischen Grundherrschaft und Hoheitsrecht weg, denn die gräfliche Gewalt war rein territorial. Dem Bistum Chur wurde sie von Otto I. im Tale Bergell zuerteilt,[1] einem Bezirk Oberrätiens, in dem es allem Anschein nach niemals einen Hof besessen hat.

Nur in beschränktem Maße gelangten dentsche Bistümer oder gar Klöster zum Erwerb ganzer Grafschaften. Wo das nicht der Fall war, und überhaupt, wo nicht kraft spezieller Verleihung Hoheitsrechte zur alten karolingischen Immunität hinzutraten, blieb diese selbst in Kraft. Von einheitlicher Fortbildung kann nicht die Rede sein; doch läßt sich auch schwer denken, daß ihre Wirkungen sich abgeschwächt haben sollten. Es wäre da noch ein Moment zu beachten, das bei den bisherigen Erörterungen keinen Platz fand. Immunität ist Steuerfreiheit; davon hat sie ihren Ausgang genommen. Die fiskalischen Gefälle sind dem Immunitätsherrn überwiesen; der Graf darf von den Hintersassen keinerlei Leistungen fordern. Nun waren aber die Einkünfte des Grafen aus seinem Amt recht ansehnliche. Die Grafschaft stellte ein Objekt erheblichen Wertes dar; 1000 Mark Silber zahlte Erzbischof Adalbert dem König für eine einzige.[2] Die gräflichen Rechte ließen sich nutzbar machen, so gut wie die Regalien. Allein schon der Anspruch auf Beherbergung bei Abhaltung der Gerichtstage mochte Erkleckliches einbringen; auch scheuten sich die Grafen nicht, mit außerordentlichen Forderungen an die Insassen ihrer Gerichtsbezirke heranzutreten. Eine wirkliche Steuer entwickelte sich aus den exactiones, die in der Immunität einzutreiben ihnen verwehrt war.

Der immune Boden trug nichts zu den Grafschaftslasten bei; diesen Vorzug kann er um so weniger eingebüßt haben, als seine Bewohner, die Hintersassen des Grundherrn, durchaus nicht steuerfrei waren. Wer über sie Gerichtsbarkeit übte, erhob etwa die gleichen Ansprüche wie der Graf auf Beherbergung und Abgaben, und da nun in der geistlichen Immunität der Vogt zu richten hatte, nicht der Bischof oder Abt, so leisteten die Hintersassen geistlicher Grundherrschaften dem Vogt, was der Graf von ihnen nicht nehmen durfte. Die Vogtei über eine Großgrundherrschaft war wohl kaum weniger einträglich als eine Grafschaft; 4000 Mark Silber bot Herzog

[1] M. G. Dipl. 1, 287, Nr. 209.

[2] Vgl. Waitz, D. Verf.-Gesch., Bd. 7, S. 27ff., s. Adam v. Bremen, lib. 3, Kap. 45, M. G. SS., Bd. 7, S. 353.

Berthold von Zähringen 1208 dem Abt von St. Gallen für die Wahl zum Klostervogt.[1] Der Grundsatz, daß selbst zerstreute Splitter immunen Bodens vom Vogt geschatzt werden und nicht vom Grafen, konnte nicht leicht in Vergessenheit geraten. Tatsächlich mochte sich der Unterschied verwischen, wenn etwa der Graf die Vogtei in den Immunitäten seiner Grafschaft erlangte. Überhaupt, was sich begrifflich einigermaßen deutlich sondern läßt, unterlag im realen Verlauf der Dinge den mannigfachsten Trübungen. Wie verschieden ist doch kraft spezieller Auseinandersetzungen das Verhältnis zwischen den geistlichen Immunitätsherrn und ihren Vögten gestaltet worden; eine Menge gefälschter Urkunden bezeugt, welche Mühe es sich die geistlichen Herren kosten ließen, den finanziellen Ansprüchen der Vögte Schranken zu setzen.

Der Vogt bezog also die Bede, nicht der geistliche Grundherr;[2] aber die Bischöfe und die Äbte der alten, königlichen Klöster waren Reichsfürsten. Mit dem Zepter verlieh ihnen der König die Regalien, seit er auf die Investitur mit Ring und Stab verzichtet hatte. Landeshoheit zu erwerben ist den geistlichen Fürsten vielfach gelungen, und zwar auf dem gleichen Wege der Agglomeration von Rechten, der früher zur Erweiterung der Immunität geführt hatte. Freilich mußte dabei gewissermaßen von vorn angefangen werden, denn auch die Villikationsverfassung selbst hatte Wandlungen durchgemacht. Hofgerichtsbarkeit übte der geistliche Grundherr in der ersten Hälfte des XII. Jahrhunderts nicht persönlich, sondern sie war dem Meier, einem Ministerialen, zu Lehen gegeben und infolgedessen zum erblichen Recht des Inhabers geworden, das ihm abgekauft werden mußte, um wieder durch gesetzte Beamte verwaltet werden zu können. Nicht minder war ein Rückerwerb der Vogtei an das Stift erforderlich. Lange genug zog sich gelegentlich die Konsolidation hin, wie etwa das Stift Werden volle Landeshoheit erst 1666 erlangte, aber nicht für seine ehemaligen, zerstreuten Besitzungen, sondern für einen geschlossenen Bezirk, aus dem es andere Gewalten verdrängt hatte.[3] Wo der Rückerwerb von Meieramt und Vogtei nicht gelang, blieben dem geistlichen Grundherrn

---

[1] Vgl. Waitz a. a. O., S. 350ff. S. für die Vogtei über St. Gallen, Conradus de Fabaria, Kap. 10, St. Galler Mitteilungen, Bd. 17, S. 153ff.

[2] Vgl. G. v. Below, Zur Frage nach dem Ursprung der ältesten deutschen Steuer, in Mitteil. d. Instituts f. österr. Geschichtsforschung, Bd. 25 (1904), S. 455ff.

[3] S. R. Kötzschke in der Einleitung zur Ausgabe der Werdener Urbare [Publikationen der Gesellschaft für rheinische Geschichtskunde XX, Bd. 2, (Bonn 1906)], S. LVIIff.

nur die Grundzinse, für die etwa der Meier eine jährliche Pauschalsumme ablieferte. Davon ist dann in den finanziellen Nöten des späteren Mittelalters vieles abgebröckelt und schließlich ganz verloren gegangen; die alte Grundherrschaft hatte ihre Rolle ausgespielt.

Für den Erwerb von Gerichtsbarkeit und anderen Hoheitsrechten war der Grundherr keineswegs an den Bereich seines Grundbesitzes gebunden. Überdies konnten neuerdings durch königliche Verleihungen fehlende Rechte ergänzt werden. Bei Bistümern kam auch die Gewalt über Vasallen und abhängige Klöster in Betracht. Sicherste Grundlage der Landeshoheit von Geistlichen und Laien war allerdings die Grafschaft,[1] nur daß nicht etwa der Besitz gräflicher Rechte allein schon als Basis für die Landeshoheit ausreichte. Die bedeutendsten weltlichen Territorien beruhten auf Herzogtum oder Markgrafschaft. Daß gar mancher einfache Graf sich zum Landesherrn aufschwang, konnte nur durch Erweiterung seiner Rechte geschehen, mittels Erwerb von Regalien, Vogteien und spezieller Privilegien; aber wenn nun auch ein weltlicher Herr eine Summe von Rechten zusammenbrachte und deren Verwaltung nach staatlichen Gesichtspunkten organisierte, wie das gerade im 13. Jahrhundert des öfteren eintrat, so führte der Geldmangel, das Erbübel der deutschen Fürsten im späteren Mittelalter, erneute Zerstückelung herbei, nur daß die Besitzungen und Rechte nicht stets in der gleichen Abgrenzung verpfändet oder zu Lehen vergabt wurden, wie sie erworben worden waren, sondern besser lokal verbunden und abgerundet. Eben dieses Moment dürfte für die Frage nach Entstehung der Bannbezirke beachtenswert sein, die neuerdings mit Recht in den Vordergrund geschoben worden ist, aber vorerst nur mit großer Reserve behandelt werden kann;[2] denn wenn irgendwo, so kommen hier lokale Unterschiede sehr wesentlich in Betracht.

Die geschlossene, mit Unfreien oder Kolonen besetzte Villikation bildete an sich schon einen Bannbezirk; es muß also deren bereits im frühen Mittelalter eine ganze Anzahl gegeben haben. Andere Bannbezirke entstanden durch königliche Verleihungen, und zwar auch

[1] Vgl. H. Fehr, Die Entstehung der Landeshoheit im Breisgau (Leipzig 1904); für ein geistliches Fürstentum siehe F. Rörig, Die Entstehung der Landeshoheit des Trierer Erzbischofs zwischen Saar, Mosel und Ruwer und ihr Kampf mit den patrimonialen Gewalten, in Westdeutsche Zeitschrift, Ergänzungsheft XIII (Trier 1906). Vgl. auch E. Richter, Immunität, Landeshoheit und Waldschenkungen, Archiv für österr. Geschichte, Bd. 94 (1906), S. 41ff.

[2] Vgl. übrigens Seeliger in Historische Vierteljahrschrift, Bd. 10 (1907), S. 305ff.

schon recht früh. 840 bestätigte Kaiser Lothar dem Abt von Murbach eine Urkunde Ludwigs des Frommen, die enthielt, daß Pippin der zu Murbach gehörigen Propstei Luzern 5 freie Leute und ihre Nachkommenschaft am Orte Emmen zugewiesen habe mitsamt all ihren Leistungen an Fiskus und Graf, Gerichtsbarkeit inbegriffen.[1] Das spätere Hofrecht von Emmen[2] galt für einen fest abgegrenzten Bezirk, in dem der Meier alle Gebote und Gerichte hatte, außer über Diebstahl und Frevel. Grund und Grat gehörten der Herrschaft; jedoch saßen die Leute nicht nur auf Erbgut, sondern auch auf Eigen. Wer innerhalb der Grenzen wohnt, oder zum Hof gehört oder in ihm Eigen oder Erbe hat, ist dingpflichtig. Vielleicht schon die Schenkung Pippins, sicher wohl die Bestätigung Lothars sollte den Besitz der Propstei in Emmen zu einem Bannbezirk abrunden, dem die 5 freien Leute eingeordnet wurden, ohne daß sie deswegen Freiheit und Eigentumsrecht einbüßten. Mancherorten ist jedoch die Einteilung des Bodens und seiner Bewohner nach Bannbezirken überhaupt nicht vollständig durchgeführt worden. So blieben die unter der Thurlinde dingpflichtigen Freien bis 1798 außerhalb der lokalen Gerichtsbezirke, deren räumliche Geschlossenheit die im Lande zerstreuten Freigüter durchbrachen.[3] Für die Entstehung der bloßen Niedergerichtsbezirke dürfte auch ein Zusammenhang mit nicht immunen Grundherrschaften in Betracht zu ziehen sein, denn grund-leibherrliche und staatliche Befugnisse haben sich wohl in fast allen Bannbezirken miteinander vermengt; nur daß eben prinzipiell jede Gewalt, die nicht auf Leibherrschaft sich gründet und über den Boden der Grundherrschaft hinausreicht, als staatlich aufzufassen ist. Wie der König die Regalien stückweise oder mit lokaler Abgrenzung vergabte, so konnte auch der Graf innerhalb seiner Kompetenz mit seinen Rechten verfahren, also Unterrichter setzen, wie es ihm gut dünkte, Vikare, Zentenare und andere.[4] Setzten doch selbst die Vögte, trotzdem es ihnen verboten war, Untervögte.

IV. Das Auseinandergehen von Leibherrschaft, Grundherrschaft und Gerichtsherrschaft gilt als Charakteristikum der westdeutschen

[1] B. M. R.[1] Nr. 1035, s. Der Geschichtsfreund, Mitteilungen des hist. Vereins der 5 Orte, Bd. 1 (1843), S. 158.

[2] Grimm, Weistümer, 1, 166 ff.

[3] S. Die Rechtsquellen des Kantons St. Gallen, T. 1, Offnungen und Hofrechte, Bd. 1, alte Landschaft, hg. v. M. Gmür (Arau 1903), S. 633 ff.

[4] Vgl. dazu jetzt O. Goldhardt, Die Gerichtsbarkeit in den Dörfern des mittelalterlichen Hennegaus, Diss. Leipzig 1909.

Agrarzustände in späteren Zeiten, und da nun die Gerichtsherrschaft, zumal in den kleineren Territorien Schwabens und am Rhein, häufig mit der Landeshoheit zusammenfiel, wurde sie vollends das maßgebende Element der ländlichen Verfassung. Besser als in Deutschland läßt sich die Zurückdrängung von Grund- und Leibherrschaft in Oberitalien erkennen,[1] wo sie allerdings früher und weit entschiedener erfolgte. Die Regalienverleihungen Friedrichs I. für geistliche und weltliche Herren erstreckten sich nicht nur auf die königlichen Hoheitsrechte, sondern auch auf gerichtsherrliche Befugnisse, die sich von der Grafschaft herleiteten. Was über den Anspruch auf Grundrente hinausging, den das Eigentum am Boden gab, — von Unfreiheit oder persönlicher Bindung war in der lombardischen Tiefebene kaum noch die Rede —, wurde unmittelbar auf königliche Verleihung zurückgeführt. Der alte Staatsgedanke erhielt begrifflich seine schärfste Ausprägung, als er mit dem Gemeindeprinzip sich auseinanderzusetzen hatte.

Zum Erwerb von Regalien sind Stadtgemeinden in Deutschland wie in Italien gelangt; aber die Ausbildung von Stadtstaaten, in denen eine herrschende Stadtgemeinde über Landgemeinden und untergeordnete Regalinhaber obere Gerichtsbarkeit und andere Regalienrechte, also die Landeshoheit übte, kam in Deutschland über Ansätze nicht hinaus. Die deutschen Staaten der Neuzeit führen ihren Ursprung auf die landesherrliche Gewalt von Fürsten zurück, und da ist denn in den großen Territorien des Ostens nochmals die Grundherrschaft zu einer allerdings mehr scheinbaren als wirklichen Bedeutung gelangt; denn für die ostelbische Gutsherrschaft mit ihren landwirtschaftlichen Großbetrieben bildeten gerichtsherrliche Rechte den Ausgangspunkt der Entwicklung.[2] Die Organisation des Ritterguts, äußerlich der Villikation so ähnlich, unterscheidet sich von ihr fundamental durch die rechtliche Basis. Der Grundherr des früheren Mittelalters übte Gewalt über seine Hintersassen nach Maßgabe des Hofrechts und der leibherrlichen Befugnisse. Auf dem ostelbischen Rittergut der Neuzeit waren die Bauern gerichtseingesessene Erbuntertanen des Gutsherrn, wenn sie auch mancherorten mißverständlich und mißbräuchlich als Leibeigene bezeichnet wurden.

---

[1] Die Ausführungen von H. v. Voltelini, Immunität, grund- und leibherrliche Gerichtsbarkeit in Südtirol, Wien 1907, (Archiv für österreichische Geschichte, Bd. 94, Teil 2, S. 311 ff.) betreffen nicht rein italienische Zustände.

[2] Vgl. o. S. 8 ff.

Indem bei der Gutsherrschaft des Ostens regelmäßig Gerichts- und Grundherrschaft über einen bestimmt abgegrenzten Landkomplex zusammenfielen, trat eine gewisse Vermischung der Begriffe ein. Es wurde unklar, ob und inwieweit die Rechte des Gutsherrn vom Eigentum am Boden und von der durch den Landesherrn verliehenen Jurisdiktion sich ableiteten; wohl nicht ohne Absicht ist gelegentlich die Scheidelinie verwischt worden. Als nun der Territorialstaat, zumal in der Epoche des aufgeklärten Absolutismus, seinen Betätigungskreis ganz ungemein erweiterte, da konnte eine rationalistische Auffassungsweise, die von geschichtlichen Zusammenhängen abstrahierte, der patrimonialen Gewalt der Gutsherren einen privaten Charakter beilegen, im Gegensatz zu der öffentlichen oder staatlichen Gewalt, die durch den Landesherrn oder unmittelbar in seinem Namen durch Beamte geübt wurde. Für die historische Betrachtung ist es gewiß von Wert, zu erkennen, wie die Zeitgenossen jeweils bestehende Rechtsverhältnisse auffaßten. Die Anschauungsweise des 18. Jahrhunderts verdient an und für sich schon Beachtung; aber die damaligen Zustände sind nur das Ergebnis einer langen Entwicklung, die nicht klargelegt werden kann, wenn man Begriffe, die am Ende galten, auf den Anfang überträgt. Dem Staat des 18. Jahrhunderts, der absoluten Monarchie, fehlten wesentliche Funktionen, die von seinen Vorgängern aus der Hand gegeben waren, während er andrerseits seine Wirksamkeit auf Gebiete erstreckte, die früher unberührt geblieben sind. So mußte das Verhältnis von Grundherrschaft und Staat durchaus verschoben erscheinen. Es war gleichsam dem Bewußtsein entschwunden, daß die Rechte der Gutsherren über die Bauern aus Verleihung durch den Inhaber der Staatsgewalt sich herleiteten, daß also gerade die Agrarverfassung des Ostens einen ganz überwiegend öffentlich-rechtlichen Charakter trug, während eher noch im Westen sich Reste der alten privatrechtlichen Ausgestaltung erhalten hatten, Überbleibsel des Hofrechts und der eigentlichen Leibeigenschaft.

Die durch Zeitumstände bedingte, aber historisch unberechtigte Scheidung von staatlich-öffentlich und patrimonial oder privat darf nicht den Ausgangspunkt für soziologische Betrachtungen bilden,[1] etwa so, daß dem kleinen, privaten Kreise der Grundherrschaft der große Kreis der Stadt entgegengestellt wird, in dem eine öffentliche Gewalt entstehen konnte. Der Staat und mit ihm der Begriff von staatlicher und öffentlicher Gewalt existierte lange, bevor die Stadt

---

[1] S. P. Sander, Feudalstaat und bürgerliche Verfassung, Berlin 1906.

durch kräftige Ausbildung der Ortsgemeinde sich vom Lande sonderte, und diese Staatsgewalt ist niemals zugrunde gegangen, wenn auch geistlichen oder weltlichen, großen oder kleinen Grundherren und Stadtgemeinden viele ihrer abgesplitterten Attribute zuteil wurden. Selbst die der deutschen Verfassungsentwicklung eigentümliche Verschiebung, daß statt des Königs die Landesherren zu den eigentlichen Trägern der Staatsgewalt wurden, kann den Zusammenhang zwischen der ältesten Form des Staatsbegriffs und seiner jüngeren, unendlich reichen Entfaltung nicht verdunkeln. Der Staatsbegriff hat seine Kontinuität bewahrt, während die Grundherrschaft in ihrem vielverschlungenen Entwicklungsgange zu einem Bestandteil der Staatsverfassung wurde, oder aber, unter Einbuße ihres wesentlichen Kennzeichens, sich zum bloßen Grundeigentum verflüchtigte.

III

Das Kloster St. Gallen und seine Urkunden vom 10. bis zum 13. Jahrhundert.

I. **Urkundenzahlen.** Bei Betrachtung der St. Galler Urkunden aus der Karolingerzeit ergab schon die Verteilung der erhaltenen Stücke auf die Epochen, in die sich die Geschichte des Klosters gliedert,[1] einen Maßstab für dessen fortschreitende Entwicklung. Den bis nach der Mitte des 9. Jahrhunderts stets wachsenden Zahlen steht, zumal für den Anfang des 10. Jahrhunderts, eine unverkennbare Abnahme gegenüber. In späterer Zeit haben die Urkundenzahl und das Gedeihen des Klosters nur noch wenig miteinander zu tun. So ist während des 10. Jahrhunderts St. Gallen durchaus nicht von der früher erreichten Höhe herabgesunken. Allerdings wurde es durch Unglücksfälle wie den Ungarneinfall und den Brand des Klostergebäudes heimgesucht; die Wirren, welche das Reich und Alamannien bewegten, zogen es des öfteren empfindlich in Mitleidenschaft; mangelnde Eintracht zwischen Abt und Mönchen störte gelegentlich den klösterlichen Frieden, und auch die strenge Beobachtung der Regel scheint bisweilen nachgelassen zu haben. Indessen all die Schatten, die eine, ruhiger Zurückgezogenheit so abholde Zeit auf das von Ekkehard gezeichnete Bild wirft, vermögen nicht den Glanz zu verdunkeln, den gerade nach seinen Schilderungen die Klosterschule ausstrahlte. Als Pflanzstätte der Wissenschaften stand das St. Gallen des 10. Jahrhunderts hinter dem des 9. keineswegs zurück. Lehrer wie Ekkehard II. und Notker Labeo haben dort gewirkt, Schüler wie Bischof Udalrich von Augsburg sind aus ihm hervorgegangen. In den Zeiten, als diesseits der Alpen noch jede Bildung geistliches Gewand trug, war St. Gallen einer ihrer bedeutendsten Mittelpunkte.[2]

---

[1] Vgl. Jahrbuch für Schweizerische Geschichte, Bd. 26 (1901), S. 214 ff.

[2] Vgl. G. Meier, Geschichte der Schule von St. Gallen im Mittelalter, ibid. Bd. 10, S. 33 ff.

Die Urkunden, gering an Zahl im Vergleich zur vorhergehenden Epoche, lassen von all dem regen Leben, das innerhalb der Klostermauern waltete, so gut wie nichts erkennen und gewähren auch für die äußeren Verhältnisse keinen zuverlässigen Anhalt. Aus den 8 Jahrzehnten von 920 bis 1000 bringt Wartmann, Urkundenbuch der Abtei St. Gallen (Bd. 3, Nr. 779—818, Anhang (A) Nr. 11, Bd. 4 Anhang (Aa) Nr. 4) im ganzen 42 Urkunden bei, von denen sich 5 (Nr. 789, 791, 795, 814 und K. U. Nr. 800) nicht unmittelbar auf St. Gallen beziehen. Privaturkunden sind 29, Königsurkunden 7, ein Stück enthält ein päpstliches Privileg. Der Zeit nach verteilen sich die Urkunden auf die Jahre:

920—940: 15, davon 2 K. U. (dazu 2 nicht auf St. Gallen bezüglich)
941—960: 11, „ 2 „ „ („ 2 „ „ „ „ „)
961—980: 9, „ 2 „ „ 1 P. U. (dazu 1 n. auf St. Gallen bezüglich)
981—1000: 2, „ 1 „ „ .

Auf die Regierungszeiten der Könige entfallen:

Heinrich I. (919—936): 14, davon 1 K. U. (dazu 2 n. a. St. Gallen bezügl.)
Otto I. (936—973): 18, davon 3 K. U. 1 P. U. (dazu 2 n. a. St. Gallen bezügl.)
Otto II. (973—983): 4, davon 2 K. U. (dazu 1 nicht auf St. Gallen bezügl.)
Otto III. (983—1002): 1, davon 1 K. U.

Auf die Amtszeiten der Äbte[1] entfallen:

Nach dem Tode Salomons, Nr. 779—783, [5].
Hartmann (922—25), Nr. 784, [1].
Engilbert (925—33), Nr. A 11, 785, K. U. 786, 787, (788, 790, 792), [7].
Thieto (933—42), Nr. 793, K. U. 794, [2].
Craloh (942—58), K. U. Nr. 796, 797, K. U. 798, 799, 801, 802, 804, 805, 806, [9].
Anno (953—54), Nr. 803, [1].
Purchart I. (958—71), Nr. 807, 808, 809, 810, P. U. Aa 4, 811, (812), [7].
Notker (971—75), K. U. Nr. 813, [1].
Ymmo (976—84), Nr. 815, K. U. 816, 817, [3].
Ulrich I. (984—90), —.
Kerhart (990—1001), K. U Nr. 818, [1].

Bei der ohnehin geringen Zahl der Urkunden wäre es kaum angängig, das gänzliche Verschwinden der privaten gegen Ende des 10. Jahrhunderts auf die angeblich für das Kloster verhängnisvolle

[1] Vgl. das Verzeichnis in Mitteilungen zur vaterländischen Geschichte, hg. vom historischen Verein in St. Gallen, Bd. 18, S. 363ff.

Wirksamkeit des Abts Kerhart[1] zurückzuführen; denn aus der Zeit seines von dem späteren Klosterchronisten[2] so sehr gerühmten Nachfolgers Purchart II. (1001—1022) liegen auch nur eine Königsurkunde (Nr. 819) und ein abschriftlich erhaltener Brief (Nr. 820) vor. Im übrigen hat St. Gallen aus dem 11. Jahrhundert nur eine (nicht ganz einwandfreie) Urkunde, als deren Aussteller sich der Abt nennt, aufzuweisen (Nr. 822); Königsurkunden sind noch zwei vorhanden (Nr. 821. 1025 und 823. 1093). Andere Stücke, die Wartmann aufgenommen hat (A 12, Aa 5, 6), beziehen sich nicht unmittelbar auf St. Gallen oder sind fremder Provenienz.[3]

Dem Tiefstand der urkundlichen Überlieferung entspricht keineswegs ein solcher des Klosterlebens. Von Abt Thietpald (1022—34), dem Nachfolger Purcharts II., weiß der Chronist nichts Schlimmes zu berichten.[4] Als danach Kaiser Konrad II. die Abtei dem Stabloer Mönch Norpert verlieh, der ihre Reform nach kluniazensischem Muster durchführte, standen wohl die St. Galler der alten Schule, die doch der Regel des hl. Benedikt zu folgen geglaubt hatten, den Neuerungen des Fremdlings mißgünstig gegenüber;[5] vielleicht haben auch unter dem Überwiegen der Askese die Studien gelitten. Eine durchgreifende Umwälzung des alten Zustandes wurde aber erst durch den Investiturstreit herbeigeführt. Der von Heinrich IV. eingesetzte Abt Ulrich III. von Eppenstein (1077—1121), ein Herzogssohn aus Kärnten,[6] war nur zu gern bereit, die Kutte mit dem Panzer zu vertauschen. Wenn er die Anhänger des Papstes und des Gegenkönigs bekämpfte, so trugen diese Fehden von geistlichem Charakter wenig zur Schau; an der Spitze seiner Mannen zog der Abt ins Feld, brach die Burgen der Widersacher und verheerte ihre Güter. Als er später zum Patriarchat Aquileja emporstieg, hat er die Getreuen reichlich belohnt. St. Gallen kam dabei gänzlich herunter, zugleich an Gütern und Ansehen. Die Gunst der Gläubigen wandte sich den neuen Klöstern der Hirschauer Richtung zu; der auf den Anhängern Heinrichs IV. lastende Bannfluch machte „den

---

[1] Cont. cas. s. Galli, Kap. 4ff. (ed. G. Meyer v. Knonau, ibid. Bd. 17, S. 12ff.).

[2] Ibid. Kap. 17 (S. 27ff.).

[3] Vielleicht gehört auch der undatierte Brief A. 56 ins 11. Jahrhundert.

[4] Cont. cas. s. Galli, Kap. 19 (S. 36).

[5] Vgl. H. Bresslau, Jahrb. d. deutschen Reichs unter Konrad II., 2, 414f.

[6] Cont. cas. s. Galli, Kap. 21ff. (S. 42ff.), vgl. P. Bütler, Ulrich von Eppenstein, Abt von St. Gallen und Patriarch von Aquileja, Jahrb. f. Schweiz. Gesch., Bd. 22, S. 251ff.

einst gleich einem Paradiese blühenden Ort zum Gegenstand des Abscheus und Hasses".[1]

Im 12. und 13. Jahrhundert haben gute und schlechte Äbte abgewechselt wie schon früher; aber gerade die guten glichen mehr dem Eppensteiner als dem hl. Gallus. Am Hofe der Kaiser wußten sie den ihnen als Reichsfürsten gebührenden Platz mit Ehren auszufüllen; zu Hause residierten sie prunkvoll in ihrer Pfalz, umgeben von ritterlichen Dienstleuten. Wenn Abt Berchtold, der Freiherr von Falkenstein, Feste feierte, ließ er Wein kommen von Bozen und aus dem Elsaß; mit mehr als 300 Rittern und Knechten zog er dem Grafen von Habsburg zu Hilfe gegen den Bischof von Basel.[2] Die Mönche, hochadlig von Geburt und gering an Zahl, waren den Wissenschaften ebenso abhold als der Askese. Selbst auf die Kunst des Schreibens scheinen die edlen Klosterherrn sich kaum noch verstanden zu haben.[3] Die St. Galler Chronistik fand durch Männer, die nicht dem Konvent angehörten, ihre Fortsetzung.

Die Zahl der St. Galler Urkunden des zwölften Jahrhunderts erreicht noch bei weitem nicht diejenige des zehnten. Von den 24 bei Wartmann mitgeteilten Stücken (Nr. 824—835, A 13—17, Aa 7—13) betreffen 2 (P. U. 827, P. U. 832) das erst 1555/56 mit St. Gallen vereinigte Kloster St. Johann im Thurtal,[4] 4 (Nr. 828, P. U. A 14, 15, 16) die 1162 an St. Gallen tradierte Propstei Ittingen, 3 (Aa 8, 9, K. U. 10) beziehen sich auf die von St. Gallen abhängige Abtei Massino in der Lombardei, 2 im Auszug wiedergegebene Stücke (Aa 7, 12) stammen, wie auch eine auf die dem Kloster gehörige Kirche Zarten bezügliche Urkunde (A 13) nicht aus dem Stiftsarchiv. So beschränkt sich die Zahl der eigentlichen St. Galler Urkunden des 12. Jahrhunderts auf 11. Es sind: 1 K. U. (Nr. 830), 3 P. U. (Nr. 825, 826, 835) und 7 Privaturkunden (Nr. 824, 829, 831, 833, 834, Aa 14, dazu anderweitig überliefert Aa 17). Der Zeit nach verteilen sie sich folgendermaßen: 1101—20, [1]; 1121—40, 2 [2]; 1141—60, 2 [7]; 1161—80, 4 [1]; 1181—1200, 3 [2].

Mit dem Anfang des 13. Jahrhunderts beginnt die Zahl der Urkunden wieder erheblich zu wachsen, wie die nachfolgende Tabelle

---

[1] Cont. cas. s. Galli, Kap. 31 (S. 82).

[2] Kuchimeister, Nüwe casus monasterii s. Galli, Kap. 30, ed. G. Meyer v. Knonau, St. Galler Mitteil., Bd. 18, S. 95ff.

[3] Wartmann, U. B. d. Abtei S. Gallen, Nr. 1083, 1293.

[4] Dessen Archiv im St. Galler Stiftsarchiv aufbewahrt ist, vgl. J. Häne, Inventar des Stiftsarchivs St. Gallen, S.-A. aus der Beilage zum Anz. f. Schweiz. Gesch. (Bern 1899), S. 36.

erkennen läßt. Es sind darin die auf St. Johann, Maggenau und andere Klöster bezüglichen Urkunden, die den Abt oder Stiftsherren weder als Aussteller noch als Empfänger nennen, noch auch eine wesentliche Beteiligung derselben an der Rechtshandlung erkennen lassen, gesondert aufgeführt, ebenso die auf Massino bezüglichen Stücke.[1] Bei den Kaiser- und Papsturkunden sind die gleichen Unterscheidungen beobachtet.[2]

Jahr	Privaturkunden			Öffentliche Urkunden				zusammen
	S. Gallen	Massino	andere	K. U. S. Gallen	K. U. andere	P. U. S. Gallen	P. U. andere	
1201—10	3	—	3	—	—	1	—	7
1211—20	9	—	6	1	—	4	—	20
1221—30	20	1	2	2	2	3	—	30
1231—40	15	1	1	1	1	4	—	23
1241—50	22	3	6	—	—	33	—	64
1251—60	41	2	4	—	—	24	3	74
1261—70	48	1	14	—	—	2	—	65
1271—81	36	1	13	—	3	3	—	56
1281—90	49	—	3	3	2	1	—	58
1291-1300	54	—	8	4	3	1	1	71
zusammen	297	9	60	11	11	76	4	468

Das plötzliche Anschwellen und Zurückgehen in der Zahl der auf St. Gallen bezüglichen Papsturkunden bietet einen recht merkwürdigen statistischen Beleg für die Intensität des Eingreifens Innocenz IV. in die deutschen Angelegenheiten während seines Kampfes mit den Staufern. Bei den St. Galler Privaturkunden läßt sich eine fast ununterbrochene Zunahme beobachten. Einen kleinen Rückschlag im siebenten Jahrzehnt könnte man auf die damals wegen der strittigen Abtwahl ausgebrochenen Wirren[3] zurückzuführen sich versucht fühlen. Immerhin weisen die letzten beiden Jahrzehnte, die wegen der Zwistigkeiten des Abts Wilhelm mit den Habsburgern doch auch zu den bewegtesten Zeiten der Klostergeschichte gehören,[4] wieder höhere Zahlen auf, als eines der acht vorhergehenden. Nur ein Umstand läßt sich mit ausreichender Sicherheit aus dem Zahlen-

[1] Für letztere sind nur die Nummern bei Wartmann gezählt.

[2] Nicht einberechnet sind die umfangreichen Prozeßakten Aa 44 und Aa 152, sowie die in Bd. 3, Anhang B zum zweitenmal abgedruckten Stücke.

[3] Kuchimeister, Kap. 34ff. (S. 115ff.).

[4] Vgl. G. Meyer v. Knonau, Die Beziehungen des Gotteshauses St. Gallen zu den Königen Rudolf und Albrecht, Jahrbuch f. Schweiz. Gesch., Bd. 7, S. 1ff.

verhältnis erschließen: Es sind im 13. Jahrhundert wieder mehr Urkunden geschrieben worden, als vom 10. bis zum 12. Die Lücke zwischen den karolingischen und den späteren St. Galler Urkunden kann nicht durch den Zufall der Überlieferung verursacht sein; vielmehr ist die schriftliche Beglaubigung von Rechtsgeschäften, die im 10. Jahrhundert außer Gebrauch kam,[1] erst im 13. wieder häufiger geworden, so daß auch die späteren Urkunden nach Formelbau und Inhalt durchaus verschieden sind von den älteren.

II. **Urkundengattungen.** Die St. Galler Urkunden des 10. Jahrhunderts weisen in ihrer Form und inhaltlich noch die wesentlichsten Übereinstimmungen auf mit denen der karolingischen Epoche und lassen sich daher unter die gleichen Kategorien[2] einordnen. Es ist also unter ihnen eine freie Schenkung wiederzufinden (Nr. 790). Die bedingten Traditionen behalten Rückverleihung des Objekts an die Tradenten und deren Nachkommenschaft oder Erben vor (Nr. 780, 799, 802, 803, 804, 806, 807, 812, 815); in einem Falle (Nr. 810) wird es dem Inhaber des aus Tradition hervorgegangenen Zinsguts anheimgestellt, seinen Nachfolger zu bestimmen, in einem anderen Falle (Nr. 780) wird ihm die, wenn auch beschränkte Erlaubnis zur Veräußerung ausdrücklich zugestanden. Rückkaufsvorbehalte finden sich zweimal. In Nr. 792 will der Tradent das Gut auf Lebenszeit innehaben; nach seinem Tode soll es derjenige seiner Verwandten, dem er die Prekarienurkunde übergibt, mit 10 sol. auslösen. In Nr. 809 erhält der Tradent das Gut für sich und seine Nachkommen gegen Zins zurück; falls ihm jedoch von den Klosterbeamten Unrecht geschieht und beim Vogt nicht Gerechtigkeit zuteil wird, darf er das Gut mit dem geringfügigen Betrag von 4 den. auslösen. Um einfache Vertauschungen handelt es sich in Nr. 781, 787, 788, 811, 817, und auch in der auf Unfreie bezüglichen Urkunde A 11; dagegen wird das vom Kloster weggegebene Objekt nicht Eigentum des Gegenkontrahenten sondern Zinsgut in Nr. 782, 783, 805, und auch wohl in Nr. 793, wo der Gegenkontrahent ein Unfreier des Klosters ist. Besondere Bedingungen sind bei den Vertauschungen Nr. 785 und 801 hinzugefügt. Nr. 808 ist nur in Form einer Tauschurkunde gefaßt, enthält aber eine precaria remuneratoria; der Tradent empfängt zu der von ihm gegebenen Hufe noch eine zweite vom Kloster

---

[1] Vgl. H. Bresslau, Handb. d. Urkundenlehre, S. 501; O. Redlich, Die Privaturkunden des Mittelalters, S. 68ff. (im Handbuch der mittelalterlichen und neueren Geschichte, hg. v. G. v. Below u. F. Meinecke, Urkundenlehre, T. 3, München und Berlin 1911).

[2] Vgl. Jahrb. f. Schweiz. Gesch., Bd. 26, S. 221ff.

zu lebenslänglicher Nutznießung ohne Zins. Eine Gerichtsurkunde (noticia de judicado) liegt in Nr. 779 vor. Die Standes- und Besitzverhältnisse von Kindern aus Mischehen zwischen Freien und Unfreien werden in Nr. 784 und 797 geregelt. Von den Königsurkunden enthalten vier (Nr. 786, 794, 813, 818) Bestätigungen der Privilegien St. Gallens; Schenkungen von Königsgut betreffen Nr. 798 und 816; das Markt- und Münzrecht in Rorschach wird durch Nr. 796 zugestanden. Die Papsturkunde, Aa 4, bestätigt die Privilegien des Klosters.

Geschrieben sind die St. Galler Privaturkunden des 10. Jahrhunderts, wie die des neunten, meist von Mönchen des Klosters und ebenso entbehren sie durchgängig des Siegels. Die Ausfertigung durch einen Gerichtsschreiber[1] (cancellarius) oder dessen Stellvertreter findet sich in den rätischen Urkunden Nr. 779, 789, 790, 791, 814, aber auch im Albgau schreibt „Cozpertus cancelarius", Nr. 788. Zu den Mönchen von St. Gallen gehörte sicher nicht Liutingus presbyter, Schreiber von A 11, während für „Wichinger prespiter", der die auf ein Rechtsgeschäft unter Laien bezügliche Urkunde Nr. 795 geschrieben hat, die Zugehörigkeit zum Kloster fraglich sein kann. Die Stücke Nr. 793 und 801, denen die Unterschrift des Schreibers fehlt, sind unfertig oder unvollständig überliefert.

Die einzige St. Galler Privaturkunde des 11. Jahrhunderts, Nr. 822, die Gründung der Kirche zu Appenzell betreffend, entbehrt der Unterfertigung des Schreibers und enthält auch keine Ankündigung der Besiegelung, so daß sie als eine Aufzeichnung ohne rechtliche Gültigkeit zu betrachten ist. Unter den Königsurkunden brechen die Immunitätsbestätigungen mit derjenigen Konrads II. (Nr. 821) ab, die übrigens gleich der Heinrichs II. (Nr. 819) beinahe denselben Wortlaut hat wie die Vorurkunden des 10. Jahrhunderts. Eine Schenkung Heinrichs IV. enthält Nr. 823.

Die erste St. Galler Privaturkunde des 12. Jahrhunderts (Nr. 824. 1135) zeigt noch einen bemerkenswerten Anklang an die alte Beurkundungsform; sie enthält nämlich die Unterfertigung des Schreibers, eines St. Galler Mönchs (ego Luitherus monachus scripsi et subscripsi diemque et tempus notavi), die allerdings nicht mehr an der früher meist üblichen Stelle, dem Schluß des Endprotokolls steht; die Zeugen sind erst nachher aufgeführt. Außerdem ist Nr. 824 mit einem Siegel versehen, das zwar nicht im Endprotokoll angekündigt wird, aber an dem noch vorhandenen Original sich

[1] Vgl. Bresslau, Urkundenl., S. 446; Redlich l. c. S. 63ff.

vorfindet. In der Folge fehlt die Unterschrift des Schreibers ebenso regelmäßig, als die Originalurkunden zur Beglaubigung mit Siegeln versehen sind; besiegelt war sogar das in Bologna ausgestellte italienische Notarinstrument Nr. 868, offenbar mit Rücksicht auf den deutschen Rechtsbrauch.[1]

Im 13. Jahrhundert hat jedenfalls der Abt eine eigene Kanzlei besessen. Seine Notare nennen sich manchmal als Urkundenzeugen; einmal (Nr. 1001 c. 1275) unterfertigte sogar „Berhtolt dir kilichherre von dim Wambrehtz, der offen scriber waz der saeligen gehugede dis abbit Berhtoltis saeligen von sante Gallen", als Schreiber und Diktator (tihtote) einer Urkunde, deren Aussteller allerdings nicht der Abt selbst war. In Nr. 1083 sollte die Unterschrift des magister Berhtoldus, notarius (abbatis), das Fehlen der Unterschriften von Abt und Mönchen, die nicht alle schreiben konnten, ersetzen. Die Fassung der Urkunden ist meist subjektiv; der Abt urkundet in eigner Sache selbst unter seinem Siegel, dem sehr häufig das des Konvents beigesetzt ist.

Eine Einteilung nach sachlichen Gesichtspunkten erfordern und vertragen die wenigen Stücke des 12. Jahrhunderts kaum. Auf rein geistliche Angelegenheiten (Gebetsverbrüderungen) beziehen sich Nr. 834 und Aa 11, auf die Verbesserung des Standesverhältnisses von Unfreien in verschiedenen Formen Nr. 824 und 831. Der vom Abt vollzogenen kirchlichen Stiftung in Nr. 833 lag offenbar eine Tradition zugrunde, während eine direkte Erwerbung für St. Gallen die Übertragung des Klosters Ittingen durch Herzog Welf (Nr. 829) bedeutete. Die Entscheidung eines Prozesses, an dem die St. Gallen gehörige Kirche Zarten beteiligt war, betrifft A 13. Das interessanteste Stück ist wohl eine Aufzeichnung in urkundlicher Form über Einsetzung des Grafen Rudolf von Pfullendorf zum Vogt des Klosters (A 17). Die einzige Königsurkunde (Nr. 830) bezieht sich auf eine wenig bedeutende Handlung, die Übergabe eines königlichen Ministerialen an das Kloster. Von den Papsturkunden ist Nr. 825 eine Privilegbestätigung, Nr. 826 enthält eine Schutzverleihung für die vom Abt neu gegründete Kirche St. Leonhard und Nr. 835 providiert einem Kleriker die Pfründe von St. Leonhard — gegen den Willen des Abts.

Um die St. Galler Urkunden des 13. Jahrhunderts ihrem Sachinhalt nach zu ordnen, sind die für frühere Zeiten maßgebenden

[1] Vgl. Bresslau l. c. S. 520ff.; Redlich l. c. S. 104ff.

Gesichtspunkte nicht mehr verwendbar.[1] Mit der äußeren Lage des Klosters hat sich der Kreis seiner Interessen wesentlich verändert; neue Arten von Rechtsgeschäften sind in den Vordergrund getreten, während den alten ihre ehemalige Bedeutung verloren gegangen ist. Die Traditionen allerdings, die in der Karolingerzeit den Gegenstand weitaus der meisten Beurkundungen ausmachten, treten der Zahl nach nicht gänzlich in den Hintergrund; aber Objekte und Formen der Schenkungen haben eine ganz andere Gestalt angenommen, seitdem durch jüngere Klöster das überreich und mächtig gewordene Stift in der Gunst der Gläubiger abgelöst war. Als Tradenten erscheinen in der Regel nur noch Personen, die zu St. Gallen ohnehin in Beziehung standen, also der Abt selbst (Nr. 836, 841, 939b, 996), Mitglieder des Konvents oder abhängige Kleriker (der Propst Nr. 847, 939a, 998, der Kustos Nr. 979, 983, ein praebendarius von St. Fides Nr. 896), Ministerialen des Gotteshauses (Nr. 848, 849, 856, 859, 939c, 965, 972) und Bürger der Stadt St. Gallen (Nr. 850, 854, 964). Gelegentlich hat jedoch auch ein Edelfreier das Kloster mit Gaben bedacht, so Markgraf Hermann von Baden (Nr. 870), ein Graf von Rapperswil (Nr. 935), und Rudolf von Balm (Nr. 980).[2] Empfänger der Schenkung ist keineswegs immer das Kloster als solches, sondern das Kelleramt (Nr. 836, 841, 896, 939b, 996), das Amt des Kustos (Nr. 859, 939c, 964, 979), des Propstes (Nr. 935), des Pförtners (Nr. 939a), oder auch eine der zum Kloster gehörigen Kirchen in St. Gallen (St. Otmar, Nr. 848, 849, die Kapelle zum heiligen Grabe, Nr. 980). Die Schenkung geschieht meist nicht für das Seelenheil schlechthin, sondern zu dessen Förderung auf ganz bestimmte Weise, indem nämlich der Tradent wünscht, daß sein und auch seiner Verwandten Anniversar gefeiert werde (Nr. 848, 849, 850, 854, 856, 859, 935, 939, 964, 979, 980, 983, 996, 998).[3] Nur in wenigen Fällen geschah die Tradition zu anderen Zwecken. Wenn der Markgraf Hermann von Baden zwei Dörfer hingab (Nr. 870), so wollte er wohl auch für sein Seelenheil sorgen, aber wesentlicher war ein rein weltliches Motiv: er wünschte

[1] Auf die Mitteilung einer vollständigen Tabelle habe ich verzichtet, da die Einreihung von nicht ganz wenigen Stücken bei der Mannigfaltigkeit der Rechtsgeschäfte und der zu ihrer Beurkundung angewandten Formen kaum einwandfrei vorgenommen werden könnte.

[2] Für die bedeutendste Schenkung, die des Grafen Diethelm d. ä. von Toggenburg, s. Conradus de Fabaria, Kap. 29 (ed. G. Meyer v. Knonau, St. Galler Mitteil., Bd. 17, S. 216ff.), liegt keine Urkunde vor.

[3] S. auch A 92, und vgl. unten.

„infeodationis vinculo“ dem Abt verbunden zu werden, indem er die Dörfer zu Lehen zurückempfing. Der Dienstmann Rudolf von Hagenwil tradierte (Nr. 965)[1] zum Dank dafür, daß ihn der Abt aus der Gefangenschaft befreit hatte, in die er bei seinen Schwiegersöhnen geraten war, und behielt sich übrigens, gleich manchen Tradenten in früheren Zeiten, lebenslängliche Nutznießung der Güter oder ein Leibgedinge (von jährlich 20 Pfund) vor. Zweifelhaft könnte sein, ob nicht unter der Schenkung des Ministerialen H. v. Krummenau (Nr. 972) eine Lehnsauftragung sich verbirgt; diejenige der Grafen von Werdenberg (Nr. 992) dürfte mit einem der später zu erörternden Lehnsgeschäfte zusammenhängen.

Die Auftragung der eigenen, unfreien Tochter ans Kloster durch Heinricus de Saxo (Nr. 877) stellt wohl eine Art Freilassung dar, während andere Übertragungen von Unfreien (Nr. 1065, 1073) mit Vertauschungen zusammenhängen mögen, die durch Zwischenheiraten von Unfreien verschiedener Herren erforderlich wurden; wenigstens beziehen sich von den allerdings nicht zahlreichen Tauschurkunden die meisten auf solche, aus der leibherrlichen Gewalt hervorgegangenen Verfügungen (Nr. 880, 962, 973, 1031, 1066, 1090, A 28). Bei den wenigen anderen Urkunden über Tauschgeschäfte lassen sich die für die Karolingerzeit geltenden Unterscheidungen[2] nicht recht verwenden. Nur etwa Nr. 944 und Aa 24 wären als einfache Vertauschungen anzusprechen, die freilich kompliziert sind durch das Hineinspielen von Lehnsverpflichtungen; Nr. 1094 betrifft einen Austausch von Pfandobjekten. In Aa 136 handelt es sich eigentlich um eine Veräußerung von St. Galler Besitzungen, für die der Preis teils in Geld, teils durch Abtretung anderer Besitzungen entrichtet wird.

Die Verkäufe nehmen im 13. Jahrhundert breiteren Raum ein als die Ankäufe von Besitzungen. Das Kloster hat jedoch nicht gern seinem Recht auf das verkaufte Objekt gänzlich entsagt, sondern behielt sich die Entrichtung eines Rekognitionszinses in Wachs vor, wenn der Erwerber eine geistliche Korporation war (Kloster Salem A 19, Aa 32, St. Katharinental bei Dießenhofen Nr. 897); aber auch bei Laien geschah dergleichen (Nr. 1011). Ein Eigenmann des Klosters empfing gekaufte Güter zu Lehen, Nr. 1045. In den Wirren am Ausgang des 13. Jahrhunderts haben die Äbte, von Geldnöten bedrängt, größere Besitzkomplexe zu vollem Eigen-

[1] Vgl. Kuchimeister, Kap. 28 (S. 85ff.).

[2] Vgl. Jahrb. f. Schweiz. Gesch., Bd. 26, S. 232f.

tumsrecht veräußert (Nr. 1010, 1100, A 41, A 42). Das bedeutendste Verkaufsobjekt war die freilich erst vor kurzem erworbene Herrschaft Grüningen,[1] die der Käufer, König Rudolf von Habsburg, seinen Söhnen unter der Lehnshoheit des Abts überließ (Nr. 1074a u. 1074). Die durch Verkauf in Nr. 1083 abgetretene Lehnshoheit über einen Hof in Küsnach am Zürichsee war früher (Nr. 997) durch Kauf erworben worden. Ankäufe werden in den Urkunden Nr. 860 und 1086 erwähnt, die sich auf damit zusammenhängende Handlungen beziehen. Den Kauf selbst enthält dagegen Nr. 1059.

Das früher nicht hervortretende Rechtsgeschäft der Verpfändung hat im 13. Jahrhundert mannigfachen Anlaß zu Beurkundungen gegeben. Für Erwerbungen des Klosters mittels Pfandschaft liegen allerdings nur zwei Urkunden vor (Nr. 976, 993); aber beide betreffen erhebliche Objekte, die Vogtei in Wangen und die Stadt Lichtensteig. Öfter sind St. Galler Besitzungen und nutzbare Rechte zu Pfand weggegeben worden, und zwar bis zur Bezahlung der Pfandsumme (Nr. 982, 1024, 1062, 1067, 1111, 1112 = Aa 155, A* 8 = Aa 142), so daß für die Zwischenzeit die Nutznießung des Pfandes ausdrücklich dem Pfandinhaber zugesichert wird (Nr. 1081, 1097), und überdies der ganze Nutzen des letzten Jahres, wenn die Lösung nicht vor Johanni erfolgt (Nr. 1098). In einem Falle soll die Rückerstattung der Pfandsumme aus den Erträgen des Pfandes geschehen (Nr. 1122). Als Vergünstigung für den Pfandinhaber erscheint es, wenn eine Frist gesetzt ist, innerhalb deren die Lösung nicht stattfinden darf (Nr. 1096); gelegentlich fehlt selbst die Einlösungsklausel (Nr. 1028), der Abt sagt nur zu, daß er während der Dauer der Pfandschaft das Objekt nicht anderweitig veräußern wolle. So werden auch in dem Revers über eine Pfandschaft, Nr. 1085, die Modalitäten der Einlösung dem Spruch von Schiedsrichtern anheimgestellt. Eine Übertragung von Pfandrechten durch den Inhaber enthält Nr. 924. Es finden sich ferner Beurkundungen über Einlösung von verpfändeten Gütern (Nr. 891, 1032, 1033, 1035) und ein Anerkenntnis, das Pfand für eine bestimmte Summe lösen zu lassen (Nr. 1060).

Die Hingabe von Grundbesitz und nutzbaren Rechten zu Lehen ist sachlich der Veräußerung von Klostergut gleichzusetzen, indem St. Gallen an den Gütern, die es zu rechtem Lehen weggab, nur

[1] **Kuchimeister**, Kap. 31 (S. 101ff.). Die Kaufsurkunde und die erste Verkaufsurkunde (vgl. ibid. Kap. 37, S. 146ff.) liegen nicht vor.

das leere Obereigentum behielt, das keinen Ertrag brachte; solche Lehen haben die Söhne Rudolfs von Habsburg empfangen (Nr. 1055, 1057, 1063). Da nun der Inhaber Nutzen aus dem Lehen zog, ist es begreiflich, daß der Lehnsherr, um ein für allemal Entschädigung zu finden, eine Geldsumme sich zahlen ließ. In dieser Form wurde schließlich die Herrschaft Grüningen veräußert (Nr. 1074) und schon früher der Hof Dielsdorf an den Freiherrn Ulrich von Regensberg (Nr. 1004), aber auch ein viel geringfügigeres Objekt, eine Mühlstatt, an einen Bürger zu Wil (Nr. 1061). Die besondere Form des Burglehens brachte für den Lehnsherrn den Vorteil mit sich, daß der Gegenstand des Lehens, die Burg, ihm jederzeit offen stehen mußte (Nr. 1008); aber auch das Burglehen konnte einer Entfremdung nahe kommen. Der Ministeriale Ulrich von Ramswag empfing zur Beilegung von Streitigkeiten in dieser Form die Burg Blatten (Nr. 1008). Bei der aus gleicher Ursache erfolgten Verleihung der Burg Singenberg an Frau und Kinder des Freiherrn Rudolf von Güttingen (Nr. 1009) behielt sich der Abt Auslösung durch eine Geldsumme vor — wie bei einer Verpfändung. Das Recht zur Auslösung eines anderen Burglehens ist später dem Kloster durch die Witwe des Diethelm von Güttingen zuerkannt worden (Nr. 1117). Den Belehnungsurkunden stehen die Verzichte auf Lehen gegenüber, die freiwillig (Nr. 1016, 1039) oder auch ohne Angabe des Grundes (Nr. 1113) erfolgten. Der Verzicht auf ein Afterlehn scheint in Nr. 1118 vorzuliegen.

Im Unterschied von den rechten Lehen brachten die Zinslehen, die den Beliehenen zur Entrichtung eines jährlichen Zinses verpflichteten, dem Lehnsherrn wenigstens einen geringen wirtschaftlichen Nutzen. Als Empfänger von Zinslehen erscheinen keineswegs ausschließlich Leute nichtritterlichen Standes. Selbst der edle Heinrich von Kempten hielt Besitzungen und Rechte zu Erbe inne (Nr. 963), für die er freilich bei Neuordnung des Verhältnisses zu einem Rekognitionszins von 2 Pfund Wachs jährlich sich verpflichtete. Auch die Ritter Ludwig von Munzingen und Konrad von Heidelberg erkannten ihre Zinspflicht für verschiedene Besitzungen an (Nr. 913, 1119). Bei den nicht gerade häufigen Beurkundungen einer Verleihung zu Zins erscheint als Aussteller mehrfach der Vorsteher des Klosteramts, an welches der Zins fallen sollte, nämlich der Dekan (Nr. 953) und der Pförtner (Nr. 938, 1013). In den letzteren beiden Urkunden handelt es sich allerdings um Zehnten, und es ist in Nr. 938 für die Verleihung ein Ausdruck angewandt (locavimus), der auf ein Pachtverhältnis hindeuten könnte. Der gleiche Ausdruck findet sich übrigens bei der Verleihung des Zehnten zu Kirchdorf, die der Abt zugunsten seines Oheims vornahm (A 55). Die Verleihung eines Klosterlehens an einen Stiftsherrn bezeugt Aa 318.

Verleihungen durch den Abt sind in Urkunden enthalten oder erwähnt, die eine, numerisch sehr stark vertretene Gattung für sich bilden. Es ist eine Eigentümlichkeit des St. Galler Urkundenmaterials aus dem 13. Jahrhundert, daß in sehr vielen Stücken der Abt nicht eigentlich der Hauptbeteiligte an dem beurkundeten Rechtsgeschäft ist, sondern nur kraft lehensherrlicher oder auch anderer Rechte seine Zustimmung erklärt oder sonst noch eine zur Rechtsgültigkeit notwendige Handlung vollzieht. Ob er dabei als Aussteller genannt wird oder nicht, tut wenig zur Sache. Ein einfaches Beispiel für Form und Inhalt der unter der Bezeichnung Lehnssachen zusammenzufassenden Urkunden bietet Nr. 1012. Abt und Konvent von St. Gallen bekunden: Ritter Eberhard von Bichelsee, Dienstmann des Klosters, und sein gleichnamiger Sohn haben einige Zehnten und Besitzungen, die sie bisher von St. Gallen zu Lehen trugen, aufgegeben mit der Bitte, dieselben dem Nonnenkloster zu Tänikon zu verleihen; der Bitte entsprechend ist die Verleihung erfolgt unter der Bedingung, daß Tänikon jährlich dem Kustos von St. Gallen 2 Pfund Wachs zu Zins geben soll. Das zugrunde liegende Rechtsgeschäft war offenbar eine Tradition oder ein Verkauf von seiten des Eberhard ans Kloster Tänikon. Da es sich um Lehen handelte, erforderte der rechtsgültige Abschluß die Mitwirkung des Lehnsherrn, dem der Veräußerer das Lehen resignierte, und der es dem Erwerber unter Wahrung seines Obereigentums durch Auferlegung eines Rekognitionszinses verlieh. Klöster und andere geistliche Korporationen haben durch ihre Erwerbsgeschäfte, Empfangnahme von Schenkungen und Ankäufe, vorwiegend Anlaß zu derartigen Beurkundungen gegeben, nämlich: Die Augustinerinnen zu Winterthur, Nr. 974; Feldbach, Nr. 955, 967, 981, 1034, 1072, 1079, A 39, Aa 97, Aa 140; Gnadental, Aa 150; das Großmünsterstift Zürich, Aa 110; Güntherstal, Aa 38; die Johanniterhäuser zu Bubikon, (Aa 16), Aa 21, Aa 36, Klingnau, Aa 115, Rheinfelden, Nr. 984, Tobel, Nr. 942, A* 6; Ittingen, Nr. 1091; Kappel, Nr. 1068; Löwental, Nr. 932; Maggenau, Nr. 889, 943, 958, A* 1, Aa 71, Aa 94, Aa 106, Aa 109, Aa 111, Aa 124, Aa 132, Aa 141; Marchtal, Aa 40, Aa 41; Rüti, Nr. 886, 887, 888, 929, 933, 936, 947, 949, 952, 1022, 1047, 1051, 1071, 1087, 1102, Aa 87; Salem, A 21, (A 22), A 23, Aa 23, Aa 37, Aa 116, Aa 118, Aa 123, Aa 143, Aa 147, Aa 149; St. Blasien, Nr. 1018, A 40; St. Johann im Thurtal, Nr. 1015; St. Katharinental bei Diessenhofen, A 30, Aa 112, Aa 130, Aa 138, Aa 139; St. Peterzell im Neckertal, Nr. 853, 858; die Schwestern am Brühl zu St. Gallen, Nr. 866, 961, 1001, 1007, 1017, 1084, Aa 100, Aa 126; die Schwestern zu Konstanz, Nr. 968, Aa 135; das Spital zu Basel, Aa 137; das Spital zu St. Gallen, Nr. 930, 1003, 1040, (1041), 1043, 1114; Tänikon, Nr. 937, 948, 966, 971, 985, 1012, Aa 95; Töß, Nr. 918, 1110, Aa 101; Weißenau, Aa 33; Wettingen, A 20, A 36. Außerdem gaben Veranlassung zu Beurkundungen in Lehenssachen: Rechtsgeschäfte von Geistlichen, Nr. 837, A 35, Aa 129, Aa 317, und von Laien untereinander, Nr. 977, 978, 1038, 1049, 1105, A 27, Aa 117. Erhalten sind die Urkunden dieser Gruppe begreiflicherweise vorwiegend in den Archiven der Klöster, zu deren Gunsten sie ausgestellt wurden.

Inhalt und Formen der Beurkundungen in Lehnssachen weisen überaus große Mannigfaltigkeit auf. Aus dem Hineinspielen von Afterverleihungen folgten allerlei Verwicklungen des Rechtsgeschäfts. So hat in Nr. 933 Ritter Waldbert von Wolfsberg zu Greifensee ein Gut zu Bäretswil, das er von Ritter Wernher, dem Meier von Dürnten, zu Lehen trug, an Kloster Rüti vermacht und seinem Lehnsherrn aufgegeben; dieser resignierte es dem Abt von St. Gallen, damit der es an Rüti verleihe. Die vorliegende Urkunde enthält nur die Resignation von seiten Wernhers, und es liegt noch eine zweite Urkunde in derselben Angelegenheit vor, Nr. 947: Abt und Konvent von St. Gallen verleihen das Gut an Rüti, nachdem es auch der darauf sitzende bäuerliche Lehnsmann des von Wolfsberg aufgegeben hat. Gelegentlich sind mehrere Urkunden über das gleiche Rechtsgeschäft ausgestellt worden: Nr. 1001, 1275. 2. Januar. Der Abt Ulrich von St. Gallen tut kund, daß er dem Verkauf eines Gutes in Lankwatt durch Ritter Rudolf von Rorschach an das Nonnenkloster am Brül bei St. Gallen zugestimmt hat, dergestalt, daß letzteres davon 2 Pfund Wachs jährlich dem Kustos von St. Gallen entrichten soll. In Nr. 1001 a, 1275, 2. Jan., tut Rudolf von Rorschach kund, daß er sein Eigengut zu Lankwatt dem Nonnenkloster verkauft hat mit der Hand des Abts, von dem es letzteres für den Wachszins empfing. In Nr. 1001 b, 1275, 17. Juli, verzichten Wilbirg, die Gattin des Rudolf, und ihre Söhne auf die Rechte an dem verkauften Gut, die ihnen aus der Verschreibung desselben zum Leibgeding für Wilbirg zustanden. In Nr. 1001 c, 1275, 21. Juli, entsagen Eberhard der ältere und der jüngere von Bichelsee ihren Ansprüchen auf das verkaufte Gut, das ihnen verpfändet war, weil Rudolf ihnen dafür andere Höfe zu Pfand gesetzt hat; und endlich überträgt in Nr. 1007, 1277, 5. Juni, Abt Rumo von St. Gallen (nochmals) das Gut dem Nonnenkloster.

Edelfreie, Grafen und Freiherrn, bedurften bei Veräußerung ihrer Güter der Mitwirkung des Abts nur, wenn es sich um Lehen von St. Gallen handelte, und sie haben dann wohl zum Ersatz für die Entfremdung Allod an St. Gallen zu Lehen aufgetragen. So hat in Nr. 1018 Konrad von Krenkingen den Meierhof zu Nöggenswil, sein Lehen von St. Gallen, an St. Blasien verkauft und seine Besitzungen zu Lausheim und Bachtal von St. Gallen zu Lehen genommen, dafür daß es das Eigentum an dem Hofe an St. Blasien überließ. Ministerialen bedurften der Zustimmung des Abts nicht nur zur Veräußerung von Lehen, sondern auch ihres Eigenguts. So besagt Nr. 1015: Ritter Diethelm von Windegg, Ministeriale von St. Gallen, hat die ihm zu Eigentum gehörigen Besitzungen zu Lugswil an das Kloster St. Johann im Thurtal verkauft; da er aber nur mit Einwilligung des Abts über dieselben zugunsten von Nicht-Standesgenossen verfügen darf, hat er sie dem Abt aufgegeben und dieser die Übertragung an St. Johann unter Vorbehalt des üblichen Wachszinses vollzogen.

Eine allgemein gültige Erlaubnis zur Veräußerung von Gütern an bestimmte Erwerber, wie sie schon 1155 (Nr. 828) Herzog Heinrich der Löwe zugunsten von Ittingen seinen Ministerialen für deren Allod zugestand, hat St. Gallen offenbar nicht gern erteilt. Nur in beschränktem Maße gestattete der Abt den Erwerb von Grundbesitz, über den nicht ohne seine Zustimmung verfügt werden durfte, im voraus, ehe noch das Rechtsgeschäft, bei dem er mitzuwirken hatte, abgeschlossen war. So durfte das Nonnenkloster Löwental 5 Hufen erwerben (Nr. 932), das Nonnenkloster Tänikon Einkünfte im Betrag von 10 Mark, Nr. 948, vgl. Nr. 971, Kloster Salem Lehengüter und Eigen von Ministerialen nur in der Bar, Aa 37. In einem Falle, Aa 116, hat der Abt seine Zustimmung zu einer Veräußerung, die nichtsdestoweniger vorgenommen wurde, ausdrücklich versagt.

Von den nicht ganz wenigen Urkunden, die zu keiner der bisher betrachteten Gruppen gehören, sind einige (Nr. 875, 878, 883, 1092 usw.) aus Prozessen bei geistlichen oder weltlichen Gerichten hervorgegangen oder beziehen sich auf Beilegung von Streitigkeiten (Nr. 1048, 1115 usw.); andere (so Nr. 871, 873, 945 usw.) sind schlechthin als politische zu bezeichnen, indem sie Verträge, Friedensschlüsse, an denen der Abt beteiligt war, u. dgl. m. enthalten. Noch andere haben auf die Verwaltung des Klosters in geistlichen und weltlichen Dingen Bezug, so auf Ordnungen für die zu St. Gallen gehörigen Kirchen (Nr. 861, 864 usw.), geistliche Verbrüderungen (Nr. 881), aber auch Schulden bei Italienern (Nr. 868, 879) und Juden (Nr. 1050, 1052), Bevollmächtigung von Beamten (Nr. 1036, 1088) und Privilegien für die Stadt St. Gallen (Nr. 1000, 1076). Manches Stück endlich läßt sich in keine Gruppe einreihen. An Stelle der übergroßen Einförmigkeit karolingischer Privaturkunden ist eine verwirrende Mannigfaltigkeit getreten. Je weiter der Kreis der Rechtsgeschäfte sich ausdehnte, für die man schriftliche Beglaubigung dem bloß mündlichen Abschluß vorzog, um so verschiedenartiger mußten die Urkunden werden, und erst allmählich bildeten sich wieder feste Formen heraus, welche den häufig sehr komplizierten Inhalt zum klaren Ausdruck zu bringen vermochten.

Unter den St. Galler Königsurkunden des 13. Jahrhunderts findet sich nur eine Schenkung (Nr. 867). Auf politische Angelegenheiten beziehen sich Nr. 876 und auch Nr. 1064, insofern als die Urkunde in den Streitigkeiten zwischen König und Abt ihren Ursprung hat. Die Verhältnisse der (Reichs)vogtei über St. Gallen betreffen Nr. (1014, 1029), 1056, (1121), A 18, Aa 134, Verleihung von Vogteirechten an den Abt Nr. 1101, 1103, 1104, 1106.

Unverhältnismäßig viel zahlreicher als die für St. Gallen ausgestellten Königsurkunden sind die Papsturkunden, die allerdings größtenteils, wie bereits bemerkt, aus einem kurzen Zeitabschnitt stammen, nämlich den Jahren, in denen Abt Berchtold von Falkenstein die Sache der römischen Kurie gegen die Staufer vertrat. Damals ergoß sich eine Flut von Privilegien über das dem Papst getreue Kloster. Dem Abt wurde der Gebrauch von Mitra, Bischofsring und Sandalen zugestanden, Nr. 898; er konnte fortan nicht gezwungen werden, irgend jemanden ein Lehen, Jahrgehalt oder Pfründe zu verleihen, außer durch speziellen päpstlichen Erlaß, Nr. 899; kein Legat sollte das Recht haben, ihn zu exkommunizieren, Nr. 900; auch sollte er nicht wider seinen Willen anderswo als vor dem apostolischen Stuhle belangt werden dürfen, Aa 84, usw. Des ferneren gewährte der Papst finanzielle Begünstigungen. So verfügte er, daß dem Kloster die Einkünfte der Kirche zu Wil, über die es das Patronat besaß, zufallen sollten, Nr. 907, 908, ebenso die Einkünfte der Kirche zu Appenzell, Nr. 919, 920, usw. Päpstliche Aufträge wurden dem Abt mehrfach zuteil. So hatte er den Erlaß zu verkünden, durch den der Papst die Grafen von Kiburg ihrer Verpflichtungen gegen den Kaiser ledig sprach, Aa 60, und dem exkommunizierten Bischof von Chur Verfügungen des Papstes zur Kenntnis zu bringen, Aa 64. Zugunsten von Klerikern des Abts oder auf seine Fürbitte hat der Papst mehrfach Provisionen auf Pfründen verliehen, Aa 49, Aa 51, Aa 81 usw. Am bedeutsamsten sind natürlich die Urkunden, die unmittelbar in politische Angelegenheiten eingriffen, wie diejenigen, welche die Verwaltung des Klosters Rheinau an den Abt von St. Gallen übertrugen und damit Anlaß zu seiner Fehde mit dem Bischof von Konstanz gaben (Nr. 904, 905, 906, 911, Aa 68, Aa 69, Aa 70). Die übrigen päpstlichen Urkunden für St. Gallen tragen den gleichen Charakter, sind aber viel spärlicher gesät. Ihnen anreihen ließen sich noch die Urkunden der päpstlichen Legaten, die eine Ablaßerteilung, Nr. 857, Konzessionen im Anschluß an päpstliche Verfügungen, Nr. 901, 903, 931, und Aufträge, Nr. 921, 922, (923), enthalten.

Daß die St. Galler Urkunden des 13. Jahrhunderts in ganz verschiedener Weise zu historischen Untersuchungen Verwendung finden müssen wie die des 8. und 9. liegt auf der Hand. Über die Grundbesitzverteilung vermögen sie nur noch in sehr geringem Maße Aufschluß zu geben; der Besitzstand des Klosters wird weit besser ersichtlich aus den Rodeln (A 59 u. 1—6, 61—67), auch für die Erkenntnis der inneren Verwaltung sind noch andere Aufzeichnungen geeigneter (A 68—73, 78—92). Der Hauptwert des Urkundenvorrats besteht vielmehr in den Ergänzungen zu der historiographischen Überlieferung, die sich aus ihm gewinnen lassen. Die Klostergeschichte wird durch Quellen zweierlei Gattung, die so gut wie völlig unabhängig voneinander sind, aufs beste erläutert, und deswegen ist es möglich, unter Benutzung des St. Galler Materials der Lösung wirtschafts- und verfassungsgeschichtlicher Fragen von allgemeiner Bedeutung näher zu treten.

IV

Zur Geschichte von Grundherrschaft und Vogtei nach St. Galler Quellen.[1]

Die Vogtei ist neuerdings in zwei ziemlich gleichzeitig erschienenen Schriften behandelt worden, einer Tübinger Dissertation von A. Pischek, Die Vogtgerichtsbarkeit süddeutscher Klöster (1907), und einer Tübinger Preisschrift von A. Heilmann, Die Klostervogtei im rechtsrheinischen Teil der Diözese Konstanz bis zur Mitte des 13. Jahrhunderts (1908). Die beiden Arbeiten zeigen, daß die Bedeutung der Kirchenvogtei für die gesamte Verfassungsentwicklung gebührende Beachtung findet; aber sie lassen auch erkennen, wie wenig schließlich die üblichen Untersuchungsmethoden zur Lösung aller Probleme ausreichen. Bei systematischen rechtshistorischen Erörterungen, wie es die von Pischek sind, müssen die geschichtlich bemerkenswerten, besonderen Umstände des Einzelfalls zu kurz kommen, und auch Heilmanns Darlegungen über die Vogteiverhältnisse der einzelnen Klöster gehen noch lange nicht tief genug in die Lokalgeschichte ein. Die Vogtei erstreckte sich über die geistliche Grundherrschaft und deren sämtliche Bestandteile. Da nun ohnehin die dürftigen Nachrichten über die Stiftsvogtei aus älterer Zeit der Erläuterung durch jüngere Quellenzeugnisse bedürfen, und diese meist auf bestimmte Lokalitäten sich beziehen, ist es angebracht, hier einzusetzen und nicht nur die Vogtei als Ganzes, sondern vor allem ihre spezielle Ausgestaltung für einzelne Höfe zu verfolgen. Erst dann läßt sich auch die Entstehung der mit den Vogteien vielfach zusammenhängenden Gerichtsbezirke und Gerichtsherrschaften erklären.[2]

[1] Veröffentlicht in den Mitteilungen des Instituts für österr. Geschichtsforschung, Bd. 31 (1910), S. 245ff. Die Abhandlung ist, wie im Vorwort erwähnt, aus längerer Beschäftigung mit dem einschlägigen Quellenmaterial hervorgegangen und stellt einen Auszug aus einer umfangreichen Spezialuntersuchung dar.

[2] Auch die von Fehr, Die Entstehung der Landeshoheit im Breisgau (Leipzig 1904), gewonnenen Ergebnisse könnten wohl Ergänzungen erfahren, wenn statt von der Grafschaft, von der Grundherrschaft ausgegangen wird.

Spezialuntersuchungen können nur angestellt werden, wenn ausreichendes und bequem zugängliches Quellenmaterial vorliegt. Für die rechtsrheinischen Klöster der Diözese Konstanz ist das nicht in dem Maße der Fall wie für die linksrheinischen und vor allem für St. Gallen. So werden die folgenden Erörterungen über das Verhältnis von Grundherrschaft und Vogtei im wesentlichen sich auf das St. Galler Urkundenbuch[1] stützen, zu dem ja noch die St. Galler Rechtsquellen[2] und andere Publikationen[3] vielfache Erläuterungen bieten.

I. Über den Güterbestand St. Gallens im achten und neunten Jahrhundert ist damals vielleicht überhaupt kein Urbar aufgenommen worden; jedenfalls ist keines erhalten. Wohl aber liegen aus späteren Zeiten Einkünfteverzeichnisse oder Rodel urbarialen Charakters vor, die Wartmann im Anhang zu Bd. 3 seines Urkundenbuchs[4] mit gewohnter Sorgfalt ediert hat. Diese Rodel lassen nun eine beträchtliche Anzahl Höfe erkennen, die nicht zu Lehen vergabt waren, deren Einkünfte also im 12. und 13. Jahrhundert noch dem Abt und Konvent zukamen. Der umfangreichste, der Hauptrodel, setzt sich wiederum aus mehreren, nicht gleichaltrigen und auch nicht gleichmäßig angelegten Stücken zusammen.[5] Die wichtigsten davon sind die beiden letzten, 8 Höfe in der Baar und 17 in der Nordostschweiz enthaltend. Die Gesamtzahl der Höfe, die der Hauptrodel aufführt, beträgt 27. Noch erheblich mehr, nämlich 34, enthält ein zweites Verzeichnis,[6] das im 14. Jahrhundert auf die Seiten-

[1] Urkundenbuch der Abtei St. Gallen, hg. von H. Wartmann, Bd. 1 u. 2, Zürich 1863 u. 66; Bd. 3 u. 4, St. Gallen 1882 u. 99; Bd. 5, hg. von Bütler u. Schiess, 1904ff. (Zitiert S. G. U. B.)

[2] Sammlung schweizerischer Rechtsquellen, XIV. Die Rechtsquellen des Kantons St. Gallen, 1. Teil, Offnungen und Hofrechte, Bd. 1, Alte Landschaft, Bd. 2, Toggenburg, hg. v. M. Gmür, Aarau 1903 u. 06.

[3] S. besonders St. Gallische Gemeinde-Archive, hg. v. hist. Verein des Kantons St. Gallen, Der Hof Bernang, bearb. v. J. Göldli, St. Gallen 1897.

[4] S. 746ff., Anh. Nr. 59 u. 1—6.

[5] In dem Hauptrodel, Anh. Nr. 59, sind deutlich erkennbar die Höfe: a) Appenzell, b) Zell-Kisslegg, c) Kirchdorf und Frommern, d) Wurmlingen, Frommern, Truchtelfingen, Vilsingen, Löffingen, Kirchdorf, Mundelfingen, Ewattingen, e) Elgg (zwei Höfe), Adorf, Turbental, Rickenbach bei Wil, Stammheim (zwei Höfe), Oberbüren, Waldkirch, Niederbüren, Batzenheid, Nieder-Helfenswil, Herisau, Romanshorn, Bütswil, Hundwil, Mönchaltorf.

[6] Aus Anh. Nr. 59, 1, S. 756f., sind die gleichen Höfe zu erkennen wie aus Nr. 59 und außerdem Hemmenhofen, Dielsdorf, Dürnten, Wangen, Weiler, Hohenweiler, Scheidegg, Wasserburg. Des ferneren beziehen sich Anh. Nr 59, 2, auf die Höfe Zell-Kisslegg, Wangen, Weiler, Hohenweiler, Scheidegg, Wurm-

ränder eines Kodex (anderen Inhalts) geschrieben worden ist, das aber nicht erst damals verfaßt sein kann, schon weil es Höfe enthält, die längst veräußert waren;[1] aber auch auf den Hauptrodel, mit dem dieses zweite Verzeichnis vielfach beinahe wörtlich übereinstimmt, kann es nicht unmittelbar zurückgehen, schon weil es mehr Höfe aufführt, und weil auch sonst markante Abweichungen sich finden.[2] Es muß also eine gemeinsame Quelle für den Hauptrodel und für das zweite Verzeichnis angenommen werden, und die kann nur ein ausführlicheres, im 12. Jahrhundert angelegtes Urbar gewesen sein. Jedenfalls ist es vor dem Jahre 1200 entstanden;[3] denn damals wurden die Einkünfte von den Höfen Kirchdorf und Frommern neuerdings verzeichnet. Dieses Stück befindet sich im Hauptrodel,[4] so daß in ihm die beiden Höfe zweimal beschrieben sind, einmal auszugsweise nach dem älteren Urbar,[5] und nochmals sehr genau in der vollinhaltlich wiedergegebenen Aufzeichnung von 1200, die übrigens vorangestellt ist.

Über die Organisation der 34 Höfe läßt sich aus den Rodeln sowohl als aus ergänzendem urkundlichem Material mancherlei ent-

lingen, Frommern, Truchtelfingen; Anh. Nr. 59, 3 auf Frommern und Truchtelfingen; Anh. Nr. 59, 4 ebenso; Anh. Nr. 59, 5 auf Wangen und Wurmlingen.

[1] So Mönchaltorf und Dürnten, vgl. u. S. 80 ff.

[2] So die in Anh. Nr. 59 fehlenden Gesamtsummen, die der Schreiber von Nr. 59, 1 aus seiner Vorlage übernommen haben muß; für die unter der „summa" von den ersten 16 Höfen aufgeführten „12 sol. Zuriensium pro sale" findet sich kein entsprechender Einzelposten. Auch Nr. 59, 2 könnte auf die gemeinsame Vorlage von Nr. 59 und Nr. 59, 1 zurückgehen.

[3] Erheblich höher hinauf führt der auf Zubehör des Hofes Mönchaltorf bezügliche Zusatz im Hauptrodel (S. 754), den „Oprehtus decimator" eintragen ließ „temporibus Werinheri abbatis" (1133—1167, vgl. Mitteilungen zur vaterl. Gesch., hg. v. hist. Verein in St. Gallen, Bd. 18 [N. F. 8], S. 366). Immerhin liegt kein Anlaß vor, die Entstehung der gemeinsamen Vorlage für Anh. Nr. 59 u. 1 über das 12. Jahrhundert hinaufzurücken. Die Höfe nördlich vom Bodensee waren in den letzten Jahrzehnten des 11. Jahrhunderts dem Kloster entfremdet, Cont. cas. s. Galli, Kap. 23, S. G. Mitt. 17 (N. F. 7), S. 55 ff. Was davon in den Rodeln enthalten ist, hat vielleicht erst Abt Manegold (1121—1133), s. ibid. Kap. 37, S. 100 f., wieder beigebracht.

[4] S. 748 ff., Anh. Nr. 59c, vgl. o. S. 65 N. 5. Die Datierung, S. 750, ist offenbar auf den ganzen vorhergehenden, die beiden Höfe Kirchdorf und Frommern beschreibenden Abschnitt zu beziehen und nicht auf den folgenden kleinen Nachtrag. Der Hauptrodel in der vorliegenden Gestalt ist also nach dem Jahre 1200 geschrieben. Einen Rodel, der nur die Abschnitte Anh. Nr. 59c und d enthält, bezeichnet Wartmann (S. 755) als Kopie des Hauptrodels und gibt daher (S. 752) nur die Varianten, nach denen (N. 28 f.) hier die Datierung fehlt, während der folgende Nachtrag als solcher erkennbar ist.

[5] S. 750 f., Anh. Nr. 59d, vgl. o. S. 65, N. 5.

nehmen; auch die innere Entwicklung der Villikationsverfassung tritt zutage, indem für einige Höfe Beschreibungen aus verschiedenen Zeiten vorliegen. Als Hauptbestandteile erscheinen im 12. Jahrhundert der Kelnhof mit Salland, Hufen und Schupposen, dazu kommen gelegentlich Mühlen, Rodland, das gegen Zins verliehen ist, und anderes Zinsland. Der Hof bildete wohl nirgends ein geschlossenes Ganzes; seine Pertinenzen waren vielmehr in der Umgebung des Orts, an dem der Kelnhof lag, zerstreut. So hatte z. B. nach dem alten Urbar im Hauptrodel der Hof Frommern $13^2/_3$ Hufen und 6 Schupposen.[1] Nach dem genaueren Verzeichnis aus dem Jahre 1200 lagen von den Hufen des Hofes Frommern 3 in Frommern, 7 in Laufen, $3^1/_2$ in Endingen und $1^1/_4$ in Zillhausen,[2] während die Zahl der Schupposen größer geworden ist, wie sich das noch öfters findet und allein schon beweist, daß die Schupposen nicht das alte, karolingische Zubehör der Höfe ausmachten,[3] sondern eben jüngeren Ursprungs sind. Es gehörten zum Hofe Frommern eine Schuppose in Balingen, je 2 in Weiler und Hart und 9 in Frommern selbst, dazu noch 2 mit der Schenke (taberna) verbundene.[4] Ein anderes Pertinenzstück, zu Käsental gelegen, ist noch 1369 urkundlich nachweisbar.[5] Die Entstehung des Hofes Frommern

[1] Ibid. Es gehörten ferner an Hufen und Schupposen zu Würmlingen (Württ. O. A. Tuttlingen) 16, 7; Vilsingen (Hohenzollern) 12, 1; Löffingen (Bad. B. A. Neustadt) 3, 2; Kirchdorf (B. A. Villingen) $6^1/_2$; Mundelfingen (B. A. Donaueschingen) 13, 9; Ewattingen (B. A. Bonndorf) 3, 7.

[2] In Anh. Nr. 59d (S. 750) ist gesagt: „in hac curia sunt 12 mansus, tercia parte unius minus, . . . mansus isti sunt buringeshûbe", und dazu „duo plani mansus, qui ibi sunt, unum frissingum huc dant et alias 1 (?) pro feodo". Bei der undeutlichen Ausdrucksweise (und auch unsicheren Lesart) ließe sich annehmen, daß damals ein dritter mansus planus zu Lehen vergabt war; dann würde die Hufenzahl noch genauer zu derjenigen stimmen, die in dem mit „de Cassintal" beginnenden Abschnitt von Nr. 59c (S. 749) aufgeführt ist. In Anh. Nr. 59, 2 (S. 759) werden allerdings auch nur $11^2/_3$ „biuringeshûbe" und 2 mansus plani genannt.

[3] So Beyerle, Grundherrschaft und Hoheitsrechte des Bischofs von Konstanz in Arbon, Schriften des Vereins für Geschichte des Bodensees und seiner Umgebung, H. 34 (Lindau 1905), S. 64ff.; s. auch Z. G. O. Rh., N. F. 22, 195; vgl. dazu meine Bemerkungen über „Schuppose und mansus servilis", Vierteljahrschr. f. Soz. u. Wirtschaftsgesch., 1909, Bd. 7, S. 495ff.

[4] Nach Anh. Nr. 59, 3 (S. 759), aus der ersten Hälfte des 14. Jahrhunderts, lagen in Frommern allein 17 Schupposen.

[5] In Anh. Nr. 59c (S. 749) ist gesagt: „de Cassintal dantur 3 sol. et 28 casei, uno anno 6 mald. avene, sequentibus duobus utroque 7 de mensura majori et modium tritici". Das Gut, von dem dieser Zins entrichtet wurde, ist offenbar identisch mit dem, dessen Übertragung an die Klausnerinnen zu St. Margrethen-

geht in sehr alte Zeit zurück; er ist vielleicht gar nicht von St. Gallen begründet worden, sondern als Ganzes dem Kloster zugefallen. In der Tradition des Grafen Peratold von 793 war Besitz zu Frommern, Laufen, Zillhausen und Endingen inbegriffen,[1] also an eben den Orten, wo später die Hufen des Hofes erscheinen. Das Zubehör des Hofes Truchtelfingen, der gleichfalls aus Ahilolfingergut stammte,[2] befand sich außer am Orte selbst auch zu Thailfingen und Pfeffingen.[3] Ganz besonders weit zerstreut lagen die 16 Hufen des Hofes Wangen im Allgäu,[4] allerdings nach einem jüngeren Verzeichnis, das bereits die Hufen bis auf Achtel zerstückelt erscheinen läßt.[5] Auch die Hufen des Hofes Zell-Kisslegg waren auf eine ganze Anzahl Orte verteilt.[6]

Für die Höfe nördlich von Rhein und Bodensee ist in den St. Galler Rodeln merkwürdigerweise besseres Material vorhanden als für die auf Schweizer Boden. Von den letzteren läßt sich am deutlichsten der zu Mönchaltorf erkennen, den einmal der Haupt-

---

hausen Abt Georg von St. Gallen 1369 bestätigte, S. G. U. B. 4, 1103, Anh. Nr. 274, vgl. Monumenta Zollerana, Bd. 1, Nr. 349.

[1] S. G. U. B. 1, 126, Nr. 135, vgl. Jahrbuch f. schweiz. Geschichte, Bd. 27 (1902), S. 207.

[2] S. ibid. In S. G. U. B. 1, 127, Nr. 135 ist „Truhtinga" jedenfalls mit Truchtelfingen, O. A. Balingen, zu identifizieren; vgl. übrigens zur Lage der Orte, Das Königreich Württemberg, hg. v. d. k. statistischen Landesamt, Bd. 3 (Stuttgart 1886), S. 257 ff.

[3] Für die Zugehörigkeit der St. Galler Besitzungen in Thailfingen und Pfeffingen zum Hofe Truchtelfingen s. Anh. Nr. 59, 2 u. 3.

[4] Für diese Zahl s. Anh. Nr. 59, 2 (S. 758). Es gehörten ferner an Hufen und Schupposen zu den Höfen Weiler 14, 6, Scheidegg (bayr. L. G. Weiler) 3, 7, Wasserburg (L. G. Lindau) 5, 15, Hohenweiler (Vorarlberg) 1, 2, s. Anh. Nr. 59, 1 (S. 756).

[5] Nach Anh. Nr. 59, 5 (S. 762).

[6] Nach Anh. Nr. 59b verteilten sich die 34½ zu dem Hofe gehörigen Hufen auf Speck ½, Zaisenhofen 4, Wolfgelts 2, (Ober-)Horgen 2, (Nieder-) Horgen 2, Feld 2, Winkel, „Benzunberc", Schurtannen 6, Lautersee, Bärensweiler, Lanquanz 4, Samnisweiler 2, Matzenweiler, Wiggenreute, Holderreute 3½, Emmelhofen, Reipertshofen, Zell 3½, Baldenhofen 1, „Heipile" ½, Bachmüle 1½, Schönenberg ½ (zus. 35!). Schupposen sind aufgeführt zu Bachmüle 1, Aich 1, Zell-Kisslegg 20, (Nieder-)Horgen 1, Waffenriet 2, Lautersee 1, Winkel 1, Sommers 4, Wiggenreute 3, „Habiniet" 1, (Ober-)Horgen 1, Siebersweiler 1 (zus. 37). Außerdem gehörten zum Hofe 1 beneficium „zer Chûffarn", 3 Lehen in Tiefental, das Salzlehen in Horgen, sowie der „Mulberc" und „Holdinruti". Wegen der Örtlichkeiten vgl. Das Königr. Württemberg l. c. S. 849 ff. (O. A. Wangen). Nach Anh. Nr. 59, 2 (S. 758) gehörten „36 mansus et dimidia quarta" und 55 Schupposen zum Hofe.

rodel ziemlich ausführlich beschreibt,[1] und später nochmals das Habsburger Urbar,[2] da ja König Rudolf den Hof dem Kloster entfremdet hat.[3] Demnach kann der Bestand im 12. Jahrhundert mit dem zu Anfang des 14. verglichen werden. Wenn hierbei Unterschiede hervortreten, so liegt das zum Teil an der St. Galler Beschreibung, die recht ungeschickt und unübersichtlich gefaßt und wohl auch fehlerhaft überliefert ist. So gehörten nach dem Habsburger Urbar 7 Hufen zum Hofe, 2 in Mönchaltorf selbst, je eine in Vollikon und Sulzbach und 3 in Riedikon;[4] aus der St. Galler Aufzeichnung ist die Hufenzahl nicht deutlich erkennbar; aber sie war damals schwerlich eine andere.[5] Manche Abweichungen haben freilich auch in tatsächlichen Veränderungen ihren Grund; so wenn nach der St. Galler Aufzeichnung in Mönchaltorf selbst 15 Schupposen lagen, während das Habsburger Urbar $18^1/_2$ und dazu „des Sennen“ Schuppose aufführt. In Stammheim, um noch ein Beispiel anzuführen, lagen zwei St. Galler Höfe.[6] Der eine ist offenbar auf dem 761 durch Kauf von Isanhard erworbenen Besitztum[7] angelegt und allmählich erweitert worden; noch 962/3 kam eine eingetauschte Hufe zu Eppelhausen hinzu.[8] Den anderen Hof hat Karl III. 879 geschenkt.[9] Groß dürften beide Höfe nicht gewesen sein. Ihr Zubehör wird zwar nicht aus den Rodeln ersichtlich, wohl aber aus einer Aufzeichnung vom Jahre 1400,[10] in der es vielleicht noch ziemlich vollständig aufgeführt ist, obgleich die Höfe damals längst dem Kloster entfremdet waren.[11] Es gehörten danach zum oberen

---

[1] Anh. Nr. 59e (S. 754), vgl. Nr. 59, 1 (S. 756).

[2] Hg. v. R. Maag, Quellen zur Schweizer Geschichte, Bd. 14 (Basel 1894), s. S. 271ff.

[3] Vgl. u. S. 81ff.

[4] Riedikon erscheint neben Mönchaltorf bereits in der Schenkung der Beata, 741, S. G. U. B. 1, 7, Nr. 7; vgl. Jahrb. f. schweiz. Gesch. 27, 193.

[5] Aufgeführt sind im Hauptrodel 2 Hufen in Mönchaltorf selbst, dazu im Zusatz des Oprehtus decimator ein mansus zu Vollikon. Es liegt jedoch in den „panni 7 scůpůzarum“, die zu Johanni entrichtet wurden, ein offenbarer Schreibfehler, da sonst wohl ein Leinwandzins auf Hufen, aber nicht auf Schupposen lastete. Der mansus zu Schaubingen, der 7 mod. Salz zinste, fehlt im Habsb. Urbar.

[6] S. Anh. Nr. 59e (S. 753) u. Nr. 59, 1 (S. 756).

[7] S. G. U. B. 1, 34, Nr. 31; vgl. Jahrb. f. schweiz. Gesch. 27, 337.

[8] S. G. U. B. 3, 25, Nr. 808.

[9] Ibid. 2, 222, Nr. 612, s. auch S. 239, Nr. 632 und Ekkehardi casus s. Galli, Kap. 16, St. Galler Mitt. 15 u. 16 (N. F. 5 u. 6), S. 63f.

[10] S. G. U. B. 4, 599f., Nr. 2200.

[11] S. G. U. B. 3, Nr. 1091, 1148, 1150, 1218, 1221, 1263, 1341, 1342, Bd. 4, Nr. 1733.

Hofe 6 halbe Hufen, 3 Schupposen, 1 Gütli und das Försterlehen, zum unteren Hofe die Hufe zu Eppelhausen, eine zweite Hufe zu Schupfen, 3 Schupposen, 1 Gut und noch eine Hofstatt und ein Acker.[1]

Gleichmäßig organisiert war das Zubehör der Höfe keineswegs. Die Hufenordnung galt offenbar dem Getreidebau. Wo der Boden sich besser zum Weinbau und vor allem zur Viehzucht eignete, da sind nur wenige oder auch überhaupt keine Hufen entstanden. Für Appenzell bringt der Hauptrodel ein Einkünfteverzeichnis,[2] das die von 24 Örtlichkeiten zu entrichtenden Abgaben aufzählt, hauptsächlich in Käse bestehend, auch in Kühen, Schafen und einer Geldleistung „pro vino". Als Appenzell besiedelt wurde — vermutlich erst im 11. Jahrhundert[3] —, ist wohl nicht einmal ein Kelnhof angelegt worden; der Meier (villicus), an den nach dem Hauptrodel eine Anzahl Käse als Abgabe entfiel, wird nur mit dem Einzug der Zinse betraut gewesen sein, ein Kelner findet sich hier gar nicht. Ähnlich scheinen die Dinge für Hundwil zu liegen.[4] In Herisau dagegen gab es einen Kelnhof und eine Hufe; des weiteren führt aber der Hauptrodel an Einkünften aus Herisau 480 Alpenkäse und 3 Kühe auf. Offenbar fand auch hier die Bodennutzung in der Viehzucht ihren Schwerpunkt.[5] Übrigens sind die eigentlichen Alpen[6] noch zu unterscheiden von den käsezinsigen Lehen.[7] Bei diesen werden die ersten Inhaber von der Grundherrschaft außer dem Boden vor allem das lebende Inventar, den Viehbestand, empfangen haben.

Zu den 34 aus den Rodeln erkennbaren St. Galler Höfen treten mindestens 22 hinzu, über die andere Einkünfteverzeichnisse etwelchen Aufschluß geben. Es ist in St. Gallen allerdings niemals eine strenge Scheidung zwischen Abts- und Konventsgut durchgeführt worden; immerhin fielen die Einkünfte eines Teils der Höfe, und zwar haupt-

[1] Zu der Hälfte des Hofes Waldkirch (s. Anh. Nr. 59e, S. 753, u. Nr. 59, 1, S. 756) gehörten 1361, S. G. U. B. 4, 16, Nr. 1575, 4 Hufen (die Tierlishub, die Hufe zu Honvirst, des Bolers Hufe, des Kellers Hufe zu Niederwile), dazu die Widemhub, 2 Schupposen, mehrere Güter usw.

[2] Anh. Nr. 59a (S. 746f.), s. auch Nr. 59, 1 (S. 757).

[3] S. G. U. B. 3, 37, Nr. 822.

[4] Anh. Nr. 59e (S. 754), Nr. 59, 1 (S. 757).

[5] Anh. Nr. 59e (S. 753f.), Nr. 59, 1 (S. 756).

[6] Für die Meglisalp s. S. G. U. B. 4, 277, Nr. 1861, 1382, u. 3, 784, Anh. Nr. 68.

[7] Auch beim Hofe Oberbüren muß es deren eine größere Anzahl gegeben haben, s. Anh. Nr. 59c (S. 754) u. Nr. 59, 1 (S. 757).

sächlich der in den Rodeln aufgeführten, vorwiegend an den Abt, während von den Einkünften anderer Höfe mehr oder weniger dem Konvent zukam und daher den Klosterämtern[1] zugewiesen war, denen es oblag, für die Beköstigung der Klosterherren, wie gewiß schon im 13. Jahrhundert die Mönche betitelt wurden,[2] zu sorgen. Über die Verteilung der regelmäßigen Lieferungen und der außerordentlichen Servitien auf alle Tage des Jahres sind Verzeichnisse vorhanden, welche die Verwendung der Einkünfte für klösterliche Zwecke erkennen lassen.[3] Einige Servitien wurden übrigens unmittelbar von den Höfen entrichtet,[4] und es kamen noch die Leistungen aus Jahrzeitstiftungen hinzu, die sich gerade im 13. Jahrhundert nicht unerheblich vermehrt haben.[5] Von den Einkünfteverzeichnissen der Klosterämter[6] ist für die Hofgeschichte am ergiebigsten das kombinierte des Dekans und Kämmerers;[7] doch steckt

[1] Vgl. dazu für das 8., 9. u. 10. Jahrhundert G. Meyer v. Knonau in St. Galler Mitteil. 13, 65ff., u. 15/16, 451f. Für das 13. u. 14. Jahrhundert sind die Offizialen des Klosters wiederum aus den Urkunden nachzuweisen, vgl. die Register zu S. G. U. B. Bd. 3 u. 4.

[2] So spricht Kuchimeister Kap. 34 (S. G. Mitt. 18, 115ff.) usw. von Klosterherren; urkundlich allerdings noch 1275, S. G. U. B. 3, 201, Nr. 1003, monachi.

[3] Das älteste Verzeichnis, S. G. U. B. Bd. 3, Anh. Nr. 86 (S. 823ff.), aus der zweiten Hälfte des 12. Jahrhunderts, verzeichnet die Leistungen von den Klosterämtern und aus Jahrzeitstiftungen mit dem 30. November beginnend nach dem Kalender. Die Einzelposten finden sich (als „vetera servicia" besonders gekennzeichnet) wieder in den übrigens viel reichhaltigeren Verzeichnissen der Leistungen des Abts, Anh. Nr. 78, S. 812f., des Propstes und der Außenpröpste im Aargau und Breisgau, Anh. Nr. 79, S. 814; des Kustos, Anh. Nr. 80, S. 815; des „cellerarius sive decanus", Anh. Nr. 81, S. 816; des Portners, Anh. Nr. 82, S. 821; des hospitarius, Anh. Nr. 83, S. 821; des camerarius, Anh. Nr. 84, S. 822, und des decanus operis, Anh. Nr. 85, S. 822f. Nach anderen Gesichtspunkten sind die Verzeichnisse Anh. Nr. 87—91, S. 826ff., geordnet.

[4] S. G. U. B. 3, 828ff., Anh. Nr. 88.

[5] S. auch ibid. 835ff., Anh. Nr. 92.

[6] S. G. U. B. 3, 783, Anh. Nr. 68, Einkünfte des Dekans; S. 789, Nr. 69, des Propstes; S. 791, Nr. 70, des Kustos; S. 797, Nr. 71, des Portners, von 1265 und 1370; S. 799, Nr. 72, des Brotkämmerers, und S. 800, Nr. 73, des Werkdekans; vgl. übrigens wegen der Einkünfte der Klosterherren und der Pfründen an den zum Kloster gehörigen Kirchen (Anh. Nr. 90, S. 831) den Konstanzer liber decimationis von 1275, Freiburger Diözesan-Archiv, Bd. 1, S. 154, 164f., 191, 213f.

[7] S. G. U. B. 3, 783ff., Anh. Nr. 68, „hii sunt reditus decani de officio camerarii". Dekane sind nachweisbar bis Ernestus, 1268, S. G. U. B. 4, 1007f., Anh. Nr. 111f. Auch Rumo von Ramstein, der 1274 an Stelle des verstorbenen Heinrich von Wartenberg zum Gegenabt gewählt, nach dem Tode des Ulrich von Güttingen alleiniger Abt wurde, s. Kuchimeister Kap. 35, 39 (S. G. Mitt. 18, 135, 154), scheint Dekan gewesen zu sein, s. S. G. U. B. 3, 839, Anh.

auch in anderen beachtenswertes Material.[1] Dem Werkdekan z. B. fielen erheblichenteils die Erträge zu von den dicht bei St. Gallen gelegenen Höfen St. Georgen-Tablat und Wittenbach; deren Zusammensetzung wird daher aus dem Einkünfteverzeichnis des Werkdekans ganz gut ersichtlich.[2] Der benachbarte Hof Rotmonten-Mülenen ist beim Portneramt zu finden.[3] Freilich sind die Einkünfteverzeichnisse der Klosterämter meist jüngeren Ursprungs, aus dem 14. Jahrhundert, und machen über die Beschaffenheit der zinspflichtigen Güter nur wenig nähere Angaben, die ja auch für ihren Zweck entbehrlich waren. Das Zubehör der Höfe in älterer Zeit ist daher nicht mehr genau zu ermitteln; immerhin läßt sich mancherlei erkennen.

So sind z. B. unter den Einkünften des Dekan-Kämmerers[4] aus dem Hofe Rötis aufgeführt: im Dorfe selbst aus verschiedenen Lehen 23 sol., in Rankwil von einer Hufe und Schuppose 11 sol., in Tuvers von einer Hufe 7 sol., in Schlins 5 sol., und zwar offenbar auch von einer Hufe, denn weiterhin findet sich der Posten, von 3 Hufen 40 Ellen (Leinwand). Es gehörten also 3 Hufen zu der Villikation. Ein Kelnhof scheint zu fehlen; aber wo soll denn der Hof zu Rötis hingekommen sein, den 885 Karl III. an St. Gallen geschenkt hat,[5] und der nach dem rätischen Reichsgutsurbar von 831[6] aus 68 Joch

Nr. 93c, „R(ůmo), qui dicitur decanus", vgl. ibid. S. 195, Nr. 998, „Růmo decanus et prepositus per Argoviam". Nachher ist jedoch das Amt anscheinend nicht mehr besetzt worden, es finden sich nur noch camerarii.

[1] In Anh. Nr. 68 sind Einkünfte verzeichnet aus den Höfen Gossau, (Berg), Tübach, Rorschach, Höchst, Bernegg, Marbach, Altstätten, Rötis, St. Georgen—Tablat, Wittenbach, Muolen, Oberdorf, Roggenzell (Württ. O. A. Wangen), Goldach. S. ferner für die Höfe Affeltrangen, Anh. Nr. 71 (S. 797); Merishausen (Kanton Schaffhausen) ibid. und Nr. 837, 939, 1065, Anh. Nr. 42, Bd. 4, Anh. Nr. 173; Hüttiswil Anh. Nr. 65, Einkünfte der Kirche St. Fides, vgl. Nr. 1081; Eschen Anh. Nr. 88, S. 828, u. Nr. 90, S. 831; vgl. Nr. 891 und Kuchimeister Kap. 40 (S. 159); Jonswil Anh. Nr. 88, S. 828, und Nr. 92, S. 835, vgl. Nr. 1131, 1269, 1293 usw.; Scheftenau-Wattwil Nr. 1035, 1863, 1866, vgl. St. Galler Rechtsquellen 2, 395ff.

[2] Für die zu Wittenbach (s. Anh. Nr. 68, S. 786) gehörigen 17 Lehen (nach Anh. Nr. 59, S. 754 waren es damals 11, oder vielmehr wohl 12 Hufen) ist mit Anh. Nr. 73 zu vergleichen Nr. 1147.

[3] Für die Einkünfte des Portners von Rotmonten und Mülenen sind im Verzeichnis von 1360, Anh. Nr. 71 (S. 798) die Gesamtbeträge, in dem von 1265 (ibid. S. 797) die Einzelposten aufgeführt, vgl. übrigens Nr. 1883 u. 2116.

[4] Anh. Nr. 68, S. 786.

[5] S. G. U. B. 1, 247, Nr. 642.

[6] S. Cod. dipl. ad hist. Raet., ed. Mohr, 1, 283, vgl. Mitt. d. Inst. f. österr. Geschichtsforsch. 28, 261ff., s. S. 266.

Ackerland, Wiesen zu 150 Fuhren Heu, einem Weinberg und Wald für 50 Schweine bestand. Ganz offenbar ist dieser Hof zum St. Galler Kelnhof geworden, nur daß sein Ertrag wohl nicht dem Dekan-Kämmerer zufiel. Als Abt Rumo 1282 abdankte, wurden ihm unter anderem 13 Pf. aus Rötis zum Unterhalt überwiesen.[1] Zum Hofe Oberdorf, der mit dem Hof im benachbarten Gossau[2] nicht zusammenhing, gehörten die Swarzinhůbe, $^1/_2$ Hufe zu Mettendorf, 1 Hufe zu Abtwil, die Dieprehtishůbe, und der mansus Blasarii zu Bernhardszell auf dem Berge,[3] also $4^1/_2$ Hufen. Daß einige der Hufen ziemlich weit ab vom Hofe lagen, kann ebensowenig auffallen als die Namen, die sie führten, und um wirkliche alte Hufen handelte es sich. Die Swarzinhůbe entrichtete $3^1/_2$ sol. de panno, d. i. statt der Leinwandabgabe, die ja den Hufen der Unfreien schon zur Karolingerzeit oblag.

Was die Rodel für einzelne Höfe mit Sicherheit ergeben, muß zur Erklärung der undeutlicheren Angaben für die anderen herangezogen werden. Dabei ist anzunehmen, daß die meisten der zu den St. Galler Höfen gehörigen Hufen von Ursprung mansi serviles waren, nur etwa die buringeshube[4] zu Frommern und Truchtelfingen dürften eine Ausnahme bilden. Die Belastung hat, wie die Rodel zeigen, seit der Karolingerzeit[5] mannigfache Veränderungen erfahren. Einmal sind die drei Tage Frondienst wöchentlich, die alte Last der Unfreien, fast ganz verschwunden;[6] dafür scheint eine Abgabe an Getreide, Weizen und Hafer, eingetreten zu sein, durchaus nicht gleichmäßig normiert, aber recht erheblich.[7] Die Fuhrfronden sind gelegentlich wohl bis ins 13. Jahrhundert hinein tatsächlich geleistet worden,[8] doch traten mehr und mehr an ihre Stelle Geldzahlungen;

---

[1] S. G. U. B. 3, 228, Nr. 1030.

[2] Vgl. ibid. Nr. 1111, 1188, 1295, 1426, 1577 usw.

[3] S. ibid. Anh. Nr. 68, S. 787.

[4] Vgl. o. S. 67, N. 2.

[5] S. lex Alam. tit. 21, M. G. LL. Sect. 1, Bd. 5, T. 1, S. 82f.

[6] Ob die Angabe für Kirchdorf, Anh. Nr. 59c, S. 748, „quilibet mansionarius 4 dies servit curie", auf wöchentlichen Frondienst zu beziehen ist, kann fraglich sein.

[7] Nach Anh. Nr. 59d, S. 750f., entrichtete je eine Hufe des Hofes:

Wurmlingen	5	Malter	Hafer	und	2	Malter	Weizen (triticum)
Vilsingen	4	„	„	„	2	„	„
Löffingen	—	„	„	„	5	„	„
Kirchdorf	—	„	„	„	5	„	„
Mundelfingen	5	„	„	„	5	„	„
Ewattingen	—	„	„	„	6	„	„

[8] Zeugenaussagen in dem Prozeß wegen des Hofes Mundelfingen, S. G. U. B. 4, 1033ff., Anh. Nr. 152, 1297/8, s. S. 1037, ergeben, daß früher die Natural-

ebenso wurden die Leinwandabgabe und das von der Hufe zu liefernde Schwein durch Geldzinse abgelöst, so daß schließlich außer etwa Hühnern und Eiern nur mehr Getreide und Geld als Abgaben in Betracht kamen. Wenn erst die Entwicklung so weit gediehen war, dann setzte häufig die Hufenzersplitterung ein, in der Weise, daß Parzellen der Äcker mitsamt dem auf sie entfallenden Anteil des Zinses von der ganzen Hufe durch den Inhaber an Hofgenossen abverkauft wurden.[1] Bei den Schupposen ging es kaum anders. Auch auf ihnen ruhte ein Getreidezins, der jedoch viel niedriger war als der von den Hufen, etwa 2 modii Weizen oder weniger, aber auch mehr; von Gleichmäßigkeit kann nicht die Rede sein.[2] Des ferneren wurden von den Schupposen Frondienste entrichtet, jedoch niemals 3 Tage in der Woche, wie von den mansi serviles zur Karolingerzeit.[3]

Übrigens sind auch die Fronden der Schupposen schließlich durch Geldzahlungen abgelöst worden,[4] so daß es gegen Ende des 13. Jahrhunderts vielleicht überhaupt keine grundherrlichen Fronden mehr gegeben hat. Aus urbarialen Aufzeichnungen des 14. Jahrhunderts, etwa für Frommern, Truchtelfingen,[5] Höchst im Rheintal, Altstätten[6] und Romanshorn in der Verkaufsurkunde von 1403,[7] läßt sich der ursprüngliche Bestand der Villikation kaum noch erraten.[8]

Die Wandlungen in der Bewirtschaftung der Kelnhöfe sind schon aus den Rodeln erkennbar. Als das alte Urbar, die Vorlage

---

einkünfte nach Radolfzell transportiert worden sind, das auch in Anh. Nr. 59d, S. 750f., als Endstation von Transporten erwähnt wird, weil dort offenbar die Umladung auf Schiffe erfolgte.

[1] Vgl. auch meine Beiträge zur älteren deutschen Wirtschafts- und Verfassungsgeschichte, Leipzig 1905, S. 84ff.

[2] Nach dem Habsburger Urbar, Quellen 14, 272f., entrichteten von den Schupposen in Mönchaltorf 10 je 2 mut kernen, 7 je 6 Viertel, eine 5 Viertel und eine halbe 1 mut; nach Anh. Nr. 59e, S. 754, waren jedoch die Zinse anders normiert. Erheblich höher erscheinen, Anh. Nr. 59c, S. 749, die Zinse der Schupposen des Hofes Frommern; die des Hofes Mundelfingen, Anh. Nr. 95d, S. 751, gaben je 1 Malter Weizen, bis auf 2, die zusammen 4 Malter entrichteten, usw.

[3] So hatten die Schupposen des Hofes Frommern Schnitter zur Ernte zu stellen, Anh. Nr. 59c, S. 749.

[4] Darauf weisen z. B. die den Schupposen zu Mönchaltorf nach dem Habsb. Urbar l. c. obliegenden Geldzahlungen hin.

[5] Anh. Nr. 59, 3, S. 759f., vgl. o. S. 66 N.

[6] S. G. U. B. 3, S. 770ff., Anh. Nr. 61f.

[7] Ibid. 4, 686, Nr. 2288.

[8] Das gleiche gilt für das Verzeichnis der Einkünfte aus Norsingen und Ebringen im Breisgau, Anh. Nr. 63, S. 775.

des Hauptrodels, angelegt wurde, scheint noch der Kelner auf Rechnung der Grundherrschaft gewirtschaftet und den ganzen Ertrag abgeliefert zu haben. Das zweite aus dem alten Rodel abgeleitete Hofverzeichnis bemerkt bei den Gesamtsummen der Einkünfte von den Höfen mehrfach „preter sellant".[1] Später tauchen dann die Abgaben vom Kelnhof auf, die in der Regel wohl sehr beträchtlich waren.[2]

Zu den Höfen gehörten häufig Kirchen mit Widem und Zehnten, die von St. Gallen gegründet oder in der Karolingerzeit erworben worden sind. Das Verzeichnis der Kirchen St. Galler Patronats aus dem 13. Jahrhundert[3] läßt daher zugleich die Namen sehr vieler Höfe erkennen.[4] Die Zehnten fielen bisweilen dem Kloster zu, und zwar bereits vor den späteren Inkorporationen.[5] Bei anderen Kirchen bezog der von St. Gallen gesetzte Kirchherr den Zehnten aus der umfangreichen Parochie,[6] und es haben Söhne von Ministerialen solche einträglichen Pfründen nicht verschmäht.[7]

II. Die bisherigen Erörterungen hatten den Zweck zu zeigen, wie etwa der Bestand der St. Galler Grundherrschaft im 12. und 13. Jahrhundert sich ermitteln läßt, und so die Basis für weitere Untersuchungen zu schaffen. Die Grundherrschaft setzte sich aus

---

[1] S. Anh. Nr. 59, 1 (S. 756) zu Mönchaltorf, Zell-Kisslegg, Wangen, usw.

[2] Nach Anh. Nr. 59, 3, S. 759, gab der Kelner vom Kelnhof Frommern den vierten Teil des Ertrages an Getreide.

[3] Ediert von G. Meyer von Knonau in St. Galler Mitteil. 13, 223ff.

[4] Hof und Kirche lagen nicht immer am gleichen Ort. So wird die Kirche Egg, von der St. Gallen 858 einen Teil erworben hat, S. G. U. B. 2, 76, Nr. 459, zum Hofe Mönchaltorf gehört haben; zugehörige Zehnten sind im Habsburger Urbar aufgeführt, Quellen 14, 277f. Die 1359, S. G. U. B. 3, 664, Nr. 1542, dem Kloster inkorporierte Kirche zu Kirchberg dürfte zu dem Hofe Batzenheid, die Kirche Sigmarszell zu dem Hofe Hohenweiler in Beziehung gestanden haben.

[5] Die Kirche zu Klengen, die Karl III. 881 dem Presbyter Ruotbert zu Eigentum auf Lebenszeit geschenkt und Arnulf 888 mit der Befugnis, sie einem Kloster zu tradieren, bestätigt hat, S. G. U. B. 2, 224, 266, Nr. 615, 663, dürfte mit der Kirche zu Kirchdorf identisch sein, der ausgedehnte Zehentberechtigungen auch in Klengen zustanden, Anh. Nr. 59c, S. 749, vgl. Kuchimeister Kap. 33, S. 109ff.

[6] So in Appenzell vor der Inkorporation, s. S. G. U. B. 3, 37, 116, 126, Nr. 822, 901, 919. Der (Groß-)Zehnten war nach Angaben von 1419 auf 286 Malter und 6 Viertel Hafer fixiert; der Leutpriester erhielt davon zur Pfründe 12 Malter, s. Zellweger, Geschichte des Appenzellischen Volkes, Urkunden, Bd. 1, T. 2, S. 299.

[7] So waren Kirchherren Eberhard von Ramswag in Nieder-Büren, S. G. U. B. 4, Nr. 1652, Ulrich von Ems in Wasserburg, ibid. 3, Nr. 1515, Rudolf von Rorschach in Rorschach und sein gleichnamiger Bruder in Herisau, ibid. Nr. 1468.

Höfen zusammen, die, wie eben dargelegt, mitsamt ihrem Zubehör gutenteils festgestellt werden können. Jeder Hof hatte einen Verwalter, den Meier, der seit dem 10. Jahrhundert ein ritterlicher Ministeriale war und sein Amt zu Lehen hatte.[1] Die St. Galler Meier (oder, was dasselbe ist, die Zugehörigkeit des Meieramts über einen bestimmten Hof zu einer bestimmten Ministerialenfamilie) nachzuweisen, ist nur noch in einzelnen Fällen möglich, schon weil bereits gegen Ende des 12. Jahrhunderts die Einziehung der Meierämter begann, so daß der Meier aus vielen Höfen verschwand.[2] Welches seine Rechte und Pflichten waren, läßt sich nur da erkennen, wo er länger erhalten blieb,[3] und die jüngeren Zeugnisse sind nicht durchweg beweiskräftig. Dem Meier kamen bestimmte Einkünfte aus dem Hofe zu. In Herisau z. B. bezog er jährlich 14 Pf. 4 sol. 5 den., 5 Malter 2 Mütt 3 Viertel Hafer, 14 Mütt kernen, 80 Käse, 15 Schafe, das Stück im Wert von 4 sol., und Hühner.[4] Der Meier nahm wohl auch den Totfall von den Hofleuten und den Ehrschatz bei Handänderung von Hofgütern in Anspruch;[5] — es wird nicht anzunehmen sein, daß es sich hierbei schlechthin um eine Usurpation handelte. Vor allem aber übte der Meier Gerichtsbarkeit über Hofleute und Güter. Ihm stand der Zwing und Bann über den Hof und alles Zubehör zu und nicht unmittelbar dem Kloster.[6] Die niedere Gerichtsbarkeit war nicht untrennbar mit der Grundherrschaft verbunden, sondern ist erst durch Ablösung des Meieramtes von dem geistlichen Grundherrn zurückerworben worden.

Über den Hof hinaus können sich die Befugnisse des Meiers nicht erstreckt haben, und ebensowenig die des Vogts, der gleich

---

[1] Vgl. Beiträge l. c. S. 94f.

[2] Vgl. ibid. S. 112. Speziell nachweisbar ist die Einziehung des Meieramts für die Höfe Tübach, Rorschach und Höchst, s. Conr. de Fabaria Kap. 4, St. Galler Mitteil. 17, 140; S. G. U. B. 3, Nr. 836, 1207, 841, 1211; Muolen, s. ibid. Nr. 860 u. 965, vgl. u.; Merishausen und Berg, Nr. 939, 1257; Marbach, Nr. 996, 1272.

[3] Ministerialen sind die Meier von Dürnten, S. G. U. B. 3, Nr. 933 usw.; die Meier von Altstätten, ibid. Nr. 1060, 1115, 1359 usw.; die Meier von Oberberg (für Oberdorf), ibid. Anh. Nr. 34 usw. Jedenfalls waren die Herren von Rorschach ursprünglich Meier des Hofes Rorschach, und wohl auch die von Landsberg Meier von Turbental, Züricher U. B., Bd. 4, Nr. 1487.

[4] S. Zellweger l. c. S. 315.

[5] S. G. U. B. 3, Nr. 1407 für Altstätten, Nr. 1299 für Wangen, wo Ritter Hartmann von Brassberg als Inhaber des Meieramts aufzufassen ist, s. auch Züricher U. B. l. c.

[6] Vgl. Beiträge S. 93f., s. S. G. U. B. 3, Nr. 1115 u. 1407 für Altstätten.

dem Meier zur geistlichen Grundherrschaft gehörte. Aus der Geschichte der St. Galler Klostervogtei im allgemeinen genügt es, folgendes anzuführen.[1] An Stelle einer Mehrzahl von Bezirksvögten ist schon vor der Mitte des 10. Jahrhunderts ein einziger Vogt getreten, der über sämtliche mit dem Kloster zusammenhängenden Güter und Leute nach Maßgabe des Immunitätsprivilegs Heinrichs I. von 926 gesetzt war. Als solcher alleiniger Vogt darf ein Konrad aus dem Geschlecht der Grafen von Heiligenberg angesehen werden, der 1125 in seiner Eigenschaft als Vogt für St. Galler Güter im Breisgau fungierte.[2] Später war die Vogtei Lehen des Grafen Udalrich von Gammertingen; 1166 wurde sie vom Abt dem Grafen Rudolf von Pfullendorf verliehen, und aus dessen Erbschaft gelangte sie an das staufische Haus.

Es steht nichts der Annahme im Wege, daß noch Konradin die Vogtei über St. Gallen geübt hat. Seit Rudolf von Habsburg gehörte sie dem Reiche und wurde, wie übrigens jedenfalls schon früher, durch Beamte von Reichs wegen verwaltet. Zugleich begannen aber unter König Rudolf die Veräußerungen von Stücken der Vogtei, also der Vogtgerechtsame über einzelne Höfe, meist durch Verpfändung, wie das übrigens gleichfalls bereits früher vorgekommen war.[3] Es ist nun selbstverständlich, daß der König nicht aus eigener Machtvollkommenheit über den Hof verfügen konnte. Der Kelnhof mit Hufen, Schupposen und sonstigem Zubehör stand im Eigentum St. Gallens; die grundherrlichen Einkünfte fielen also dem Abt oder Konvent zu. Auch über das Meieramt hatte der König nichts zu sagen; nur eben die Vogtei gehörte ihm mit Gerichtsbarkeit und Einkünften, also dem Anteil an den Bußen, dem Vogtrecht und der Hauptsache, der Steuer.[4] Demnach gab es dreierlei Rechte an den Höfen und, abgesehen von den Kirchenzehnten, dreierlei Arten von Einkünften aus ihnen, nämlich die Eigenschaft mit den Grundzinsen, das Meieramt mit den zubehörenden Gefällen, und die Vogtei mit Vogtrecht und Steuer. Über jedes der drei Stücke konnte der

---

[1] Vgl. Beiträge S. 57ff., 121ff.

[2] S. G. U. B. 3, 693, Anh. Nr. 13, vgl. Reg. episc. Constantiensium, Bd. 1, Nr. 735.

[3] Wegen der Verpfändung der Vogtei über Wangen durch Konrad IV. an den (herzoglich-schwäbischen, vgl. H. Niese, Die Verwaltung des Reichsguts im 13. Jahrh., Innsbruck 1905, S. 23) Schenk Rudolf von Tanne s. S. G. U. B. 3, 173, Nr. 976.

[4] Wegen Vogtrecht und Vogtsteuer vgl. P. Schweizer, im Jahrbuch für schweiz. Gesch., Bd. 8 (1883), S. 135ff.

jeweilige Inhaber verfügen, ohne daß die Berechtigungen an den beiden anderen Stücken dadurch betroffen worden wären. Die Vogtei über St. Galler Höfe übte der König und sein Beamter im Namen des Reichs, oder wer sie vom Reich zu Pfand oder Lehen besaß. Die Eigenschaft stand dem Abt zu, oder wem er sie zu Lehen oder Pfand vergabt oder verkauft hatte. Das Meieramt ist, wenn es einmal eingezogen war, in der Regel mit der Eigenschaft verbunden geblieben, so daß, wer die Eigenschaft hatte, auch die niedere Gerichtsbarkeit übte. Wo jedoch das Meieramt fortbestand, wurden seine Rechte weder durch Verfügungen über die Vogtei, noch durch Verfügungen über die Eigenschaft berührt.

Deutlich erkennbar ist die bemerkenswerte Dreiteilung der Rechte für den Hof Herisau. St. Gallen bezog dort bis zum Appenzellerkrieg die Grundzinse.[1] Das Meieramt wurde durch Abt Ulrich von Güttingen nach dem Tode eines Herrn von Rorschach-Rosenberg, der es inne hatte, eingezogen. Als aber nach Ableben des Ulrich Rumo von Ramstein alleiniger Abt geworden war, da erzwang Rudolf von Rorschach die Belehnung mit dem Meieramt zu Herisau durch Gefangennahme des Klosterpropstes. Das geschah in den 70er Jahren des 13. Jahrhunderts.[2] 1350 schlossen die Brüder Rudolf von Rorschach, Kirchherr zu Rorschach, und Rudolf von Rorschach, Kirchherr zu Herisau, ein Abkommen mit ihrem Vetter, dem Ritter Eglolf von Rosenberg, in dem letzterer unter anderem zusagte, daß nach seinem Tode das Meieramt zu Herisau, das sie ihm verpfändet hätten, ihnen und ihren Erben ledig sein solle.[3] Später hat allerdings Abt Kuno das Meieramt angekauft.[4] Von der Vogtei über den Hof Herisau hat Abt Kuno nur das Vogtrecht erworben, durch Einlösung von Ulrich von Königsegg, dem es als Pfand vom Reiche zustand.[5] Die Steuer im Betrage von 15 Pfund gehörte 1415 dem St. Galler Bürger Konrad Paier, der sie damals von den Pflichtigen um 202 Pf. ablösen ließ;[6] aber auch vor dem Appenzellerkrieg standen die Steuer von Herisau so wenig als die Vogtgerichtsbarkeit dortselbst dem Abt zu; er hat nachträglich deswegen keinen Entschädigungsanspruch erhoben.[7]

[1] Das zeigen die Entschädigungsforderungen von 1419, Zellweger l. c. S. 314.

[2] S. Kuchimeister Kap. 38 u. 40, S. 150f., 161f.

[3] S. G. U. B. 3, Nr. 1468.

[4] S. Zellweger l. c. S. 315.

[5] S. ibid. u. S. G. U. B. 4, Nr. 1832, vgl. 3, Nr. 1340.

[6] S. Zellweger l. c. S. 254f., Nr. 222.

[7] S. ibid. S. 314ff.

Gleich wie die Meierämter hat das Kloster St. Gallen mehrfach auch die Vogtei über seine eigenen Höfe an sich gebracht. Abt Hermann erwarb 1344 die Vogtei über Appenzell, Hundwil, Teufen, Urnäsch, Wittenbach, Engetswil und Rotmonten als Pfand vom Reich.[1] Die Vogtei über die St. Galler Höfe Rorschach, Tübach und Muolen, die Ludwig d. B. 1331 dem Freiherrn Eberhard von Bürglen verpfändete,[2] ist dann an die Breiten-Landenberg gekommen,[3] von diesen an Burkhard Schenk von Kastell und 1466 durch Abt Ulrich Rösch nach eingeholter Erlaubnis des Kaisers erworben worden.[4] Nicht für jeden einzelnen St. Galler Hof läßt es sich direkt nachweisen, daß die Vogtei vom Reiche herrührte; die Fälle sind jedoch zahlreicher, als bisher wohl beachtet worden ist. So hat nach einer von Tschudi[5] überlieferten, ganz einwandfreien Urkunde Heinrich VII. 1311 dem Walther von Kastell die ihm durch König Albrecht um 50 Mark Silber verpfändete Vogtei in Rickenbach und Nieder-Helfenswil bestätigt. 1401 verkauften die Freiherrn Peter und Wolfram von Hewen an Abt Kuno die Vogtei zu Nieder-Helfenswil, ihr Pfand vom Reich.[6] Wenn des ferneren Karl IV. 1355 dem Hermann von Landenberg-Greifensee den Besitz der einst von König Albrecht dem Dietrich von Baldegg um 70 Mark Silber verpfändeten Kelnhöfe Elgg und Turbental bestätigte,[7] so kann es sich nur um die Vogtei handeln; denn über die Kelnhöfe selbst, die Eigenschaft nebst dependierenden Grundzinsen, konnten von Reichs wegen weder Albrecht noch Karl IV. verfügen; die Ausdrucksweise der Königsurkunden ist nicht selten ungenau. Übrigens gab es zwei St. Galler Höfe zu Elgg.[8] Den Niederhof hat Abt Heinrich 1302 seinen Oheimen Heinrich und Lutold von Grießenberg verpfändet.[9] Auch jenseits des Bodensees wurden Vogteien

---

[1] S. G. U. B. 3, Nr. 1417, s. auch Nr. 1425, 1428, 1429.

[2] Ibid. 4, Anh. Nr. 192.

[3] Ibid. 3, Nr. 1479, s. auch Bd. 4, Nr. 1733.

[4] St. Galler Rechtsquellen, 1, 7 f., 101, 251 ff.

[5] Chronicon (Basel 1734) 1, 258 b.

[6] S. G. U. B. 4, Nr. 2234.

[7] S. E. Diener, Das Haus Landenberg im Mittelalter, Diss. Zürich 1898, S. 48. Unzutreffend ist die Bemerkung von P. Blumer, Das Landgericht und die gräfl. Hochgerichtsbarkeit im Thurgau, Leipz. Diss. 1908, S. 110.

[8] S. o. S. 65 N. 5, vgl. K. Hauser, Geschichte der Stadt, Herrschaft und Gemeinde Elgg, Elgg 1895.

[9] S. G. U. B. 3, Nr. 1138. Das Meieramt hatte 1282 Walther von Elgg, vgl. Kuchimeister Kap. 36, S. 141 ff., inne, dem auch die Höfe Elgg und Adorf verpfändet waren, S. G. U. B. 3, Nr. 1032.

über St. Galler Höfe als Pfand vom Reiche innegehalten. Für Weiler und Scheidegg hat das selbst ein so genauer Kenner der lokalgeschichtlichen Verhältnisse wie Baumann[1] nicht beachtet, und doch ist es in einer Urkunde von 1379, die jetzt vollinhaltlich vorliegt,[2] mit dürren Worten gesagt. Die Grafen Hugo und Heinrich von Werdenberg erklärten bei Streitigkeiten mit Graf Hugo von Montfort-Bregenz: die Kelnhöfe Weiler und Scheidegg und die zugehörigen Leute sind Eigen des Gotteshauses St. Gallen; die Vogtei der Leute und Güter ist des heiligen römischen Reichs und ihr, also der Grafen, Pfand vom Reich. Diese unzweifelhaft zutreffenden Behauptungen sind von der Gegenpartei nicht angefochten worden; es hatte aber bereits 1296 Abt Wilhelm seinem Vetter, dem Grafen Hugo von Bregenz, die Höfe Weiler und Scheidegg verpfändet,[3] also die Eigenschaft; denn über mehr konnte der Abt nicht verfügen. Wann die Verpfändung der Vogtei von Reichs wegen erfolgte, ist nicht ersichtlich. Das Meieramt, das nach Baumanns Annahme den Herren von Weiler und deren Rechtsnachfolgern zustand, wurde erst 1480 und 1492 durch die damaligen Inhaber von Vogtei und Eigenschaft, die Grafen von Montfort-Rotenfels erworben,[4] daher sind noch in der Offnung von 1532[5] die Rechte des Vogtherrn und des Meierherrn deutlich geschieden.

In Analogie zu den eben erörterten Fällen[6] ist nun auch die Frage nach dem Verhältnis der uralten St. Galler Höfe Dürnten und Mönchaltorf zur Herrschaft Grüningen zu lösen.[7] Es ist da einmal zu beachten, daß die Vogtei über Mönchaltorf und Dürnten an sich nichts zu tun hatte mit der Feste Grüningen, sondern nur gleichsam durch Personalunion an sie geknüpft war. Des ferneren besaß wohl der Herr von Grüningen, Liutold von Regensberg, 1253 die

[1] Geschichte des Allgäus, Bd. 2, S. 199f.

[2] S. Urkunden zur Schweizer Geschichte aus österreichischen Archiven, hg. von R. Thommen, Bd. 2 (Basel 1900), S. 124, Nr. 120.

[3] S. G. U. B. 3, Nr. 1096, vgl. Nr. 1234.

[4] Baumann, Gesch. d. Allgäus l. c.

[5] Grimm, Weistümer 6, 300ff.

[6] Sicher nachweisbar ist noch Reichsvogtei für die Höfe Waldkirch, S. G. U. B. 3, Nr. 1014, 1121, Bd. 4, Nr. 2273; Gossau, Nr. 1716, 1832; Scheftenau-Wattwil, Nr. 1027, 1347; Bütswil, Nr. 1386, 1616; Hüttiswil, Nr. 2429; Bernang, Marbach, Altstätten, Nr. 1606 usw.

[7] Vgl. F. v. Wyss, Abhandlungen zur Geschichte des schweiz. öffentl. Rechts (Zürich 1892), S. 181f., und P. Schweizer in den Erläuterungen zum Habsburger Urbar, Quellen zur Schweizer Gesch., Bd. 15, T. 2 (Basel 1904), S. 579f.

Vogtei über die beiden Höfe;[1] daß sie ihm jedoch vom Abt verliehen war, steht nirgends geschrieben, er wird sie eben vom Reich oder den Staufern empfangen haben. Die Höfe selbst, also die Grundzinse, standen damals dem Abt zu, der sie teilweise, aber nicht ganz verpfändet hatte.[2] Nun kaufte Abt Bertold von dem Regensberger um 1500 Mark: Grüningen und die Vogtei über die Güter, die St. Gallen gehörten. So berichtet Kuchimeister.[3] Die Eigenschaft brauchte der Abt nicht zu erkaufen, weil er sie ja ohnehin besaß. König Rudolf hatte mit Grüningen nichts zu schaffen, ebensowenig mit der Eigenschaft der beiden Höfe; dagegen konnte er vielleicht die Rechtsgültigkeit des Verkaufs der Vogtei anfechten. Gleichgültig ob sie Lehen oder Pfand war, was nicht auszumachen ist, so hätte doch die Handänderung nicht ohne Zustimmung des Königs, als Rechtsnachfolgers der Staufer, erfolgen dürfen. In einem anderen Falle hat Rudolf den Verkauf der Vogtei über einen St. Galler Hof — Wangen — überhaupt nicht anerkannt.[4] Allerdings lagen hier die Dinge anders. Die Verpfändung der Vogtei über Wangen war entgegen einem Privileg Friedrichs II. erfolgt, vermutlich als Konrad IV., der sie vornahm, sich im Bann befand. Gegen den Erwerb der Vogtei über Dürnten und Mönchaltorf durch den Regensberger war wohl nichts einzuwenden. Jedenfalls hat, und das ist schlechthin entscheidend, König Rudolf dem Abt Ulrich nur Grüningen und die Eigenschaft der beiden Höfe abgekauft, und nicht auch die Vogtei; aber er hat 2000 Mark zu zahlen versprochen,[5] also den Preis für Grüningen und die Vogtei (1500 Mark), und dazu noch 500 Mark, womit die gutenteils verpfändete Eigenschaft überreichlich aufgewogen war. Das wird Rudolf nachträglich eingesehen haben; er ist dem Abt 550 Mark schuldig geblieben. Als er 1284 bei Erneuerung des Kaufvertrages[6] dem Abt Wilhelm die Restkaufsumme zu zahlen verhieß und obendrein noch 250 Mark, da ist in der Pertinenzformel der Urkunde von gerichtsherrlichen Rechten über die Höfe nicht die Rede, und

[1] S. G. U. B. 3, Nr. 924.

[2] S. ibid. u. Nr. 982.

[3] Kap. 31, S. 101f. „Nun was Grüeningen, das da lit in Zürichgöw, des von Regensperg, und andrü güeter, da er vogt was, und die aigenschaft gen Sant Gallen. Also für unser apt zû und kouft Grüeningen umb den von Regensperg und alle die vogti und die güeter, da er vogt was, die dis gotzhus anhortend, umb fünfzehen hundert mark".

[4] S. G. U. B. 4, Anh. Nr. 134, vgl. Bd. 3, Nr. 976 u. Anh. Nr. 18.

[5] S. Kuchimeister, Kap. 37, S. 145ff.

[6] S. G. U. B. 3, 267, Nr. 1074a.

ebensowenig wird erwähnt, daß solche in dem ursprünglichen Kauf inbegriffen waren. Ganz offenbar hat Rudolf nicht gekauft, was ihm seiner Ansicht nach ohnehin zustand, während der Abt allerdings wohl den Anspruch des Königs auf die Vogtei nicht anerkannte; jedoch lag kein Grund vor, die strittige Rechtsfrage in einem Abkommen zu erwähnen, das den pekuniären Anforderungen des Abts Genüge tat.

Eine weitere Komplikation der Sachlage bringt, abgesehen von anderem, weniger Wesentlichem,[1] der Umstand mit sich, daß der Abt nicht gänzlich auf die verkauften Objekte verzichtete, sondern sie den Söhnen des Königs, Albrecht und Rudolf, zu Lehen gab. Da muß nun doch der Belehnung Albrechts und Rudolfs mit Grüningen und den beiden Höfen durch den Abt ein zweiter Rechtsakt gefolgt sein, mittels dessen der König seinen Söhnen von Reichs wegen die Vogtei über die beiden Höfe gab. Wäre dieser zweite Akt unterblieben und demnach auch die Vogtei als Lehen von St. Gallen aufgefaßt worden, so hätte sich Rudolf einer Entfremdung von Reichsrechten zugunsten seiner Söhne schuldig gemacht. Das wäre denkbar; jedoch empfing nach der Bestätigung der Abmachungen durch den habsburgischen Gegenabt Konrad (1291) Herzog Albrecht eben auch nur die Feste Grüningen mit der Vogtei darüber und die Eigenschaft der beiden Höfe, nicht aber deren Vogtei zu Lehen.[2] Die Vogtei über Burg und Stadt Grüningen war natürlich nicht Reichsvogtei, sondern hatte dem Regensberger, dem weltlichen Grundherrn zugestanden, von dem sie durch Kauf an St. Gallen und durch Belehnung an die Habsburger überging.[3] Ebenso ist die Vogtei über das Städtchen Wil, das von den Toggenburgern 1226 an St. Gallen kam,[4] nicht Reichsvogtei gewesen, wie das Heinrich VII. 1310 ausdrücklich anerkannte.[5] Es gab noch andere Vogteien als über die Höfe von Grundherrschaften, und in diesen selbst waren die Vogteiverhältnisse keineswegs einheitliche. Der letztere Gesichtspunkt muß zuerst berücksichtigt werden.

---

[1] So war der Hof Mönchaltorf bereits um 1279 nach dem Rodel des Schultheissen Wezilo, s. Quellen z. Schweiz. Gesch., Bd. 15, 1, 91, an (Hermann) von Landenberg verpfändet.

[2] S. G. U. B. 3, Nr. 1074.

[3] So erklären sich die lehnsherrlichen Rechte St. Galllens über Grüningen, die das Habsburger Urbar, Quellen 14, 281, erwähnt.

[4] S. Conradus de Fabaria Kap. 29, 30, St. Galler Mitt. 17, 216, 218; S. G. U. B. 3, Nr. 871.

[5] Ibid. Nr. 1190, vgl. E. Wild, Verfassungsgeschichte der Stadt Wil, Diss. Bern 1904, S. 124ff.

III. Aus den St. Galler Einkünfteverzeichnissen des 12. und 13. Jahrhunderts ergibt sich, daß bei weitem nicht alles Grundeigentum im Nutzbesitz des Klosters stand, das ihm einst zur Karolingerzeit tradiert worden war. Diese Erscheinung hat nichts Auffälliges. Offenbar sind viele der precarie oblate niemals heimgefallen, und es ist auch gar mancher Hof mitsamt seinen Erträgen durch Lehensvergabung dem Kloster entfremdet worden. Die jüngeren Entfremdungen, etwa seit dem Übergang der Vogtei an die Staufer, sind aus den Urkunden wohl noch ziemlich vollständig nachzuweisen.[1] Um die älteren im speziellen zu erkennen, dazu fehlt es an Material. Das Ergebnis der St. Galler Gütergeschichte bis zum Ende des 12. Jahrhunderts liegt freilich klar genug zutage. Umfangreiche Besitzgruppen sind verschwunden, so an der Donau bei Marchtal,[2] im Linzgau,[3] Uznach mit Zubehör[4] und anderes mehr. Vollständig war jedoch der Verlust durchaus nicht in allen Fällen. Ganz überraschend ergibt sich manchmal selbst noch aus späten Zeugnissen, daß St. Gallen die Lehnshoheit über seinen Besitz bewahrt hat.[5]

Als Inhaber der Lehen erscheinen wie begreiflich freie Herren[6] und Ministerialen. Bauernlehen sind gewiß auch vielfach aus Traditionen hervorgegangen, doch dürfte hier der Nachweis eines direkten

---

[1] So wurden verkauft: der Hof zu Merishausen mit dem Kirchensatz, 1297, S. G. U. B. 3, Anh. Nr. 42; der Hof zu Affeltrangen, s. ibid. Nr. 1141; die Höfe zu Stammheim, Nr. 1148, s. jedoch auch Nr. 1218, 1221, 1263, 1341 f., 1733.

[2] Vgl. St. Galler Mitt. 13, 187 ff.

[3] Vgl. ibid. 201 ff.

[4] Vgl. ibid. 149 ff.

[5] S. für Wachingen, Württ. O. A. Riedlingen, S. G. U. B. 4, Anh. Nr. 40, vgl. ibid. 1 Nr. 186, 228; für den Wald Zwikenbühel bei Reutlingendorf (O. A. Riedlingen) ibid. 4 Nr. 2105, vgl. 1 Nr. 127, 302; für Kluftern im Linzgau (bad. B. A. Mersburg) s. ibid. 3 Anh. Nr. 41, 4 Anh. Nr. 149, vgl. 1 Nr. 46, 202, 226, 308, 2 Nr. 629. Bei Uznach gehörte dem Portneramt noch ein Zehnten, 3 Nr. 938, s. auch Anh. Nr. 71, S. 797 f., usw.

[6] Wenn der freie Herr (nobilis vir) Heinrich von Kempten (Kt. Zürich) 1263, S. G. U. B. 3, Nr. 963, sein Erbrecht auf seine Güter zu Kempten, einen Zehnten, Kelnhof und zwei Hufen, sich vom Abt in der Weise neu festsetzen ließ, daß er jährlich 2 Pfund Wachs (als Rekognitionszins) entrichten sollte, so dürfte hier ein Zusammenhang mit einer der alten Traditionen zu Kempten, ibid. 1 Nr. 206, 811, u. Nr. 358, 837, zu konstatieren sein. Die Herren von Kempten waren unzweifelhaft freien Standes und hatten am Orte ihre Burg, vgl. H. Zeller-Werdmüller, Zürcherische Burgen, Mitt. d. antiqu. Ges. Zürich, Bd. 23, S. 326, und auch F. Meier, Gesch. d. Gemeinde Wetzikon, Zürich 1881. Vermutlich hätten sie ihr Zinsgut zu Lehen erhalten, wenn sie in die St. Galler Ministerialität eingetreten wären.

Zusammenhanges kaum noch möglich sein. Die St. Galler Ministerialen hatten neben den Lehen in der Regel auch Eigengut. Ihre Besitzungen zu ermitteln und festzustellen, wem die Vogtei darüber zukam, erscheint als dringendes Bedürfnis, wenn auch die Untersuchung nur gelegentlich zu Ergebnissen führen kann, zumal da selbstverständlich die bei Ministerialen besonders häufigen jüngeren Erwerbungen auszuscheiden sind.[1] Bemerkenswert für die Vogteiverhältnisse wäre etwa folgendes. Ein St. Galler Dienstmann war Rudolf von Hagenwil, dem das Meieramt des Hofes Muolen zustand; ferner gehörte ihm die Burg Hagenwil, die er selbst gebaut hatte, dazu der Hof, ein Weinberg und andere Güter zu Hagenwil. Was er sonst noch besaß, ist nicht ersichtlich. Burg und Güter zu Hagenwil und das Meieramt Muolen übergab er 1264[2] dem Abt unter Ausschluß des Erbrechts seiner undankbaren Töchter. Ob Burg und Güter zu Hagenwil Eigen des Rudolf waren oder Lehen, besagt die Urkunde nicht deutlich; das Meieramt war natürlich Lehen und sollte nach einer Abmachung von 1227[3] ohnehin beim Tode Rudolfs an das Kloster zurückfallen. Seine Besitzungen sind nun nicht zu dem alten St. Galler Hofe Muolen geschlagen worden, sondern, wie das 1264 festgesetzt war, mit der Burg Hagenwil verbunden geblieben. 1300[4] bekannten Adelheid, die Witwe des Diethelm von Güttingen, und ihre Söhne Ulrich und Wilhelm, daß sie als rechtes Burglehen von St. Gallen haben: die Burg Hagenwil, die zugehörigen 2 Höfe, die Mühle, den Weinberg, des Ammanns Gut zu Hagenwil, das des Meiers dortselbst war, die Güter an der Egg und zu Razenwil nebst der Vogtei darüber; ferner 7 Pfund 8 Schilling Zins aus dem Hofe Muolen. In letzterer Rente werden die Einkünfte des nunmehr eingezogenen Meieramts Muolen zu erblicken sein. Das Zubehör der Burg, das hier deutlicher als in der Urkunde von 1264 beschrieben ist, bestand demnach in einer kleinen Villikation, die den jeweiligen Inhaber zum Vogt hatte. Es gingen hier Eigenschaft und Vogtei zusammen. Beides gelangte von dem Ministerialen durch Resignation an das Kloster und von diesem

---

[1] Für die Gütergeschichte von Ministerialengeschlechtern in jüngerer Zeit s. Diener l. c. und R. Wegeli, Die Truchsessen von Diessenhofen, S. A. aus den Thurgauischen Beiträgen zur vaterl. Gesch. H. 45, 47, 48, Frauenfeld 1908. Ein Verzeichnis der St. Galler Ministerialen s. bei Pupikofer, Gesch. d. Thurgaus (Frauenfeld 1886), S. 443ff.

[2] S. G. U. B. 3, Nr. 965.

[3] Ibid. Nr. 860.

[4] Ibid. Nr. 1117.

durch Belehnung an die Güttinger. Also auch die Vogtei über den Hof Hagenwil, und nicht nur die Eigenschaft, hat St. Gallen zu Lehen vergabt, während der Hof Muolen unter Reichsvogtei stand, und daher die Vogtei über ihn als Pfand vom Reiche innegehalten wurde.[1] Der offenbare Unterschied kann nur darin seine Ursache haben, daß der Hof Hagenwil eben niemals unter Reichsvogtei gekommen ist. Rudolf von Hagenwil hatte selbst die Vogtei über ihn inne.

Der Satz freilich, daß der Vogt des Klosters keine Gewalt über die Güter von Ministerialen besaß, könnte nur mit Einschränkungen gelten. Das zeigt ein anderer Fall. Die mit dem Enkel des Minnesängers Ulrich[2] ausgestorbenen Truchsessen von Singenberg standen in Beziehung zu dem alten St. Galler Hofe Sitterdorf.[3] Sie nannten sich im 12. Jahrhundert von Sitterdorf;[4] wohl erst der Vater des Minnesängers oder dieser selbst legte die Burg Singenberg an. Offenbar waren die Herren von Singenberg Meier von Sitterdorf; aber sie haben auch den Hof selbst ganz oder teilweise an sich gezogen. Als die beim Aussterben des Geschlechts an St. Gallen heimgefallene Burg[5] 1277 von Abt Rumo den Kindern des Freiherrn Rudolf von Güttingen zu Burglehen verliehen wurde,[6] gehörten der Kelnhof und andere Güter in Sitterdorf dazu, die Vogtei über Sitterdorf jedoch nicht. Diese wurde vielmehr 1300 durch Friedrich und Swigger die Tumben von Neuburg an einen Herrn von Ende verkauft,[7] war also von der Eigenschaft getrennt und dependierte aller Wahrscheinlichkeit nach vom Reich. Die Tumben von Neuburg sind staufische Ministerialen gewesen.[8] Dagegen gehörte den Truchsessen von Singenberg die Vogtei über ihr Eigengut. Eben der-

[1] Vgl. o. S. 79.

[2] Vgl. W. Stahl, Ulrich von Singenberg, der Truchseß von St. Gallen, Diss., Rostock 1907.

[3] S. S. G. U. B. 1, Nr. 112; Bd. 2, Nr. 716, 717.

[4] S. G. U. B. 3, Nr. 830, Zeuge Uodalricus de Sitrundorf.

[5] Kuchimeister Kap. 28, S. 88.

[6] S. G. U. B. 3, Nr. 1009; vgl. 3, Nr. 1929.

[7] Ibid. Nr. 1118.

[8] Vgl. über sie J. Zösmair, im 19. Rechenschaftsbericht des Ausschusses des Vorarlberger Museum-Vereins, Bregenz 1879, S. 18; durch die Annahme ibid. S. 33 wird die Frage nach dem Rechtsverhältnis der Vogtei nicht berührt. Als Pfandinhaber von Vogteien erscheinen sonst Reichsbeamte, so Walther von Kastell, vgl. o. S. 79, s. Niese l. c. S. 314; Ulrich von Königsegg, S. G. U. B. 3, Nr. 1414, vgl. Schön, in Mitt. d. Inst. f. österr. Geschichtsforsch., Ergbd. 6, S. 291. Es ist daher nicht auffällig, wenn Pfandinhaber sonst in der Gegend nicht begütert waren.

Minnesänger Ulrich hat 1219[1] an St. Gallen ein predium in Frommenhausen geschenkt und auch die Vogtei über das Gut sowie über andere Güter, die bereits sein Vater geschenkt hatte. Es sind noch andere Fälle nachweisbar, in denen Ministerialen mit Eigengut die Vogtei darüber vergabten oder sich vorbehielten. So hat Egelolf von Rorschach, als er sich zur Teilnahme am Kreuzzuge Kaiser Heinrichs VI. anschickte, sein Eigengut zu Ahorn (bei Hemberg) an St. Peterzell im Neckertal übertragen, die Vogtei des Guts aber seinem Oheim Egelolf von Rosenberg übergeben, der jährlich 1 sol. als Vogtrecht erhalten sollte.[2] Der Fall reicht bis ins 12. Jahrhundert hinauf, und das Gut war dem Egelolf von Rorschach bei Erbteilung zugefallen; um neu erworbenen Besitz handelte es sich also nicht. Demnach darf wohl angenommen werden, daß die Ministerialen von jeher über ihr Eigengut selbst die Vogtei übten, so gut wie freie Herren. Es ist nicht denkbar, daß ein besonderer Verleihungsakt der Vogtei über ein einzelnes Gut, dessen Äcker womöglich noch in der Flur zerstreut lagen, durch den König oder Grafen oder sonst wen irgend je stattgefunden haben sollte; vielmehr läßt sich der Tatbestand nur mehr aus dem Wesen der Vogtei erklären.

Die Vogtei wurzelte in den grundherrlichen Rechten über den Boden und den leibherrlichen über die persönlich abhängigen Hintersassen; sie war demnach an das Eigentum geknüpft und ursprünglich, weil sie auf allgemein gültigen Rechtsgrundsätzen beruhte, bei Besitzübertragungen mit inbegriffen, ohne daß ihrer besonders Erwähnung zu geschehen brauchte. In den Großgrundherrschaften, und zumal in den geistlichen, trennten sich die Herrschaftsrechte von der Eigenschaft, weil ihre Ausübung auf den Hofverwalter, den Meier, und den für Geistliche unentbehrlichen Vogt verteilt, durch Lehnsvergabung in feste Hände gelangte. Die Teilung der Berechtigungen an Land und Leuten, und mit ihr das Auseinandergehen von Grundherrschaft und Gerichtsbarkeit, gehört indessen bereits einer späteren Phase in der Entwicklung der Verfassungszustände an.

Wenn in älterer Zeit etwa der Abt von St. Gallen einen ganzen Hof mit zubehörenden Unfreien oder sonst mit persönlich abhängigen Leuten besetzte Güter zu rechtem Lehen vergabte, so war in die Verleihung des Bodens und der Leute offenbar stillschweigend die

[1] S. G. U. B. 3, Nr. 849 u. 848.

[2] Ibid. Nr. 853.

Vogtei eingeschlossen. Der Klostervogt hatte über das Lehen nichts mehr zu gebieten. Gab er doch seine ausdrückliche Zustimmung zu der Belehnung, also der Ausscheidung aus seinem Machtbereich, indem der Abt nur mit ihm gemeinsam dabei vorgehen konnte. Auch die Prekarienverleihungen zur Karolingerzeit, große und kleine, sind mit der Hand des Vogts vollzogen worden. Im 13. Jahrhundert kommen Verleihungen mit der Hand des Vogts nicht mehr vor. Der Abt handelte allein, vergabte aber nur noch, worüber er allein verfügen konnte, und durch seine Verfügungen wurden die Rechte des Vogts gar nicht berührt. So ist es zu erklären, daß, wenn schon St. Gallen unter Reichsvogtei stand, manche Vogteien über Klostergut vom Abt zu Lehen gingen. Die alten Lehen, etwa die vor 1180 vergabten, sind gar nicht erst unter Reichsvogtei gekommen, sondern standen andauernd unter der Vogtei der Lehensträger. Wenn dann ein solches altes Lehen heimfiel, so verfügte der Abt bei Neuvergabungen nicht nur über die Eigenschaft, sondern auch über die Vogtei, ebenso natürlich bei bloßen Lehensmutungen.

Der spezielle Nachweis für die Vogteiverhältnisse der alten Lehen ist bei dem Mangel an geeignetem Material schwierig. In Frage käme etwa der schon im 8. Jahrhundert zu St. Gallen gehörige Hof Uznach, der später im Besitz der Herren von Rapperswil und sodann der Toggenburger erscheint,[1] bei dem jedoch, so viel ersichtlich, die Vogtei nicht vom Reiche herrührte. Der Hof Oberndorf in Württemberg, den der Abtbischof Salomon dem Kloster geschenkt hat,[2] ist an die Zähringer[3] und von diesen an die Herzöge von Teck gelangt, die noch im 14. Jahrhundert anerkannten, daß auch die Stadt Oberndorf Lehen von St. Gallen sei;[4] Reichsvogtei wird hier nicht erwähnt. Für alten Lehensbesitz von Ministerialen wäre besonders die Umgegend von Adorf bemerkenswert.[5] Dort lagen wohl hauptsächlich die Güter der zur Zeit Ottos III. aufgelösten Propstei Adorf, die ein allerdings mysteriöser Graf Muozo von Abt Kerhard zu Lehen empfangen und an Nobiles weiter verliehen hat. Nach seinem Tode wurden die Empfänger unmittelbar

[1] Vgl. G. Meyer v. Knonau in St. Galler Mitt. Bd. 17, S. 210 N. 209, u. S. 224, N. 253.

[2] S. G. U. B. 2, Nr. 767, s. auch 3, Nr. 798.

[3] Vgl. E. Heyck, Gesch. d. Herzoge von Zähringen, S. 505.

[4] S. G. U. B. 3, Nr. 1411, 1413, Bd. 4, Nr. 1571, 1735, 1852.

[5] Vgl. J. Nater, Geschichte von Adorf und Umgebung, Frauenfeld 1898.

von St. Gallen belehnt.[1] Nun hat 894 Graf Udalrich dem Kloster Adorf all seinen Besitz zu Bichelsee geschenkt;[2] was davon 912 durch Tausch abkam,[3] war unbedeutend. Für später ist dann ein Hof Bichelsee nachweisbar.[4] Die nach der Burg Bichelsee benannten St. Galler Ministerialen, die Schenken von Bichelsee, waren aber nicht Meier des Hofes, sondern besaßen den Kelnhof mitsamt dem Kirchensatz und anderen Gütern, offenbar zu Lehen von St. Gallen.[5] Allerdings hat Muozo die Besitzungen von Adorf an Nobiles verliehen; da jedoch augenscheinlich Bichelsee durch ihn an die Herren von Bichelsee gekommen ist, müßten diese freier Herkunft sein.[6]

Mit der Immunität hatte die Vogtei an sich nichts zu tun. Die grund- und leibherrlichen Rechte standen in Geltung, ob nun der König die Freiung von den Grafschaftslasten gewährt haben mochte oder nicht. St. Galler Lehensgüter der freien Herren sowohl als der Ministerialen müssen in der Immunität einbegriffen gewesen sein; standen sie doch andauernd im Obereigentum des Klosters, für dessen sämtliche Besitzungen schon die karolingische Immunität galt; aber auch auf das Eigengut der Ministerialen muß sich die Immunität erstreckt haben. Die Ministerialen gehörten offenbar nach Maßgabe des Privilegs Heinrichs I.[7] zu den mit dem Kloster in Verbindung stehenden Leuten. Den erst im 12. und 13. Jahrhundert neu gegründeten geistlichen Stiftungen ist Immunität nicht mehr zuteil geworden; der Vögte bedurften sie gleichwohl für sich selbst und ihre Güter. Indem nun die jüngeren Klöster Besitzungen mit der daran haftenden Vogtei und auch ohne dieselbe erwarben, geben ihre Urkunden, wie über die Grundbesitzverteilung, so auch über die Vogteiverhältnisse mannigfache Aufschlüsse, wobei noch zu beachten ist, daß Lehen der alten Klöster öfters aus dritter Hand an die jüngeren kamen, die davon einen Wachszins zur Rekognition des Obereigentums entrichteten.[8]

---

[1] Cont. cas. s. Galli Kap. 15f., St. Galler Mitt. 17, 24ff.

[2] S. G. U. B. 2, Nr. 691.

[3] Ibid. Nr. 770.

[4] S. Pupikofer, in Thurgauische Beiträge, H. 8 (Frauenfeld 1866), S. 57f., vgl. Diener l. c. S. 50.

[5] Vgl. auch S. G. U. B. 4, Nr. 1794.

[6] Bemerkt sei, daß der Eintritt von freien Herren in die St. Galler Ministerialität für das 12. u. 13. Jahrhundert kaum nachzuweisen sein wird.

[7] S. G. U. B. 3, Nr. 786, vgl. Beiträge, S. 53f.

[8] Wegen der zahlreichen Fälle in S. G. U. B. Bd. 3 vgl. o. S. 59f.; s. auch die Verzeichnisse der Wachszinse, S. G. U. B. 3, Anh. Nr. 70, S. 794f.

So war mannigfach in die Besitzsphäre St. Gallens verflochten die des Klosters St. Johann im Turtal, zu dem auch St. Peterzell im Neckertal gehörte. Ein Immunitätsprivileg vom König hat St. Johann niemals empfangen, sondern nur päpstliche Besitzbestätigungen. Die erste, von Eugen III. (1152),[1] setzte fest, daß der Vogt sein Amt nicht erblich inne haben solle; Alexander III. bestätigte dies 1178[2] nicht. Gleichwohl wurde 1227/8[3] die Vogtei dem Grafen Diethelm von Toggenburg entzogen und vom Abt dem König Heinrich (VII.) übertragen, der sie durch Beamte verwalten zu lassen versprach. Als Vogtrecht sollten von jeder Hufe ein Scheffel Hafer und 4 sol. entrichtet werden und nichts weiter, also keine Steuer; in die Gerichtsgefälle teilten sich Abt und Vogt. Gänzlich befreit von Vogtabgaben sollten die Leute sein, die innerhalb bestimmter Grenzen um das Kloster selbst und um St. Peterzell wohnten; hier kamen dem Vogt nur die Gerichtsgefälle zu. Die Grenzen für den vogtfreien Bezirk um St. Johann sind die gleichen wie für die geschlossene Grundherrschaft, die dem Kloster bereits 1178 gehörte. Die Grenzen für St. Peterzell sind dagegen weiter gefaßt; sie schlossen offenbar auch den Ort Hemberg ein, der nicht dem Kloster gehörte,[4] und wo dessen Vogt also nichts zu sagen hatte. Das innerhalb der Grenzen liegende Gut Ahorn ist durch Schenkung und Kauf von den Herren von Rorschach, St. Galler Ministerialen, an Peterzell gelangt, das an sie als Vogtrecht 2 sol. zu entrichten hatte und an St. Gallen als Rekognitionszins 1 sol.[5] Das Allod Brunau bei Hemberg hat 1225[6] Adelheid von Mettendorf an Peterzell geschenkt unter Vermittlung des Abts von St. Gallen, der davon 1 sol. jährlich Zins erhalten sollte; ebensoviel sollte dem, der Vogt des Allods sein würde, zukommen.

Einen wirklichen Hof besaß das Kloster schon 1178 in Nesslau, und es erwarb dazu 1261[7] von dem Freiherrn Heinrich von Kempten das Gut „ze dem Wasser", das recht ansehnlich gewesen sein muß, da es mit 114 Mark Silber bezahlt wurde. Daß der Landgraf den Verkauf bestätigte, hatte wohl für die Ausübung der Vogtei Be-

[1] S. G. U. B. 3, Nr. 827.
[2] Ibid. Nr. 832.
[3] Ibid. Nr. 862f.
[4] S. G. U. B. 4, Nr. 1881 und Anh. Nr. 128, vgl. St. Galler Rechtsquellen 2, 463f.
[5] S. G. U. B. 3, Nr. 853.
[6] Ibid. Nr. 858.
[7] Ibid. Nr. 956 u. a, b, c.

deutung, die in den Urkunden nicht erwähnt, jedenfalls den Klostervögten zufiel. In dieser Eigenschaft besaßen später die Grafen von Werdenberg die Vogtei über Neßlau-Zum Wasser.[1] Indessen nicht nur größere Höfe unterstanden dem Vogt; auch über zerstreute Splitter des Klosterguts übte er seine Rechte. Nachdem (1396) die Vogtei wieder an die Toggenburger gekommen war,[2] hat 1401[3] Graf Friedrich (VII.) eine Frau Anna von Schaffhausen und Albrecht Kilcher von Konstanz mit der Vogtei des Hofes Ober-Buwil belehnt, der dem Kloster St. Johann gehörte. Die Vogtei brachte an Einkünften 16 sol., 4 Fronden mit Knechten und Pferden oder 1 Pfund Pfennige und Fastnachtshühner; sie erstreckte sich also über einen recht kleinen Hof, dessen Umfang nach dem 1227 für Bemessung des Vogtrechts aufgestellten Maßstab nur etwa 4 Hufen betrug. Solche Vogteisplitter waren schwerlich ganz selten. In Flawil besaß St. Johann bereits 1178 die Kirche mit zubehörendem Widem. 1429[4] überließ Graf Friedrich von Toggenburg dem Kloster das bisher von seinem Schultheiß zu Lichtensteig eingenommene Vogtrecht, nämlich in dem Kilchhof zu Flawil 16 sol., 2 Mütt Hafer, 6 Hühner, in des Rüden Hof 9 sol., 3 Viertel Hafer, 6 Hühner, in Martis Schuppose 3 sol., 1 Viertel Hafer, 3 Hühner. Die Vogtgerichtsbarkeit hat aber der Graf nicht veräußert, sondern nur die Einkünfte von der Vogtei. Die niedere Gerichtsbarkeit im Kilchhof, Gebot und Verbot, stand dem Kloster zu, wie sich aus einer gerichtlichen Entscheidung von 1480[5] ergibt. Vogt war damals nach den etwa gleichzeitigen Offnungen[6] Rudolf Giel von Glattburg, der auch Zwing und Bann zu Flawil übte, außer eben im Kilchhof, und das zur Freivogtei Oberuzwil gehörige freie Gütlein in Flawil[7] wird nicht dem Vogt unterstanden haben. Früher waren jedenfalls die Gewalten im Dorfe noch stärker zersplittert gewesen. Es hatten dort die Toggenburger Vogtrechte, und zwar nicht bloß über den St. Johannser Kilchhof. 1401[8] belehnte Graf Friedrich den Claus Turmann unter anderem mit 2 Pfund, 1 Malter Hafer und 24 Herbst- und Fastnachtshühnern aus der Vogtei Flawil; die Vogtei über den

[1] Ibid. 4 Nr. 1996, vgl. St. Galler Rechtsquellen 2, 559f.
[2] S. ibid. S. 581.
[3] S. G. U. B. 4, Nr. 2210.
[4] St. Galler Rechtsquellen 2, 11f.
[5] Ibid. S. 40ff.
[6] Ibid. S. 13ff.
[7] Ibid. S. 146.
[8] S. G. U. B. 4, Nr. 2224.

Kilchhof allein brachte nicht so viel. Des ferneren besaßen die Giele von Glattburg seit alters eine Vogtei in Flawil, die 1385[1] als ihr Lehen von St. Gallen erscheint und sich wohl über Eigengüter und auch St. Galler Lehen erstreckte.

IV. Die letzten Erörterungen haben bereits in die Frage nach Entstehung der Gerichtsbezirke übergegriffen, die ja aufs engste mit der Ausgestaltung der Vogteiverhältnisse zusammenhängt. Der Gerichtsbezirk war abgeschlossen, nicht nur wenn die Vogtei sich über einen geschlossenen Hof erstreckte, sondern auch wenn Vogteirechte verschiedener Provenienz über einen fest abgegrenzten Landkomplex in eine Hand gelangten. Es bleibt aber noch die Frage offen, wie weit denn nun eigentlich die Gewalt des Vogtes reichte. In den Urkunden ist begreiflicherweise viel mehr von seinen Einkünften die Rede, dem Vogtrecht und der Vogtsteuer, als von der Gerichtsbarkeit und vollends von der Vertretung der vogtbaren Leute, die gerade in den kleinen Vogteisplittern besondere Bedeutung gehabt haben muß, wo sich zur Ausübung der eigenen Gerichtsbarkeit dem Vogt wohl wenig Gelegenheit bot. Über die Befugnisse geben ausreichenden Aufschluß eigentlich erst die Offnungen oder Weistümer, die dritte Quellengattung neben Urbaren und Urkunden, die stets nur in Verbindung mit den beiden anderen benutzbar ist, selbst wenn es sich ausschließlich um Zustände des späteren Mittelalters handelt, geschweige denn zur Erkenntnis der gesamten Entwicklung. Jedes Weistum steht am Ende einer langen Vorgeschichte, die neben Typischem stets auch lokale Eigentümlichkeiten aufzuweisen pflegt; nur etwa wenn mehrere aufeinanderfolgende Weistümer für einen Ort vorliegen, sind aus ihnen die letzten Stadien des Entwicklungsganges zu erkennen, für alles frühere müssen eben die Urkunden und Urbare herangezogen werden. Rückschlüsse lassen sich aus den Weistümern nur dann ziehen, wenn die anderen Quellen genügenden Anhalt ergeben.

Die Offnungen aus der St. Galler Besitzsphäre sind großenteils jüngeren Ursprungs. In der zweiten Hälfte des 15. Jahrhunderts unter dem Einfluß des Abts Ulrich Rösch geradezu nach einem Schema verfaßt, zeigen sie unverkennbar, daß dem Vogt über alte St. Galler Höfe nicht schlechthin die hohe Gerichtsbarkeit zustand. Der Pfandinhaber einer Vogtei von Reichs wegen besaß durchaus nicht immer den Blutbann. Vor allem nicht der Abt selbst.

---

[1] Ibid. Nr. 1918.

So war nach Offnung von 1469[1] die Vogtei zu Gossau über Leute und Gut eines Herrn von St. Gallen und des Gotteshauses, ausgenommen das Malafitz, was vom Leben zum Tod gebracht wird. Das nämliche besagt die Offnung von Niederbüren aus dem gleichen Jahre:[2] Die Vogtei zu Niederbüren über Leute und über Gut ist eines Herrn von St. Gallen und des Gotteshauses, ausgenommen das Malafitz, was vom Leben zum Tod gebracht wird. Aber auch andere Pfandinhaber vom Reich entbehrten der hohen Gerichtsbarkeit. In der Offnung von Muolen[3] aus dem Jahre 1467 wird nicht erwähnt, daß der Vogt Burkhard Schenk von Kastell sie besaß; es stand ihm offenbar, wie auch ein Abkommen mit dem Abt[4] zeigt, nur die mittlere, die Frevelgerichtsbarkeit, zu. Für Rorschach, dessen Vogtei damals Abt Ulrich eingelöst hat, erwirkte er eine besondere Verleihung des Rechts über Blut zu richten an seinen Burgvogt Hans Wiechpalmer durch den Kaiser Friedrich III.[5] Wenn Abt Ulrich den Blutbann nicht ohne weiteres in Anspruch nahm, so darf für sicher gelten, daß er es von Rechts wegen nicht konnte. Die Erklärung für die scheinbar auffällige Tatsache, daß mit der hohen Vogtei über altes, immunes Kirchengut die hohe Gerichtsbarkeit nicht durchweg zusammenging, liegt in allgemein gültigen Rechtssätzen. Zweimal wird es im Schwabenspiegel[6] ausgesprochen, daß Pfaffenfürsten den Blutbann nicht besitzen können. Wenn sie ein Gericht haben, das über Menschenblut geht, so dürfen sie es nur in der Weise ihrem Richter leihen, daß sie ihn zum König senden, damit der ihm den Bann leihe, was übrigens auch schriftlich geschehen konnte. Weltliche Herren hatten das nicht nötig. Ein Laienfürst, der Gerichtsbarkeit vom König empfing, lieh den Bann an seinen Richter; nur die weitere Übertragung, in die vierte Hand, war nicht zulässig. Es ist also zu konstatieren, daß Abt Ulrich Rösch genau nach den Vorschriften des Schwabenspiegels gehandelt hat. Seinem Richter in Rorschach wurde der Blutbann durch den König verliehen, damit die zur hohen Vogtei gehörige hohe Gerichtsbarkeit ausgeübt werden konnte, was vorher

---

[1] St. Galler Rechtsqu. 1, 353 ff., s. § 2, S. 354. Erworben hat die Pfandschaft der Vogtei Abt Georg 1373, S. G. U. B. 4, Nr. 1716, 1832.

[2] St. Galler Rechtsqu. 1, 557; angekauft war die Abtei durch den Abt 1468, s. ibid. 553.

[3] Ibid. 253 ff.

[4] Ibid. 252 f.

[5] Ibid. 9 f., 1466, unmittelbar nach Einlösung der Vogtei, vgl. ibid. S. 7 f.

[6] Ed. Gengler Kap. 75 § 3 f. u. 95 § 3 f.

und wohl auch unter früheren weltlichen Pfandinhabern nicht möglich war. Für Niederbüren, wo 1469 der Abt das Malafitz nicht hatte, besagt eine Aufzeichnung von etwa 1500,[1] daß die von Hewen als Vögte vor hundert Jahren dort Stock und Galgen besaßen. Da den Freiherrn von Hewen seinerzeit die Reichsvogtei über mehrere St. Galler Höfe zustand,[2] ist ihnen vielleicht der Blutbann besonders verliehen worden. Jedenfalls haben die Freiherrn von Regensberg in Dielsdorf das hohe Gericht nicht innegehalten, und doch übten sie dort die hohe Vogtei über den immunen Hof des Klosters St. Gallen. Die Eigenschaft des Hofes Dielsdorf hat 1276[3] Abt Ulrich dem Freiherrn Ulrich von Regensberg zu Pfand und Lehen gegeben; die Vogtei natürlich nicht, die mußte vom Reiche herrühren, und eben auch nur die Eigenschaft hat Abt Heinrich 1306[4] von der Wittwe des Regensbergers wieder eingelöst, ohne übrigens die Pfandsumme ganz zu bezahlen, wegen juristischer Mängel der Verpfändungsurkunden. Eben damals muß auch König Albrecht die Vogtei an sich gebracht haben,[5] mit der offenbar das Meieramt bereits verbunden war. Nach dem Habsburger Urbar[6] hatte die Herrschaft Zwing und Bann und richtete über alle Frevel, „âne das dem mane an dem lib gat". An Einkünften bezog sie außer der Steuer nur das Vogtrecht vom Zubehör des Kelnhofs, nämlich von 2 Hufen, 14 Schupposen und der Wideme, während die Grundzinse damals wieder an St. Gallen fielen.

Hohe und niedere Vogtei spielten also ineinander über. Ob der Inhaber der hohen Vogtei die hohe Gerichtsbarkeit ausüben konnte, hing von seiner besonderen Qualifikation dazu ab, die er durch Empfang des Blutbanns vom König erwarb; fand die Verleihung nicht statt, so wird das hohe Gericht an den Landgrafen und das Landgericht zurückgefallen sein,[7] deren Kompetenz sich demnach gerade in späterer Zeit wieder ausgedehnt haben müßte,

---

[1] St. Galler Rechtsqu. 1, 564.

[2] S. ibid. 554ff.

[3] S. G. U. B. 3, Nr. 1004, s. auch Nr. 1028.

[4] Ibid. Nr. 1161.

[5] S. A. Nabholz, Gesch. der Freiherrn von Regensberg, Diss. Zürich 1894, S. 74ff.; offenbar standen die Einlösung der Vogtei und der Eigenschaft in Zusammenhang.

[6] Quellen 14, 236f.

[7] Allerdings ließe sich auch an eine Wahrnehmung des Blutbanns durch den oberen Reichsbeamten denken; aber in Dielsdorf konnte aller Wahrscheinlichkeit nach die Herrschaft deswegen nicht den Blutbann mit den übrigen Rechten vereinigen, wie sonst bei Organisation der Ämter, weil sie nicht die

als so viele hohe Vogteien an niedere weltliche Herren, Freie und Ministerialen, gelangten. Umgekehrt konnte auch eine niedere Vogtei zur hohen werden, wenn der Inhaber den Blutbann erwarb. Das dürfte für das Städtchen Neu-Regensberg stattgefunden haben, wo nach dem Habsburger Urbar[1] die Herrschaft über Dieb und Frevel richtete, und doch ist die innere Burg mit dem Turm ganz, von der äußeren Burg und der Vorburg ein Teil Eigen der Herren von Regensberg gewesen und nur der andere Teil Lehen von St. Gallen.

Nicht überall, das erscheint nun am auffälligsten, war es Sache des Vogts, über Frevel zu richten. In Appenzell hatte nach Aufzeichnungen,[2] die von den Zuständen vor dem Kriege gewiß zuverlässige Kunde geben, der vom Abt gesetzte Ammann über alles, was vor ihn gebracht wurde, zu richten; nur 4 Sachen, Mord, Diebstahl, Notzucht und Totschlag, sollten von des Reiches und des Gotteshauses wegen gerichtet werden, da die Vogtei dem Reiche zugehöre. Die Frevel, besonders auch blutrünstige Wunden, fielen offenbar in die Kompetenz des Ammanns. Allerdings ist die Vogtei über Appenzell mit der Steuer bereits 1344 als Pfand vom Reich an den Abt gelangt.[3] Immerhin darf fraglich sein, ob erst damals der St. Galler Ammann die Frevelgerichtsbarkeit erlangt hat. Zu Bernang im Rheintal war die Kompetenzverteilung eine ganz ähnliche. Nach Offnung von 1459[4] standen dort dem Gotteshaus St. Gallen Zwing und Bann, Frevel und Bußen zu bis an die 4 Ungerichte (nachtschach, haimsůchen, notzucht und fridprech wunden). Die Vogtei über Bernang mit der Steuer hat St. Gallen niemals erworben; sie kam vielmehr als Bestandteil der Reichsvogtei Rheintal in verschiedene Hände.[5] Die Zuweisung der Frevel an den Inhaber der niederen Gerichtsbarkeit muß einen besonderen Grund gehabt haben. Nun bildeten gerade Appenzell, Bernang und einige benachbarte Vogteien ganz offenbar geschlossene Bezirke, in denen hohe, mittlere und niedere Gerichtsbarkeit unabhängig von

Grafenrechte besaß, die vielmehr der anderen Linie des Hauses Habsburg (— Laufenburg) zustanden, s. Quellen 14, 237, N. 3, 116, N. 2; vgl. übrigens Blumer l. c. S. 114ff.

[1] Quellen 14, 233ff.

[2] S. G. U. B. 3, Anh. Nr. 75, S. 802ff., s. § 50, S. 805.

[3] Vgl. o. S. 79.

[4] St. gallische Gemeindearchive, der Hof Bernang, S. 70ff., Nr. 141; vgl. S. 25, Nr. 62.

[5] S. G. U. B. 4, Nr. 1592, 1606, 2266, 2296; Hof Bernang, Nr. 55, 60, 62, 64, 73, 81, 83, 85, 95 usw., vgl. Einleitung S. IIIf.

der Grundherrschaft geübt wurde. Der St. Galler Hof Bernang ist schwerlich umfangreich gewesen; gab es doch neben ihm am Orte einen Kelnhof des Nonnenklosters Lindau,[1] das allerdings auch unter Reichsvogtei stand;[2] in der Dorfgemarkung lagen überdies mehrere Burgen,[3] und keinesfalls fehlte es an Eigengut von Leuten nichtritterlichen Standes.[4] Daß in Appenzell der gesamte Boden dem Kloster St. Gallen gehörte, ist unwahrscheinlich;[5] in der Vogtei Hundwil war es gewiß nicht der Fall, in dem zugehörigen Urnäsch läßt sich St. Galler Besitz überhaupt nicht nachweisen. Die Gewalt des Vogts erstreckte sich also über den Boden der Grundherrschaft hinaus, und der St. Galler Ammann in Appenzell hatte nicht nur weitergehende Gerichtsbarkeit als einst der Meier, sondern auch räumlich umfassendere Befugnisse. Es handelt sich hier um eine Bannherrschaft, die jedoch keineswegs alten Ursprungs zu sein braucht, und deren Entstehung sich etwa folgendermaßen erklären ließe.

Gewiß zutreffend sind die Freigerichte als Überreste der alten Hundertschaften aufgefaßt worden. Zu ihnen gehörten die freien Leute und Güter, die nicht unter Vogtei gekommen waren. Darum bildete das Freigericht, solange es bestand, keinen geschlossenen Bezirk, sondern umfaßte die im Lande zerstreut wohnenden Freien und Inhaber der freien Güter. Gehalten wurde es an der Malstätte der Hundertschaft, wo der Graf oder sein Vertreter bis über Frevel richtete; der Blutbann muß dem Grafen allein zugestanden haben. Wenigstens war so das Freigericht unter der Thurlinde[6] beschaffen, das 1314 Herzog Leopold dem Jakob, Vogt von Frauenfeld verpfändete, mit der Weibelhube zu Ötwil und der Steuer,[7] 1373 kam es an Hugo von Hohen-Landenberg[8] und 1506[9] an St. Gallen. Die Freien im Oberen Thurgau[10] standen dagegen unter Reichsvogtei. 1279 hat König Rudolf unter anderem die Freien verpfändet, die da gehören in die Vogtei zu Gägilmar, Erzenberg,

[1] Ibid. Nr. 29, 121 usw.

[2] Schriften des Vereins für Gesch. des Bodensees, Bd. 3 (1872), S. 27f. u. S. 30.

[3] S. Hof Bernang, Einleitung S. Vff.

[4] S. G. U. B. 4, Nr. 1600, Hof Bernang, Nr. 32, 34.

[5] Vgl. Beiträge, S. 127ff.

[6] St. Galler Rechtsqu. 1, 633ff.

[7] Urkunden z. Schweizer Gesch. aus österr. Archiven, Bd. 1, S. 128, Nr. 222.

[8] Ibid. 2, 33, Nr. 33.

[9] St. Galler Rechtsqu., 1, 636.

[10] Ibid. 2, 133ff.

Baldenwil, Neunegg, Schwänberg, Utzwil und andere Freie, die dazu und in die Gerichte gehören, die unserm Reich zugehören.[1] Rudolf handelte hier also nicht als Graf des Thurgaus, sondern von Reichs wegen. Eine spätere Veräußerung der Pfandschaft hat Kaiser Karl IV. bestätigt.[2] Die freien Güter lagen zerstreut unter dem Zubehör von St. Galler Höfen, Herisau, Gossau, Oberbüren, Niederhelfenswil. Die Reichsvogtei erstreckte also auch hier sich weiter als die Grundherrschaft;[3] aber nicht ganz von selbst durch allmähliche Entwicklung kann die Ausdehnung erfolgt sein. Der Graf muß in die Exemtion der Freien aus seinem Amtsbereich speziell eingewilligt haben, und Rudolf von Habsburg hat gewiß nicht seine Grafschaft zugunsten des Reichs verkleinert. Die Erweiterung der Reichsvogtei muß bis in die Stauferzeit hinaufreichen. Da liegt es denn nahe, die Auseinandersetzung mit dem Grafen in Zusammenhang mit einem Vorgang zu bringen, von dem Conradus de Fabaria[4] in allerdings recht unklarer Weise berichtet. König Heinrich (VII.) stellte 1226 an den neugewählten Abt Konrad das Ansinnen, er möge die Vogtei über einige Besitzungen St. Gallens im Thurgau dem Grafen Hartmann von Kiburg zu Lehen und Pfand für 600 Mark Silber verleihen. Die einheitliche Vogtei über das Klostergut wäre dann durch Ausscheidungen zersplittert worden, und es hätte schließlich der Graf die Vogtei wenigstens über die in einem Teil seiner Grafschaft zerstreut liegenden immunen Höfe erlangt, wie das anderwärts so vielfach geschah. Dafür konnte wohl der König eine Kompensation verlangen, und die wird in dem Verzicht des Grafen auf die freien Leute bestanden haben, die zwischen den immunen Besitzungen St. Gallens, wo diese eng

---

[1] S. G. U. B. 3, Nr. 1020.

[2] Ibid. 4, Nr. 1713, vgl. St. Galler Rechtsqu., 2, 136f.

[3] Allerdings sind in Anh. Nr. 59e, S. 753, Zinse von freien Leuten zu Schwänberg, Baldenwil, Gägilmar usw. an den Hof Herisau aufgeführt, die einerseits auf karolingische Traditionen in dieser Gegend (Mark Gossau, vgl. Jahrb. f. schweiz. Gesch. 27, 253ff.), zurückgehen könnten, andererseits aber es als möglich erscheinen lassen, daß das Obereigentum an den Gütern der Freien, die unter Reichsvogtei standen, dem Kloster zukam, die Reichsvogtei also auch hier auf der Kirchenvogtei beruhte. Es sind jedoch die Vogteigefälle (St. Galler Rechtsqu. 2, 142ff.) zu scheiden von den Grundzinsen, die später dem St. Galler Kustos zufielen, s. ibid. S. 141f., S. G. U. B. 3, Anh. Nr. 70, S. 793, Zellweger, Urk. z. Gesch. d. Appenzeller Volkes, Bd. 1, T. 2, S. 314 u. 316; daher darf gerade im Hinblick auf die alten Traditionen angenommen werden, daß die Freien nur für einzelne Güter Zins an St. Gallen entrichteten, daneben aber auch Eigengut besaßen, das gar nicht grundherrlich belastet war.

[4] Kap. 23, St. Galler Mitt. 17, 202ff.

beieinander lagen, zerstreut saßen. Beiderseits, für die Reichsvogtei und die Grafschaft, wurde so eine territoriale Abrundung erzielt.

Zur Ausführung sind freilich die Absichten des Königs nicht gelangt. Der Abt weigerte sich, die Belehnung vorzunehmen; aber er zahlte die 600 Mark, die, vom König dem Grafen zugesagt, wohl durch die Übertragung der Vogtei hätten beglichen werden sollen. Wenn nun also auch der Graf die Vogtei nicht empfing, so bekam er doch wenigstens deren Äquivalent in bar, und es wird nichtsdestoweniger die Abtretung seinerseits stattgefunden haben. Daß zur Zeit noch nicht Hartmann von Kiburg, sondern sein Vater Ulrich Graf des Thurgaus war,[1] kann an der Sache wenig ändern; der alte Graf mochte zunächst auf Ausstattung seines zweiten Sohnes Bedacht nehmen. Jedenfalls müssen die Freien irgendwie von der Grafschaft abgekommen sein, sonst bleibt es unerklärlich, daß sie unter Reichsvogtei gerieten. Vielleicht ist selbst eine Teilung der Hundertschaft erfolgt, da die freie Weibelhub in Oberuzwil dem Grafen von Toggenburg gehörte.[2] In Appenzell, Hundwil, Trogen und Teufen wurden nun offenbar geschlossene Reichsvogteibezirke gebildet; in Herisau, Gossau und sonst wird das nicht möglich gewesen sein, weil andere, eingesprengte Vogteisplitter den räumlichen Abschluß des Reichsvogteibezirks hinderten. So behielten an den letzteren Orten die Freien ihr Sondergericht; an den ersteren dagegen gab es nur noch ein Gericht für Freie und Gotteshausleute, ähnlich wie in den Städten und speziell in St. Gallen selbst, wo ja auch der vom Abt gesetzte Stadtammann bis über Frevel richtete, und der Reichsvogt den Blutbann hatte.[3] Die Kompetenzverteilung, die in Appenzell den grundherrlichen, an Stelle des Meiers getretenen Beamten zum Richter über Freie machte, war also nichts Ungewöhnliches, auch in Bernang hat sie stattgefunden. Offenbar sind die Vogteibezirke im Rheintal (am linken Rheinufer) in ähnlicher Weise von der Grafschaft Rheingau abgesondert worden wie Appenzell vom Thurgau.

Die angestellten Erörterungen dürften für den Nachweis ausreichen, daß es zweckmäßig ist, die Grundherrschaft zum Ausgangs-

---

[1] S. ibid. S. 203, Nr. 193.

[2] St. Galler Rechtsqu. 2, 134f., 155.

[3] So M. Gmür, Die verfassungsgeschichtliche Entwicklung der Stadt St. Gallen bis zum Jahre 1457, St. Gallen 1900, S. 20. Nach der Rechtsaufzeichnung S. G. U. B. 3, Anh. Nr. 76, S. 808, hatte der Rat über Frevel und blutende Wunden zu richten „ân umb todschleg"; jedoch ist ein Rat in St. Gallen erst 1312 nachweisbar, ibid. Nr. 1199, vgl. Gmür l. c. S. 15.

punkt zu nehmen, um das Wirrsal von Vogteien und Gerichtsherrschaften des späteren Mittelalters verständlich zu machen.[1] Wohl sind nur vereinzelte Tatsachen für jeden Spezialfall überliefert, und es muß durch Kombination das verknüpfende Band zwischen den Anhaltspunkten geschaffen werden; da kann denn nur eine beschränkte Reihe von Möglichkeiten in Betracht kommen, sobald einmal die Grundbesitzverteilung zutreffend erkannt ist. Ursprünglich war jeder Freie für sein Eigengut zugleich Meier und Vogt, das heißt, er ordnete selbständig die Bewirtschaftung seines Guts, vertrat sich selbst und seine persönlich abhängigen Hintersassen, Unfreie und Schutzbefohlene, vor dem öffentlichen Gericht und übte über sie Gerichtsbarkeit. Solche Befugnisse konnte natürlich der freie Bauer, der wenig Eigengut und gar keine Hintersassen hatte, nicht ausüben. Er stand gleich wie der Grundherr für seine Person unmittelbar unter der öffentlichen Gewalt. In den Großgrundherrschaften, und zumal in den geistlichen, wo der Grundherr nicht all seine Befugnisse selbst wahrzunehmen vermochte, wegen der räumlichen Ausdehnung seines Besitzes und bei den Geistlichen wegen rechtlicher Hindernisse, da entwickelte sich die Dreiteilung, Eigenschaft, Meierrecht und Vogtei, die zur Sonderung der Gerichtsbarkeit vom Eigentum und damit zur Zersplitterung der ursprünglich einheitlichen Gewalt des Grundherrn führte. Eine Ausdehnung der Vogtei über Leute und Boden, die nicht zur Grundherrschaft gehörten, ist im Vorland der Alpen wohl seltener und später eingetreten als anderwärts; die vorherrschende Siedlungsform in Weilern war einem räumlichen Abschluß der Bezirke nicht günstig. Anders lagen die Dinge in den Hochgebirgstälern selbst und in ebenen Gegenden mit großen Dörfern, wo die Bannherrschaften unter Umständen sehr alt sein mögen,[2] während in der Nordostschweiz nur ganz allmählich eine Vereinheitlichung der Gerichtsbarkeit Platz griff. Herrschaften wie Greifensee[3] haben nichts Ursprüngliches an sich,

[1] Wie bereits bemerkt, vgl. o. S. 64, N. 2, genügt dazu das Ausgehen von der Grafschaft nicht. So hat Fehr die Frage nicht aufgeworfen, wo die (hohe) Vogtei über alte St. Galler Höfe im Breisgau wie Egringen (S. 42, vgl. Jahrb. f. schweiz. Gesch. 27, 272) hingekommen ist. Für den Hof Fischingen s. S. G. U. B. 4, Anh. Nr. 145, Z. G. O. Rh., Bd. 30 (1878), S. 305.

[2] Vgl. G. Seeliger in Hist. Vierteljahrschr., Bd. 10 (1907), S. 315ff., und in der Abhandlung über Staat und Grundherrschaft, Leipz. Univ.-Programm 1909, S. 21ff.

[3] Im Kt. Zürich, vgl. F. v. Wyss, Abh. zur Gesch. des schweiz. öffentl. Rechts (Zürich 1892), S. 179; jedoch ist zu bemerken, daß, wie zur Herrschaft Grüningen, so auch zur Herrschaft Greifensee Vogteien gehörten, und zwar

sondern sind aus einer Agglomeration von Besitzstücken und Rechten hervorgegangen. Aus dem Verlauf der Entwicklung ergeben sich die Standesverhältnisse der Landbevölkerung, wie sie im 13. Jahrhundert hervortreten, und auch die bäuerlichen Besitzrechte am Boden. Die Unterschiede zwischen Grafschafts- und vogtbar Freien, Vogtleuten und Eigenleuten einerseits, zwischen freiem und vogtbarem Eigen und Erbe, Zinsgut und Lehen andererseits, mit allen ihren Abwandlungen, sind jeweils nur genetisch zu verstehen. Die Kausalerklärung freilich ist niemals in den wirtschaftlichen Verhältnissen allein zu suchen.

---

unter anderem über die Höfe Fällanden und Maur (s. S. G. U. B. 3, Nr. 1116, u. 4 Nr. 1669), die ursprünglich Königsgut (als Zubehör des Fiskus Zürich, vgl. Beiträge S. 70) gewesen sind. Trotz der anhaftenden Immunität besaß nicht der Inhaber der Vogtei, sondern der Landgraf den Blutbann, s. F. v. Wyss l. c.

V

Zur Geschichte der Grundherrschaft in Oberitalien.[1]

Es ist noch erst selten versucht worden, Gesichtspunkte und Begriffe, mit denen neuerdings die deutsche Wirtschaftsgeschichte zu operieren pflegt, auf Italien anzuwenden. Was an Untersuchungen über die langobardische Epoche vorliegt, trägt wesentlich rechtshistorischen Charakter; Fickers für spätere Zeiten grundlegende „Forschungen" sind verfassungsgeschichtlich, eine Abhandlung von Seregni, la popolazione agricola nella Lombardia nell'età barbarica,[2] geht nicht tief. Wenn erst Hartmann seine „Geschichte Italiens" weiter herabgeführt und dementsprechend seine wirtschaftsgeschichtlichen Studien fortgesetzt haben wird, stehen gewiß noch wichtige Aufschlüsse zu erwarten; die italienischen Urkunden und Akten des 10., 11. und 12. Jahrhunderts bieten entschieden ein reichhaltigeres und auch leichter verwertbares Material als die gleichzeitigen deutschen, und doch sind Fragen wie die nach dem Schicksal der Fronhöfe in Italien kaum aufgeworfen worden. Allerdings hat die Entwicklung diesseits und jenseits der Alpen nicht gleiche Wege eingeschlagen; aber gerade die Abweichungen zu verfolgen ist lehrreich, und es fehlt nicht an Grenzgebieten, die den Übergang vermitteln. So wird es nicht unangebracht sein, im folgenden einige spezielle Fälle des näheren zu erörtern, die wohl geeignet sind, Einblicke in das Wesen der lombardischen Grundherrschaft und in die Abwandlungen ihres Verhältnisses zu Leib- und Gerichtsherrschaft zu gewähren.

I. Ein langobardischer Grundherr.

In Campione am Luganersee lebte zur Zeit, als Karl der Große den letzten Langobardenkönig gefangen nahm, ein Mann namens Toto, der gleich den meisten seiner Standesgenossen gänz-

---

[1] Veröffentlicht in den Jahrbüchern für Nationalökonomie und Statistik, hg. v. J. Conrad, 3. Folge, Bd. 36 (1908), S. 289ff.

[2] In Archivio storico Lombardo, S. 3, Bd. 3 (anno 22), Mailand 1895, S. 1ff.

lich der Vergessenheit anheimgefallen wäre, wenn er nicht dem S. Ambrosiuskloster in Mailand für den Fall seines Todes all seine Habe zur Errichtung eines „xenodochium" geschenkt hätte und das darüber ausgestellte Dokument noch vorläge. Die Tradition erfolgte 777, Toto selbst starb erst mehr als 30 Jahre später, und mit seinen Gütern sind Urkunden ans Kloster gefallen, die er als Rechtstitel aufbewahrt hatte, einige andere rühren von der nach seinem Ableben begründeten Cella zu Campione her, der ein Mönch von S. Ambrogio vorstand. Die Urkunden, im ganzen etwa 23, sind längst publiziert, von Fumagalli, Codice diplomatico S. Ambrosiano, und im Codex diplomaticus Langobardiae in den Turiner Monumenta historiae patriae[1]; die ältesten hat auch Hidber in der Beilage zum Schweizerischen Urkundenregister wieder herausgegeben. Daß es sich um zusammengehörige Stücke handelt, also gewissermaßen das Familienarchiv des Toto vorliegt, ist bisher kaum berücksichtigt worden; aber gerade darin besteht ihr eigentlicher Wert. Ein sozialhistorisch bedeutsamer Typ läßt sich aus ihnen erkennen und nach verschiedenen Richtungen hin erläutern.

Toto besaß nach der Urkunde von 777 (Nr. 56) eine domusculta (Herrenhof), Olivenpflanzungen und abhängige Landgüter mit Aldien und Unfreien; er war also ein Grundherr, wenn auch schwerlich ein großer und italienischen Zuschnitts. Daß er von Abstammung Langobarde gewesen ist, nicht Römer, machen schon sein und seiner Verwandten Namen wahrscheinlich. Der Vater hieß Arochis, dessen Bruder Sigerad; beide werden in einer Urkunde von 716 (Nr. 3) als Bürger von Kastell Seprio, wohnhaft zu Campione, bezeichnet. 756 (Nr. 16) schenkte Walderada, Witwe des Arochis von vico Artiaco, mit Zustimmung ihres Sohnes Agelmund der Kirche S. Zeno, was ihr gemeinsam mit Schwester und Nichten an einer Olivenpflanzung im fundus Campione am Orte Gundial gehörte, angrenzend an drei Seiten Oliven und Reben ihres Bruders Arochis, an der vierten Seite Oliven ihrer Schwester Gunderata. Offenbar war Walderada die Tante des Toto, dem nach der Urkunde von 777 die Kirche S. Zeno gehörte. Seines Vaters Arochis Nichte, Magnerada, erhielt am Tage ihrer Hochzeit mit Anscaus das ihr gegenüber Schwestern und Tanten gebührende Vermögen nach der durch einen königlichen Sendboten vorgenommenen Teilung (Nr. 74). Als Anscaus gestorben war, tradierte Magnerada 769 (Nr. 40) an die, wie

[1] Auf diese Ausgabe beziehen sich die dem Text in Klammern beigefügten Zitate.

hier gesagt ist, von ihren Eltern erbaute Kirche S. Zeno zu Campione Oliven mit Reben untermischt, die augenscheinlich neben den von Walderada geschenkten lagen; als angrenzend sind Oliven der Kirche S. Zeno genannt, an anderen Seiten Oliven ihrer Nichte Gaitruda und Reben des Toto. Es ist deutlich, wie durch Erbgang, Mitgift und Morgengabe der Besitz sich zersplitterte; aber auch Zusammenlegungen fanden statt. Toto selbst hat 774 (Nr. 53) dem Peresendus, Sohn des verstorbenen Peredeus vom vicus Rogialo, seinem Vetter nach einer Urkunde von 789 (Nr. 63), alles was dieser im fundus Campione als Erbschaft mütterlicherseits besaß, Häuser, Hofstätten, Gärten, Feld, Wiesen, Wald, Weiden und anderes um 50 Goldsolidi abgekauft.

Die Sippe des Toto, mit anderen langobardischen Geschlechtern der Gegend verschwägert, dürfte schon lange am Luganersee ansässig gewesen sein. Es gehörte ihr vermutlich auch ein älterer Toto von Campione an, dessen Eltern zur Zeit des Königs Kunipert (gestorben 700) einen gewissen Lucius freigelassen hatten. Dieser nahm Vollfreiheit in Anspruch, während Toto behauptete, daß die Freilassung zu Aldienrecht, unter Vorbehalt des mundium, erfolgt sei. Darüber kam es zu einem Prozeß, in dessen Verlauf Lucius zugestand, daß er Frondienste in Wiesen, Weinbergen und durch Botengänge geleistet habe. Da er den Beweis für seine Freiheit nicht erbringen konnte, so wurde gemäß dem Anspruch des Klägers erkannt, jedoch mit der Maßgabe, daß dem Lucius nichts Neues auferlegt werde, er sei nur zu dem verpflichtet, was er seit 30 Jahren geleistet habe (Nr. 73). Der ältere Toto ist wohl identisch mit einem Manne gleichen Namens, der 725 (Nr. 4) in Mailand für 12 Goldsolidi einen gallischen Sklaven kaufte.

Die langobardische Gutswirtschaft des 8. Jahrhunderts weist noch frappante Ähnlichkeit mit der spätrömischen auf. Die Unfreien sind richtige Sklaven ohne persönliche Rechtsfähigkeit und nicht zum Boden gehörig. Noch der jüngere Toto hat 807 (Nr. 83) um 30 Silbersolidi zwei junge Knechte, Maurori und Etansa, Söhne der Theuderada, vom Kastell Asongia, und etwa um dieselbe Zeit (Nr. 86) eine Sklavin für 1 Pfund erstanden. 789 (Nr. 63) kaufte er von seinem Vetter Peresendus um 10 solidi das Recht auf Ersatz für einen getöteten Unfreien. Viel besser war die Lage der Aldien oder Halbfreien. Im mundium des Herrn befindlich waren sie diesem nur zu gemessenen, durch das Herkommen geregelten Leistungen verpflichtet. Toto ließ in der Tradition von 777 (Nr. 56) seine Unfreien zu Aldien frei, so daß ein jeder, Mann und Frau, dem xenodochium 1 solidus für den Kopf jährlich zu zahlen habe, und er bestimmte, daß seine Leute, die bisher mit eigener Zehrung Frondienste leisteten, den Unterhalt an den Frontagen vom xenodochium empfangen sollten. Die Aldien sind als Inhaber abhängiger Landgüter zu betrachten; so tradierte 804 (Nr. 78) ein Kleriker Urso, genannt Petrus, der Kirche S. Zeno zu Campione seinen Anteil an einem Gehöft zu Antellacum mit zubehörenden Baulichkeiten, Wiesen, Weinbergen usw., das bewirtschaftet wurde von Laurentius mit Brüdern und Söhnen, Aldien des Urso und seines Oheims und Miteigentümers, des Diakon Rodoald. Wie diese Zustände entstanden sind, läßt sich unschwer vorstellen. Die Langobarden werden eben bei ihrer Festsetzung am Luganersee, kaum 2 Jahrhunderte vor Totos Zeit, die römischen Possessoren totgeschlagen und von deren Gütern samt Kolonen und Sklaven Besitz ergriffen haben, wie sie das auch anderwärts zu tun beliebten. Daß sie dann die Kolonen in Aldien umbenannten und nach Grundsätzen germanischen Rechts behandelten, etwa so wie die stammesverwandten Sachsen ihre Laten, konnte für die Wirtschaftsführung nicht viel austragen. Jedenfalls lebten die Langobarden sich recht gut in die Stellung von Possessoren ein. Der Vater des Toto, Arochis, gab 748 (Nr. 13) dem Alexander von Sporticiana ein Darlehen, einen Goldsolidus, binnen Jahresfrist rückzahlbar, und empfing dafür zum Unterpfand ein Stück Wiese am Orte Fassiole (angrenzend unter anderem an eine der Kirche S. Victor zu Lugano gehörige Wiese). Also jene Geldgeschäfte, mittels deren einst die römischen Grundherrn ihren Besitz auf Kosten kleinerer Eigentümer zu erweitern pflegten, sind den Langobarden nicht fremd geblieben. Daß es freie Bauern in Oberitalien gab, an denen sich derartige Künste üben ließen, wird schwerlich in Abrede zu stellen sein. Indessen kommt der Frage nach ihrer Existenz bei weitem nicht die Wichtigkeit zu wie in Deutschland, weil jenseits der Alpen die agrarische und soziale Entwicklung einen wesentlich verschiedenen Gang genommen hat.

Zunächst schon führte der Untergang des Langobardenreiches eine gewisse Auflösung und Zersetzung der fest begründeten alten Zustände herbei. Gar mancher langobardische Grundherr büßte sein Besitztum ein zur Strafe für Teilnahme an Erhebungen gegen den Frankenkönig. An ihre Stelle traten Fremde, Franken, Alamannen und andere, die als Grafen, königliche Vasallen oder als geistliche Würdenträger ins Land kamen. Sie brachten Anschauungen und Gewohnheiten mit, die zu den italienischen nicht stimmten Im 9. Jahrhundert begann der Unterschied zwischen servi oder Unfreien und Aldien oder Halbfreien sich zu verwischen, weil man ihn an den maßgebenden Stellen nicht genau kannte. Das zeigen die Urkunden und Aktenstücke, die sich auf den Königshof Limonta, am südöstlichen Arm des Comersees unweit von Bellaggio, beziehen, und die zugleich vortrefflichen Einblick in die italienische Hofverfassung des 9. Jahrhunderts gewähren. Das Material für Limonta[1] ist schon des öfteren bearbeitet worden,[2] verdient aber immer aufs neue Beachtung, weil es in seiner Art einzig dasteht.

II. Den **Hof Limonta** hat Kaiser Lothar I. 835 (Nr. 121) dem Kloster S. Ambrogio geschenkt im Bestande von einem Herrenhaus, einer Kapelle, Olivenpflanzungen und 6 mansa mit den auf ihnen verweilenden oder zugehörenden mancipia, an Zahl 34. Die Schenkung bestätigte Lothar noch im gleichen Jahre (Nr. 125) mit genauer Gutsbeschreibung; es werden als zugehörendes Gesinde (familia) 5 Ehepaare und 1 Mann mit Kindern, zusammen 32 Köpfe, aufgezählt und unter dem sonstigen Zubehör auch Olivenpflanzungen in Olcio und Onno. Ob die „familia" unfreien oder halbfreien Standes war, hat die kaiserliche Kanzlei offenbar selbst nicht gewußt. Unzweideutige Auskunft geben auch die Inventaraufnahmen nicht, eine aus der Zeit, als der Hof noch fiskalisch war, und eine zweite, nach dem Übergang ans Kloster aufgezeichnete (Nr. 126). Die erstere rechnet 5 manentes zum Hofe, die auf Herrenland saßen und ziemlich beträchtlichen Zins in Naturalien entrichteten; ferner lag dort „terra absens", das von den „servi" selbst gegen 5 sol. Zins bebaut wurde. Zwei Aldien, die wegen der Heerfahrt sich an den Hof (in Halbfreiheit) ergeben hatten, zahlten 4 sol. Das zweite Inventar läßt erkennen, daß, wie auch immer die Ausdrücke in den Urkunden Lothars lauten mögen, nicht der ganze Hof Limonta mit allem Zubehör an das Kloster gefallen ist, sondern nur der Herrenhof mit der Kapelle und dem Salland (den Olivenpflanzungen zu Limonta selbst und an anderen Orten), dazu famuli beiderlei Geschlechts, an Zahl 30, die jedoch keinen Zins entrichteten, sondern nur die Oliven pflegten und für Nahrung und Kleidung Sondergüter hatten. Es sind also die 6 mansa nicht ans Kloster gekommen. Die Leistungen der auf ihnen sitzenden abhängigen Leute wurden geteilt; die Fronden blieben beim Hofe Limonta zur Verwendung für Pflege der Oliven, die Abgaben sind jedenfalls einem anderen

[1] Ediert im Cod. dipl. Lang., auf den sich die folgenden Zitate im Text beziehen.

[2] S. auch P. Darmstädter, Das Reichsgut in der Lombardei und Piemont, Straßburg 1896, S. 100ff., 321ff. usw.

Königshofe zugewiesen worden. Indessen hatte es dabei nicht sein Bewenden. Es liegt eine Urkunde von 879 (Nr. 291) vor über Einweisung des Abts in den Besitz der 6 mansa, die unter Berufung auf die Schenkung Lothars und eine spezielle Kommission Karls III. (Nr. 294?) von Königsboten mittels einer symbolischen Handlung an dem massaricius Ucto vollzogen wurde. Jedenfalls hing damit ein Prozeß zusammen, der vor königlichen missi geführt, zugunsten von S. Ambrogio Entscheidung fand (Nr. 296, 880). Das Kloster Reichenau erhob nämlich Anspruch auf die 6 mansa als Zubehör seines Hofes Tremezzo. Das Gericht hielt die durch Zeugenverhör festgestellte Tatsache für ausschlaggebend, daß zur Zeit, als Lothar die Schenkung vollzog, die 6 mansa zum Hofe Limonta gehört hatten. Später sind sie von König Arnulf dem Kloster Reichenau zugesprochen und von Kaiser Lambert 896 (Nr. 370) an S. Ambrogio zurückgegeben worden.

Wegen des zweifelhaften Besitzrechts an den mansa (s. auch Nr. 241) mag die zugehörige familia ihre Pflichten etwas leicht genommen haben; wenigstens klagte 882 (Nr. 314) der Abt von S. Ambrogio auf Erfüllung der schuldigen Frondienste, Sammeln und Pressen der Oliven und Transport des Öls nach Mailand. Die Beklagten stellten nicht in Abrede, daß sie selbst, ihre Vorfahren und Genossen kaiserliche Aldien gewesen wären und als Aldiengeld (aldiaricia) jährlich einen Zins von Person und Habe entrichten müßten; aber vom Frondienst wollten sie nichts wissen. Das Urteil fiel zu ihren Ungunsten aus. Fünf freie Arimannen, wohnhaft zu Bellaggio, bezeugten unter Eid, daß der Anspruch des Klosters berechtigt sei. Die Frage, ob die Fronpflichtigen Aldien waren, wie sie selbst behaupteten, oder servi, Unfreie, wie der Abt sie nannte, ist nicht damals entschieden worden, sondern erst mehr als zwei Jahrzehnte später. 905 (Nr. 417) erhoben die „famuli“ des Hofes Limonta Klage über den Probst des Klosters, Pedelbert. Der zwinge sie zu ungewohnten Abgaben und Diensten, Kalk bereiten und Reben an einem entfernten Orte schneiden; er befiehlt ihnen sogar Korn zu dreschen und hat ihnen die Haare abscheren lassen, „wie ihr hier sehen könnt“. Der Abt erwiderte: „Die Kaiser Lothar und Karl haben euch, so wie ihr ihnen gehörtet, dem Kloster des heiligen Ambrosius geschenkt. Ihr waret Knechte des Kaisers und seid jetzt Knechte des Klosters. Was wir befehlen, müßt ihr tun.“ Die Kläger beriefen sich darauf, daß sie nur zu festen Abgaben und Diensten verpflichtet gewesen wären, und sind mit diesem Anspruch durchgedrungen. Das Urteil besagte, der Abt solle sich mit den herkömmlichen Leistungen begnügen. Freilich haben die Kläger diesmal ausdrücklich anerkannt, daß sie servi seien. Die Tatsache wurde speziell durch Urteil von Königsboten bekräftigt (Nr. 416), ist aber nochmals in Zweifel gezogen worden. Nach einer undatiert und unvollständig überlieferten Urkunde (Nr. 427, etwa 906/11) klagte der Abt vor dem Königsgericht, das in der Pfalz zu Pavia in der großen Halle des Theodorich tagte, gegen seine Leute von Limonta, die sich dem Dienst des Klosters entziehen wollten, indem sie behaupteten Aldien zu sein, da sie doch servi wären. Der Urteilspruch, der nicht vorliegt, hat jedenfalls die Herabdrückung der Aldien zu Unfreien besiegelt; aber ihre Leistungen konnten nicht ohne ihre Zustimmung erhöht werden. 957 (Nr. 625) gestanden die famuli des Hofes Limonta dem Abt auf seine Bitte hin, wie schon mehrmals zuvor, eine Abgabe vom Ertrage der Weinlese zu mit dem ausdrücklichen Vorbehalt, daß daraus kein gewohnheitsrechtlicher Anspruch erwachsen solle. Die Standesminderung übte also auf die wirtschaftliche Lage der Betroffenen keinen Einfluß aus. Es muß ihnen vielmehr ganz ungemein zugute gekommen sein, daß die gleichbleibende Last sich auf eine stets wachsende Anzahl von Köpfen verteilte.

In dem Prozeß 882 (Nr. 314) wurden als pflichtig zum Frondienst in den Olivenpflanzungen 45 namentlich aufgeführte Männer der Orte Cevenna, Cantoligo, Salvaniaco und Madronino nebst ihren Verwandten, Nachbarn und Konsorten belangt; an den vier Orten sowie in Villa und Ucto lag, wie eine Bestätigungsurkunde Ottos I. (Nr. 596, 951) für das Kloster ausdrücklich bezeugt, je einer der 6 mansa. Der mansus in Ucto war nach der Urkunde von 879 (Nr. 291) mit mehreren Inhabern besetzt (Ursebert, Johannes und den Söhnen des Aribert); aber auch wenn das gleiche bei den anderen mansa der Fall war, können doch nicht die 882 genannten 45 Familienhäupter auf ihnen Platz gefunden haben. Dazu war der Nahrungsspielraum zu gering, den die (italienischen) Hufen boten, und es können auch die 835 genannten 5 Ehepaare nicht wohl binnen kaum $1^1/_2$ Generationen sich so stark vermehrt haben. Es ist demnach wahrscheinlich, daß ein agrarhistorisch bedeutsamer Vorgang, der am Nordfuß der Alpen erst im 13. Jahrhundert sich zu vollziehen begann, in Oberitalien schon im 9. Jahrhundert einsetzte, nämlich die Hufenzersplitterung. Die dienenden Güter des Fronhofs wurden von den Hintersassen des Grundherrn geteilt. Den ein für allemal feststehenden Gesamtbetrag der Abgaben haben die Inhaber der Parzellen (consortes) ihren Anteilen entsprechend aufgebracht; ebenso mußten sie die persönlichen Lasten, die gleichfalls fixierten Fronden, auf sich nehmen. 957 (Nr. 625) wird es als Pflicht sämtlicher Bewohner von Madronino, Salvaniaco, Cantoligo, Cevenna und Limonta bezeichnet, die Oliven zu sammeln, zu pressen und das Öl nach dem Kloster zu schaffen. Sie waren also sämtlich von Geburt oder, weil sie ein Stück von dem Zubehör der mansa innehielten, nach eingetretener Verjährung Aldien oder Unfreie von S. Ambrogio. Nun können, wie bemerkt, die Hufensplitter nicht zum Unterhalt ihrer Inhaber ausgereicht haben; es darf schon deswegen für wahrscheinlich gelten, daß die Aldien oder servi nebenher anderen Grundbesitz hatten. Den direkten Nachweis liefert eine Urkunde von 884 (Nr. 325), nach der Lupus von Madronino dem Leonasi von Cantoligo ein Stück Feld und einen Wiesenfleck „in fundo in munte Lemunti vico" zu Eigentum verkaufte. Käufer und Verkäufer sind 882 unter den Aldien oder servi von S. Ambrogio aufgeführt.

Im 9. Jahrhundert begannen Grundherrschaft und Leibherrschaft auseinanderzugehen. Letztere dehnte sich scheinbar aus durch Hineinziehung Außenstehender in persönliche Abhängigkeit und durch Herabdrückung der Aldien zu Unfreien; erstere verlor an realer Bedeutung, weil der Grundherr die Lasten der Aldien nicht erhöhen durfte und also den Ertrag seiner Güter nicht steigern konnte. Diese Schwäche der Grundherrschaft, der für die spätere agrarische Entwicklung Deutschlands eine übertriebene Bedeutung beigemessen worden ist, steht für Italien mit absoluter Sicherheit fest. Der Grundsatz, daß die Lasten gleich bleiben müssen, den die Urkunden von Limonta bezeugen, entspricht dem römischen Kolonenrecht wie dem langobardischen Aldienrecht.

Was in der späteren Kaiserzeit bei rückgängiger Bevölkerungszahl und Minderung der Erträge dem Grundherrn Vorteil brachte, in dessen Interesse die Fesselung der Kolonen an die Scholle erfolgt war, kam den niederen Klassen zugute, als die Volksmenge anwuchs und der Bodenbau intensiver wurde, wie das für Oberitalien in den dort verhältnismäßig friedlichen Zeiten des 9. Jahrhunderts vorauszusetzen ist. Wollte ein Grundherr, von „Gewinnstreben" beseelt, das auch den Menschen eines agrarischen Zeitalters nicht ganz fern lag, den Ertrag seiner Güter vermehren, so war es ratsam, wenn ihm nicht genügend Unfreie zu Gebote standen, mit freien Zeitpächtern zu wirtschaften, deren Pacht sich steigern ließ, statt mit Aldien, die jedem Neuerungsversuch den zähesten Widerstand entgegensetzten. Die freie Zeitpacht (libellario nomine) ist in

Italien allerdings nicht erst im 9. Jahrhundert aufgekommen. Hartmann, in seinen Studien „zur Wirtschaftsgeschichte Italiens im frühen Mittelalter“,[1] läßt sie unmittelbar nach der langobardischen Eroberung üblich werden, als ob sie nicht stets bestanden haben könnte und nur die besondere Ausgestaltung durch die Zeitverhältnisse bedingt wäre. Um zwei prinzipiell wichtige Momente handelt es sich dabei. Der Pächter steht in keiner persönlichen Abhängigkeit vom Grundherrn; er ist, wie das die Urkunden betonen, ein freier Mann, der nur vertragsmäßig gewisse Lasten, Abgaben und Fronden, auf sich nimmt, und ferner: damit er nicht in Gefahr gerät, durch dauernden Wohnsitz auf fremdem Boden seine Freiheit einzubüßen, werden die Pachtverträge nur auf Zeit geschlossen, höchstens auf 29 Jahre; mit 30 Jahren würde Verjährung eintreten und der Pächter nach römischem Recht als Kolone an die Scholle gefesselt sein. Zu der in Deutschland üblichen freien Landleihe, der Prekarie, läßt sich das Libell nicht ohne weiteres in Parallele stellen. Es wurden gerade auch die dienenden Hufen der Fronhöfe zu Libell ausgetan,[2] nicht nur Außenländereien oder gar tradierte Güter, die der Tradent zurückempfing. Innerhalb des engeren Verbandes der Grundherrschaft nahmen die freien Leute keinen geringen Raum ein. Für das Kloster Bobbio, dessen Urbare aus dem 9. Jahrhundert Hartmann untersucht hat, berechnet er[3] etwa 350 (persönlich gebundene) massarii auf 300 libellarii. In dem jüngeren Urbar des Klosters S. Giulia zu Brescia (Nr. 419) treten die libellarii zurück, aber auch Aldien werden nur vereinzelt erwähnt, meist heißen die Inhaber der dienenden Güter manentes.[4]

Es kann übrigens zweifelhaft sein, ob in der Lombardei häufig eine Auflösung des Aldionatverhältnisses stattgefunden habe in der Weise, daß der Herr seine Aldien freiließ, wodurch sie des Anspruchs auf Gleichbleiben der Lasten verlustig gingen, wie das im 13. und 14. Jahrhundert den Laten Niedersachsens widerfuhr.[5] Im byzantinischen Italien, in der Romagna, war schon um 700 das

---

[1] Gotha 1904, s. S. 54ff.

[2] S. Hartmann l. c. Es wird wohl auch für die italienischen Formen der Landleihe sehr wesentlich in Betracht kommen, ob der Grundherr dem Hintersassen die Betriebsmittel (Hofwehr) lieferte oder dieser sie mitbrachte, vgl. meinen Aufsatz „Zur Urbarforschung“, Hist. Vierteljahrsch. 1906, S. 169.

[3] a. a. O., S. 61.

[4] Ibid., S. 62.

[5] Wittich, Die Grundherrschaft in Nordwestdeutschland, Leipzig 1896, S. 324ff.

römische Kolonat ziemlich verschwunden;[1] es ist also dort unmittelbar nach der Völkerwanderung eine Art Bauernbefreiung eingetreten. Beim langobardischen Aldionat dagegen fiel der Schwerpunkt auf den persönlichen Charakter des Abhängigkeitsverhältnisses. Der Aldie war nicht notwendig Hintersasse seines Herrn, sondern konnte Eigengut erwerben und auch eine Libellpacht von einem fremden Herrn übernehmen; er blieb dann immer noch dem eigenen Herrn zu Kopfzins und Diensten pflichtig. Es ist also begreiflich, wenn die Leibherrn auf Anerkennung ihrer Rechte Wert legten. 844 (Nr. 156) bekannten die Brüder Agnellus und Florencius, Söhne des verstorbenen Lupo von Cadempino (bei Lugano), daß Toto von Campione, der ihr Herr war, sie, ihre Eltern und sein übriges Gesinde dem Kloster S. Ambrogio vermacht habe; deswegen sind sie Aldien des Klosters, stehen unter dessen Schutzgewalt und müssen ihm Dienst und Gehorsam leisten wie die anderen Aldien. Ein Gehöft und Ländereien im vicus Cadolo gelegen, die Zubehör der cella S. Zeno in Campione waren, hat 854 (Nr. 186) deren Propst, der Mönch Sisebert, an Laurencius in Erneuerung eines früheren Libells auf 25 Jahre verpachtet gegen Abgaben in Naturalien und Geld; von einem Weinberg, den der Pächter zu pflanzen hat, soll er jährlich die Hälfte des Ertrages abliefern.

Die weitere Entwicklung der Hofverfassung verdient für Italien gewiß ebensoviel Beachtung wie für Deutschand, nur daß dabei auf einen mehr theoretischen Gesichtspunkt kein besonderes Gewicht zu legen ist. Hartmann[2] stellt die Wirtschaft des Klosters Bobbio im 9. Jahrhundert gleichsam als Musterbeispiel für die sich selbst genügende Naturalwirtschaft hin, indem er darlegt, wie der Kreislauf der Güter sich innerhalb eines geschlossenen Wirtschafsorganismus vollzog, der nichts oder sehr wenig nach außen abgab und von außen empfing, so daß keine dauernde gegenseitige Verwicklung mit anderen Wirtschaftsbetrieben stattfand. Diese Auffassungsweise mag für den speziellen Fall ihre Berechtigung haben; nur ist denn doch zu erwägen, daß es sich um eine recht große Grundherrschaft handelte, und noch dazu eine geistliche, die dem kommunistischen Grundprinzip und den speziellen Erfordernissen des Klosterlebens Rechnung tragen mußte. Nicht auf die Selbstgenügsamkeit kommt es an, sondern auf die unmittelbare Bedarfsdeckung. Die Eingänge in Naturalien dienten zum Unterhalt der Mönche; war es doch viel

[1] Hartmann l. c., S. 55.
[2] a. a. O., S. 72f.

einfacher, den Hintersassen Lieferung von Getreide, Fleisch, Wein, Geweben u. dergl. m. aufzuerlegen, als sich von ihnen Geld zahlen zu lassen und dafür die gleichen Bedarfsartikel auf dem Markt zu kaufen. Standen dem Grundherrn andere Bedürfnisse voran, als die Sorge für den Unterhalt zahlreicher Klosterinsassen, so lag ihm an der Autarkie der Wirtschaft viel weniger. Bei den Höfen Limonta sowohl als Campione nahmen die Stelle des Sallands hauptsächlich Olivenpflanzungen ein, zu deren Pflege die Aldien verwandt wurden. Den Ertrag an Öl hat Toto gewiß nicht aufgebraucht, sondern verkauft, um Einnahmen in bar zu erlangen; schon sein Vater hatte Geld zum Ausleihen verfügbar, und die Olivenkultur muß ganz einträglich gewesen sein, da die Arbeitskräfte nichts kosteten. Geschlossenheit der Wirtschaft trat erst ein, als die Höfe an den geistlichen Grundherrn übergingen. Den Hof Limonta hat Kaiser Lothar verschenkt, damit dessen Ertrag an Öl zur Beleuchtung der Kirche S. Ambrogio diene, wo Ugo, der Bruder seiner Gemahlin Irmingard, begraben lag; deshalb sind auch die sechs zum Hofe gehörigen mansa, als für diesen Zweck überflüssig, von der Schenkung ausgeschlossen worden. Ebenso setzte Toto für das Öl von den herrschaftlichen Olivenpflanzungen zu Campione eine ganz spezielle Verwendung fest: Der künftige Propst der cella solle 20 Pfund für die Beleuchtung der Kirche S. Ambrogio abgeben, 10 Pfund an die Kirche S. Nazarius in Mailand, ebensoviel an die Kirchen S. Viktor und S. Laurentius; 200 Pfund erhält das Bethaus S. Zeno in Campione zur Beleuchtung.

Es vollzog sich also der Güterkreislauf im gleichen Wirtschaftsorganismus, innerhalb der Besitzsphäre des Klosters S. Ambrogio. Zwischen der Produktion und dem Konsum des Öls spielte das Geld nirgends eine vermittelnde Rolle, selbst den Transport nach Mailand besorgten pflichtige Aldien, aber das alles nur auf Grund der Stiftung des Toto, dessen eigene Wirtschaft mit anderen in dauernden Wechselbeziehungen gestanden hatte, weil er offenbar das Öl zu verkaufen pflegte. Es ist kaum denkbar, daß er die 250 Pfund zur Beleuchtung seines eigenen Hauses verbrauchte. Eine Gegenüberstellung von älterer Natural- und jüngerer Geldwirtschaft darf demnach — unbeschadet der relativen Berechtigung eines solchen Verfahrens — füglich unterbleiben. Der normale Verlauf der Entwicklung hat niemals und nirgends sich den Antinomien systematischer Begriffsbildungen anbequemt. Ohnehin wird ja kaum behauptet, daß Italien jemals in reine Naturalwirtschaft zurückgefallen sei, und kaum bestritten, daß es sehr früh wieder zur Geldwirtschaft emporstieg, wenn auch nicht vollständig; noch heute entrichten die Teilbauer ganz allgemein ihre Pacht in Naturalien. So wird auf die Umwandlung von Natural- in Geldabgaben, die sich gelegentlich beobachten läßt, kein entscheidendes Gewicht zu legen sein. Das wesentlichste Moment für die Auflösung der Hofverfassung, der Rückgang des grundherrlichen Eigenbaues, ist in Italien jedenfalls früher zur Geltung gekommen als in Deutschland, aber doch kaum vor dem 11. Jahrhundert, nachdem bereits längst ihre alten Grundlagen durch das Auseinandergehen von Grund- und Leibherrschaft erschüttert waren. Um so größere Bedeutung gewann in Italien wie in Deutschland die Gerichtsherrschaft.

Im Rahmen der alten Hofverfassung hatte die Gerichtsbarkeit der Grundherrn auf ihren leibherrlichen Rechten über Unfreie und Halbfreie beruht. Aus der Schutzgewalt ergab sich die Vertretung vor dem öffentlichen Gericht und die Schlichtung von Streitigkeiten unter den im mundium befindlichen Leuten durch den Herrn. Die Immunität in ihrer üblichen fränkischen Form sicherte die private Gerichtsbarkeit[1] gegen Eingriffe der Staatsbeamten; aber auch die libellarii, als Freie auf grundherrlichem Boden, wurden in die Immunität einbezogen. Zugleich kamen nutzbare Hoheitsrechte (Regalien) an den Immunitätsherrn, indem nach der üblichen Formel an ihn alle Einkünfte fallen sollten, die von dem immunen Boden und den darauf sitzenden Leuten dem Fiskus zustanden. Die förmliche Verleihung öffentlich-rechtlicher Befugnisse an Immunitätsherrn, die in Italien gegen Ende der Karolingerzeit begann, ließ vollends den privaten Charakter der leibherrlichen Gerichtsbarkeit zurücktreten. Dabei gingen nun auch Grund- und Gerichtsherrschaft weit auseinander. Als die deutschen Könige ihre Macht in Oberitalien auf die Bischöfe zu stützen suchten, verliehen sie ihnen mit freigebiger Hand Gerichtsbarkeit und Regalien in der Stadt, in deren Umkreis, und ganze Grafschaften. Die Stadtherrschaft der Bischöfe, auf der Übertragung obrigkeitlicher Gewalt beruhend, hatte mit der Grundherrschaft rein gar nichts zu tun und stellt insofern keine Erweiterung der Immunität dar, obgleich sich nicht verkennen läßt, daß die ent-

[1] Der Prozeß gegen die Leute von Limonta 882 (Nr. 314) kam vor das grundherrliche (Immunitäts-)Gericht (Vorsitzende waren ein vicedominus der Kirche Mailand und der Abt von S. Ambrogio), ebenso ihre Klage 905 (Nr. 417). Der Erzbischof von Mailand, der hier den Vorsitz führte, fungierte dabei nicht als königlicher missus wie gleichzeitig in Nr. 416, sondern als Oberherr des bischöflichen Klosters. Die Kirchenvögte haben in Oberitalien jurisdiktionelle Befugnisse nicht erlangt.

wicklungsfähigen Elemente mit dem Ausschluß der Staatsbeamten von dem gefreiten Boden des Grundherrn gegeben waren.

Gegen die Ausübung weltlicher Gewalt durch die Geistlichkeit erhob sich zu Anfang des 11. Jahrhunderts in der Lombardei eine heftige Opposition, als deren Führer der Gegenkönig Arduin auftrat. Mehr als der von ihm bekämpfte Heinrich II. war Konrad II. geneigt, einer Richtung Konzessionen zu machen, die seiner eigenen Denkweise entsprach. Schließlich erhoben sich aus den Wirren des Investiturstreites die Kommunen, Vereinigungen der Stadtbürger zur Ausübung der wesentlichsten Regierungsrechte, vor allem der Gerichtsbarkeit, durch selbstgewählte Obrigkeiten. Über die ländlichen Zustände in dem neuen Zeitalter, das damit anbrach, gibt recht bemerkenswerte Aufschlüsse der von Vignati edierte Codice diplomatico Laudense.[1]

III. **Höfe des Bischofs von Lodi.** Lodi, Laus Pompeia im Altertum, war eine richtige civitas, Sitz eines Bischofs und eines fränkischen Grafen, und demnach gleichsam vorherbestimmter Mittelpunkt eines Stadtstaates von lombardischem Gepräge. Die Grafschaft Lodi, lang hingestreckt zwischen Adda und Lambro, bot die natürliche Grundlage für das Stadtgebiet; jedoch erlitt die Entwicklung schwere Störungen durch die Übermacht des benachbarten Mailand und schlug erst reguläre Bahnen ein, als Friedrich I. auf seinem zweiten Römerzuge 1158 die von den Mailändern zerstörte Stadt an neuer Stätte wieder hatte aufbauen lassen. Von den Schicksalen der Stadt wurden der Bischof und das Gut seiner Kirche mit betroffen. Besonders reich ist das Bistum Lodi niemals gewesen. Als Friedrich I. 1164 (II, 14) dessen Besitzungen bestätigte, verlieh er ihm zugleich die Regalien nach Maßgabe der ronkalischen Beschlüsse an den Orten, wo 9 bischöfliche Höfe lagen. Über diese Höfe geben die Urkunden mancherlei Aufschluß.

Für S. Martino in Strada, einen Hof mit Kastell und Dorf, hat bald nach 1164 der Bischof ein Urbar (II, 40) anfertigen lassen, das seine Besitzungen und Einkünfte verzeichnete. Aufgeführt sind zusammen 12 masi; die wirkliche Anzahl muß größer gewesen sein, läßt sich aber wegen einer Lücke im Text nicht genau feststellen. Außerdem sind 101 Joch (iugera) Land und 44 pertice in 12 Abschnitten von 18, 14, 8, 3 Joch usw. aufgeführt und 17 sedimina (Hofstätten). Die Belastung ist gleichmäßig verteilt; von jedem Joch

[1] Bd. 1—3, in Bibliotheca historica Italica Bd. 2—4, Mailand 1879 ff. Die folgenden Zitate im Text beziehen sich auf Band und Nr.

Landes werden 2 denarii veteres als Grundzins entrichtet, in einigen Fällen auch 3 Denare. Für zwei einzelne masi werden je 24 Denare gegeben, wonach der masus auf 12 Joch zu berechnen ist. Überdies leisten jeder masus und die Parzellen in entsprechendem Verhältnis 1 tractus (Zugfronde?) und 2 cove (Garben?); die sedimina entrichten einen Geldzins von 5—10 alten Denaren und je 2 Hühner oder Kapaunen. Die einheitliche Regelung der Lasten braucht nicht gerade alt zu sein, sondern stand vielleicht mit Finanzoperationen in Zusammenhang. 1142 (I, 108) hat der Bischof von Lodi an Ubertus de Casetti die Nutzung fast aller Besitzungen des Bistums auf 8 Jahre für 300 Pfund neuer Mailänder Münze überlassen. Ein solcher Großpächter wird mit Abgaben hofrechtlichen Charakters wenig haben anfangen können. Wichtiger ist aber noch ein anderer Umstand: Die als Inhaber der masi und Äcker aufgeführten Persönlichkeiten sind nicht Bauern. Ubertus de Casetti selbst hatte 18 Joch, gelegen in braila (wohl altes Salland); 10 Joch besaßen Bennus und Albertus, Grafen von Casino; 6 Joch hatte Bellotus aus der Stadt Mailand. Calvus de Trexeno mit 14 Joch gehört wohl zu den Capitanei von Trexeno. Ein masus ist für die Kirche S. Gregor zu Vighizzolo angekauft worden. Bezo von Bagnolo, der 1 masus und 7 Joch inne hatte, ist 1169 (II, 42), vermutlich als bischöflicher Vasall, Zeuge bei einem Vertrage des Bischofs mit den Herren von Trexeno. Anselmus Gagamusto und Anselmus Sufflintinus, Inhaber von je 2 masi, gehören wahrscheinlich zu später nachweisbaren Bürgerfamilien von Lodi. 1226 (II, 280) bekannte Petrus Soflintinus von den Herren von Merlino Ländereien im Gebiete von Ossago und S. Martino in Strada zu Lehen zu halten und empfing die Investitur wie sein Vater und Großvater. Albericus und Anselmus de Lanzane, die 3 masi und mehr inne hatten, hängen wohl mit Lanzarinus de Lanzano zusammen, der nach Urkunde von 1251 (III, 341) gemeinsam mit denen von Trebiano die Zehnten von S. Martino und der umliegenden Orte von den Capitanei von Melegnano zu Lehen zu halten pflegte. Es scheint also, daß im Urbar nur die Personen höheren Standes aufgeführt sind, die unmittelbar an den Bischof den verhältnismäßig geringen Grundzins gaben, während sie selbst durch Verpachtung an Bauern erheblich höheren Nutzen aus dem Lande zogen. Auch dabei mag es nicht dauernd geblieben sein; 1290 (III, 412) verpachtete der Bischof unmittelbar an Zaninus Ferrarius auf 29 Jahre 5 Joch Land im Gebiet von S. Martino in Strada gegen einen Jahreszins von 7 sestaria, 1 mina Weizen und ebensoviel Hirse. Jedenfalls war um die Mitte des 12. Jahrhunderts die alte Hofverfassung gänzlich aufgelöst. Das Eigentum am Boden, Rechtsgrund des Bodenzinses, hatte gar nichts zu tun mit der Leibherrschaft, von der hier allerdings keine Spur mehr zu finden ist. Um so bedeutsamer war die Gerichtsherrschaft geworden; nur daß sie ihren privaten Charakter völlig eingebüßt hatte und schlechthin auf öffentlich-rechtliche Basis sich gründete.

Dem Bischof gehörte keineswegs aller Boden in S. Martino, ein Verkauf von Landparzellen zu Eigentum durch Bürger von Lodi ist für 1115 (I, 65) nachweisbar; aber die Gerichtsbarkeit stand ihm in einem geschlossenen Bezirke zu. Die Regalienverleihung von 1164 (II, 14) begriff jedwede Jurisdiktion, hohe und niedere, in sich, dazu sämtliche nutzbaren Hoheitsrechte, die armane (Arimannien, Abgaben der freien Leute, Königszins), das fodrum (die der deutschen Bede, französischen taille, entsprechende Steuer), Zölle von Markt und Straßen, Recht auf Herberge, Mühlen, Wasserleitungen, Teiche, Fischerei, Jagd und alles, was sich nicht in Privateigentum befand, Ufer, Felsen, Weiden, Wiesen, Wälder, Sandflächen im Inundationsgebiet der Flüsse (glaree), endlich auch erblose Hinterlassenschaften; vorbehalten sind nur das kaiserliche fodrum (bei Römerzügen) und die kaiserliche Gerichtsbarkeit. In der Regalienverleihung lag die Umformung der Grundherrschaft zu einem geschlossenen Herrschaftsbezirk. Nicht als ob damit etwas Neues ins Leben getreten wäre; stellen doch überhaupt die Regalien, wie sie auf dem ronkalischen Reichstage präzisiert wurden, keinen neuen Begriff dar. Indem der Kaiser den Inhalt seiner Hoheitsrechte ermitteln ließ, wollte er eine anerkannte Grundlage für die Neuordnung ihrer Ausübung schaffen. Dabei suchte er denn durchaus nicht, abgestorbene Einrichtungen wieder ins Leben zu rufen. Im alten Lodi hatte der Bischof die Zölle und sämtliche früher zur Grafschaft gehörigen öffentlichen Gefälle aus der Stadt und einem Umkreis von 7 Millien besessen nebst missatischer Gerichtsbarkeit über die Stadtbewohner (I, 18, 17);[1] davon konnte in Neu-Lodi nicht mehr die Rede sein.

Nur wo Regalien noch wirklich ausgeübt wurden, bestätigte sie der Kaiser, und das war zwar nicht mehr in der Stadt, wohl aber auf dem Lande der Fall. Fodrum hat der Bischof 1155/56, also vor der (Neu-)Verleihung, zu S. Martino in Strada eingezogen. Drei Bewohner des Ortes, Tedaldus de Bergamo, Johannes de Strata und Manzo, zahlten, die ersteren je 6, letzterer 12 alte Mailänder Denare (I, 157, 158, 159). Die Tatsache wurde eigener Beurkundung für

[1] S. auch Mon. Germ., Diplomata, Bd. 2, T. 1, Nr. 120 u. 256.

wert erachtet, offenbar nur deswegen, weil die Pflicht der drei Leute zur Entrichtung des fodrum zweifelhaft sein konnte. Tedaldus de Bergamo und Manzo erscheinen im Urbar als Inhaber je eines sedimen; ein Johannes nahm 1147 (I, 121) von Ubertus de Caseti ein Stück Ackerland im fundus S. Martino in Erbpacht. Die drei Steuerzahler waren an dem Orte ansässig, aber schwerlich aus ihm gebürtig; sie unterstanden nicht der leibherrlichen Gewalt des Bischofs, sondern seiner Gerichtsbarkeit, als deren Folgewirkung das Recht auf Steuerforderung zu betrachten ist.

Speziellere Nachrichten über die Herrschaftsrechte liegen aus anderen Höfen des Bistums vor. Für Cavenago hat dem Bischof der Gegenkönig Arduin ein wertvolles Regal verliehen (I, 27), nämlich alle fiskalischen Einkünfte vom Gold, das in dem ganzen Umkreis der Kastelle Cavenago und Galgagnano gefunden würde. 1172 (II, 54) schloß eine Gesellschaft von Goldsuchern einen Vertrag über Ausbeutung des dem Bischof zuständigen goldhaltigen Sandes am Ufer der Adda. Im Kastell Cavenago hielt 1044 (I, 34) ein Königsbote Gericht mit Erlaubnis des Bischofs, die offenbar wegen der Immunität nötig war. 1152 (I, 146) gab der Bischof dem Amizo Saccus zu Lehen: den ganzen Gerichtszwang, Kastellaneirecht, Pfändungsrecht, bischicium (?), fodrum und Beherbergungsrecht, das er auf 5 dem Amizo gehörigen sedimina und allem Lande desselben im Ort und fundus Cavenago hatte. Eine Hofstätte lag im Kastell, eine zweite im Dorf, zwei andere ebendort an der Adda, die fünfte am Wege nach Turano. Die Leute, welche die 5 Hofstätten inne hielten, also die Hintersassen des Amizo, die dessen Land bebauen, sind frei von Abgaben und Leistungen an den Bischof, außer von gewissen Arbeiten für das Kastell, dürfen jedoch wie die anderen villani (Bauern) des Ortes die Almend (communantie) benutzen. Es handelt sich also um die Exemtion der Hintersassen eines Grundherrn von der Gewalt desjenigen Grundherrn, der die Gerichtsbarkeit und andere Hoheitsrechte im Ortsbezirk besaß.

Die Almend von Cavenago stand dem Bischof zu. Wer sie benutzte, mußte ihm eine Abgabe entrichten. 1156 (I, 165) kam folgender Streitfall vor die Konsuln von Mailand: Vertreter des Bischofs verlangten, daß 4 Bewohner von Cavenago jährlich je 4 Denare zahlen sollten, wenn sie Rinder halten, sonst 2 Denare; denn sie wohnen am Ort, über den der Bischof den districtus hat, und benutzen Wald, Weide und andere communancie des Orts, die des Bischofs sind; es sei Ortsbrauch, daß alle Leute, die am Orte wohnen, Bauern, Vasallen und Bürger, außer den Vasallen des Bischofs, jährlich diesen Betrag entrichten. Die Beklagten weigerten sich zu zahlen; sie haben es bisher nicht getan, einer von ihnen ist valvassor, die anderen sind Bürger von Lodi; wenn der Ortsbrauch wirklich bestände, wollten sie die Almend künftig nicht benutzen. Als Zeuge wird der Gastalde des Bischofs vernommen, der bestätigt, daß Rechtsgrund für Erhebung der Abgabe die Nutzung der Almend ist; ein anderer Zeuge, der minister des Bischofs war, sagte ebenso aus. Darauf erging das Urteil: Falls die Beklagten künftig die Wälder und Weiden des Bischofs benutzen, sollen sie, wenn sie Rinder haben, 4 den. zahlen, sonst 2 den., „und so war die Sache zu Ende". Länger dauerten Prozesse, die der Bischof in den achtziger Jahren des 12. Jahrhunderts gegen Ribaldus Incelsus zu führen hatte, einen Bewohner von Cavenago, der auf Land der de Overgnaga von Lodi saß und offenbar sich weigerte, die Abgaben zu zahlen. 1180 (II, 88) wurden deswegen viele Zeugen über die Herrschaftsrechte des Bischofs verhört. Die Abgabe von der Almend erscheint hier wieder, die Fischerei, Kastellaneirechte, Wassergeld vom Linnen, fodrum, Herberge. Der teilweise dem Bischof ungünstige Spruch des Richters in Lodi, des Assessor des Podesta, wurde von einem als Appellationsinstanz fungierenden Rektor des Lombardenbundes kassiert und der Beklagte verurteilt, die Abgaben zu entrichten; auch soll er nicht mehr Rinder oder Schafe halten, als er für seine Wirtschaft braucht nach Maßgabe der Größe seiner Ländereien. Wegen des Weiderechts kam es noch zweimal zum Prozeß. 1185 (II, 114) klagte der Bischof vor den Konsuln von Lodi gegen Ribaldus Incelsus auf 12 Denare rückständigen Zins für Nutzung der Almend. Der Beklagte, der inzwischen nach Lodi gezogen war und sein Vieh durch einen Hirten besorgen ließ, berief sich auf seine Eigenschaft als Bürger von Lodi, wurde jedoch verurteilt. 1187 (II, 131) verlangte der Bischof, Ribaldus solle in Hof und Gebiet Cavenago nur nach Maßgabe seines Landbesitzes Vieh halten, entsprechend früheren Entscheidungen der Konsuln von Lodi, daß, wer einen Meierhof (massaritius) im Hofe eines anderen Herrn hat, nicht mehr als eine Herde von 30 Stück halten darf. Ribaldus erwiderte, daß die Leute des Orts Cavenago lange Zeit so viel Vieh gehalten hätten als ihnen beliebte, und daher habe er das Recht ersessen; er dürfe die Weide selbst gegen den Willen des Bischofs gebrauchen, wenn er nur die 4 Denare zahle. Indessen wurde den Zeugen, die er beibrachte, von den Richtern, den Konsuln von Lodi, kein Glauben geschenkt; das Urteil fiel zu seinen Ungunsten aus, und es wurde erklärt: ein massaritius, der Berechtigung zum Halten von 30 Stück Vieh gibt, ist gleich 15 Joch. Auch ein zweiter Streitfall wurde zu Ungunsten des Ribaldus entschieden in Anerkennung des Grundsatzes, daß die im Gebiet von Cavenago angeschwemmten Flußinseln dem Bischof gehören. Später bemühte sich, wie es scheint, die Kirchengutsverwaltung um bessere Verwertung der Weide durch Verpachtung an Bergamasken, die dorthin 18 Herden Schafe zu je 30 Stück bringen wollten (II, 318).

Offenbar beruhte der Anspruch des Bischofs auf das unbebaute Land im Gerichtsbezirk Cavenago nicht auf wirklichem Eigentum am Boden. Die Almend war keine grundherrliche, als Zubehör des Hofes, sondern das Recht, über die Nutzungen zu verfügen und den übrigens sehr geringfügigen Weidezins zu beziehen, stammte aus der Regalienverleihung, wobei jedoch wiederum hervortritt, daß Friedrich I. nur bestätigte, was seit alters in Geltung war. Die Banngrundherrschaft schreibt sich von öffentlich-rechtlichen Befugnissen her. Es waren ihr, wie den übrigen Hoheitsrechten des Regalieninhabers, sämtliche Ortsbewohner unterworfen, ob sie nun auf seinem Boden oder auf dem eines anderen Grundherrn saßen. Gleiche Pflichten verbinden die Menschen; die Dorfgemeinden sind in Oberitalien nicht viel später als die Stadtgemeinden entstanden, und den hochtrabenden Konsultitel haben die Vorsteher von beiden angenommen. Konsuln von Cavenago, 4 an Zahl, sind zufällig erst 1192 (II, 164) nachweisbar. Sie pachteten damals namens der Kommune vom Bischof Weide- und Rodland, das bisher die Leute von Basiasco innehielten. Die Kommune Basiasco, durch 3 Konsuln vertreten, erhielt anderes Weideland. Autonomie, wie eine Stadtgemeinde, besaß die Kommune Cavenago nicht. 1220 (II, 247) wurde auf Verlangen des Bischofs ein Zeugenverhör veranstaltet über sein Recht, in Cavenago und Sommariva einen Podesta, Konsuln, Feldhüter, Schweinehirten zu setzen, Gericht zu halten, Pfänder zu nehmen, Bußen für Verbrechen zu fordern usw. Daß der Bischof die Gerichtsbarkeit und übrigen Hoheitsrechte besaß, war ganz wohl mit dem Bestehen einer Gemeindeverfassung vereinbar; eines schloß das andere nicht aus. Es kann aber auch nicht bezweifelt werden, daß der Podesta oder die Konsuln des Orts, in Cavenago wie anderwärts in der Lombardei, richterliche Funktionen erfüllten. Die Gerichtshoheit des Regalinhabers hatte nicht notwendig zur Folge, daß er alle Jurisdiktion selbst oder durch einen Vertreter ausübte, er konnte sie auch ganz oder teilweise einer Gemeindebehörde überlassen; nur so viel steht fest: In dem Gerichtsbezirk des Regalinhabers durfte niemand Jurisdiktion üben, der nicht von ihm seine Berechtigung ableitete. Dem Kaiser allerdings, von dem das Regal sich herschrieb, stand es frei, Abänderungen in seinen Verfügungen zu treffen. Nach den Verleihungen, wie sie Friedrich I. vornahm, wäre Oberitalien in viele kleine Herrschaftsgebiete zerfallen, in denen geistliche und weltliche Herren und Stadtgemeinden die Regalien besaßen. Dieser Zustand entsprach nicht einer machtvoll vorwärtsdrängenden Entwicklung, die schon längst eingesetzt hatte. Die Stadtgemeinden suchten den alten Komplex der civitas, Grafschaft oder Bistumsdiözese, und womöglich noch mehr von der umliegenden Landschaft, ihrer oberen Gerichtsbarkeit zu unterwerfen. Tatsächlich waren sie damit schon vor dem Eingreifen Friedrichs I. recht weit gekommen; definitiv erlangte Lodi gleich den anderen lombardischen Städten das erstrebte Ziel durch den Konstanzer Frieden 1183; speziell haben Otto IV. 1210 (II, 229) und Friedrich II. 1220 (II, 248) der Stadt die Regalien in ihrem Gebiet verliehen, wie sie von ihr seit alters geübt wurden, fodrum, Wälder, Weiden, Brücken, Gewässer, Mühlen, Anspruch auf Kriegsfolge, Stadtbefestigung und vor allem Gerichtsbarkeit in Kriminal- und Geldsachen. Die Rechte des Bischofs erlitten hierdurch keine Beeinträchtigung; um sie neuerdings feststellen zu lassen, ist eben das Zeugenverhör 1220 aufgenommen worden; aber der Bischof war gleichsam mediatisiert. Für seine Herrschaften im Stadtgebiet mußte er sich der Jurisdiktion der Stadtbehörden, Konsuln oder Podesta, unterwerfen; diese urteilten in Prozessen zwischen ihm und seinen Untertanen, und es konnte fraglich werden, ob die Ortskonsuln vom höheren Regalinhaber, gewissermaßen dem Landesherrn, oder dem untergeordneten Gerichtsherrn dependierten.

In den Höfen des Bischofs von Lodi scheint während des 13. Jahrhunderts alles beim alten geblieben zu sein, obgleich es ganz gewiß nicht an den allerwärts so häufigen Streitigkeiten zwischen den Ortsgemeinden und dem Regalinhaber fehlte. Zu 1242 (II, 330) wird erwähnt, daß der Bischof der Kommune Cavenago zugesagt habe, sie innerhalb 15 Jahren nicht vor Gericht zu ziehen. Mit Berufung darauf, und weil der Bischof exkommuniziert sei, weigerte sich ein Vertreter der Kommune, ihm vor den Konsuln von Lodi Rede zu stehen. Das 13. Jahrhundert war überhaupt in Italien den feudalen Gewalten nicht günstig. Von oben her beschränkt durch den Staat, von unten durch die Gemeinden, verloren sie immer mehr an Bedeutung, im Königreich Sizilien unter Friedrich II. wie in der Lombardei mit dem Aufkommen der popularen Bewegung, die von den niederen Schichten der städtischen Bevölkerung ausgehend, doch auch das Land nicht unberührt lassen konnte. Durch Zuwanderung aus den kleineren Orten verstärkt, standen die Popularen, die Nachkommen der alten Unfreien, Aldien oder Libellarier, städtische und ländliche, zu den altangesessenen Bürgern, den Vasallen und freien cives, in einem natürlichen Gegensatz, der allerdings nur noch sozialen Charakter trug. An die ursprünglichen Standesunterschiede erinnerte man sich kaum dunkel. Florenz hat durch einen Gesetzgebungsakt unter dem Einfluß popularer Strömungen die Leibeigenschaft in seinem Gebiet aufgehoben; aus der Lombardei ist meines Wissens etwas Ähnliches nicht bekannt, weil es überflüssig war. Die Herrschaftsrechte wurden ausschließlich von der Regalverleihung abgeleitet, also auf die Gerichtsbarkeit und die mit ihr verbundenen Hoheitsrechte zurückgeführt. Der Ursprung aus Leibherrschaft war vergessen; unterschiedslos leisteten die Ortsbewohner den Treueid an den Gerichtsherrn, wenn nämlich ein solcher vorhanden war. An vielen Orten dürfte das jedoch gar nicht der Fall gewesen sein. Wo die feudalen Zwischengewalten beseitigt wurden oder nicht hatten aufkommen können, standen die Dorfgemeinden unmittelbar unter der Landesherrschaft, das ist der Stadt und ihrer Obrigkeit.

Als nun in der zweiten Hälfte des 13. Jahrhunderts im Streit zwischen Adel und Volk, Ghibellinen und Guelfen, die Signoren in den Städten emporkamen, Volkskapitane, Kriegskapitane, Generalkapitane, oder wie sie sich sonst nannten, da trat auch auf dem Lande ein gewisser Umschwung ein. Die noch vorhandenen Feudalherrschaften boten den Stadttyrannen und denen, die es werden wollten, vortreffliche Objekte zur Erlangung einer obrigkeitlichen Gewalt, die nicht auf Übertragung durch das Volk beruhte, wie die Signorie dem Prinzip nach; denn auf den Signore ist die Regierungsgewalt übergegangen, die der Stadtgemeinde kraft der Regalienverleihung zustand und vorher in anderer Weise, durch jährlich wechselnde Konsuln, Podestas usw., ausgeübt wurde. Die Übertragung konnte nur durch die Berechtigten stattfinden, die zum Parlament versammelten Mitglieder der Kommune, und was das Volk gegeben hatte, konnte es wieder nehmen; der neue Signore war ebenso legitim wie der alte. Um eine vom Volkswillen unabhängige Gewalt zu erlangen, haben die Herren von Mailand, die de la Torre und besonders die Viskonti, sich vom König zu Reichsvikaren ernennen lassen. In kleinem Maßstab ließ sich etwas Ähnliches durch Erwerb einer Feudalherrschaft erreichen; darin lag gewissermaßen der ideelle Wert eines gegen Ende des 13. Jahrhunderts mehrfach zu beobachtenden Bestrebens von Parteiführern oder leitenden Geschlechtern des Stadtadels. Realen Nutzen brachte die Verwendung der Untertanen zur Bekämpfung der Gegner, und auf seinen Kastellen außerhalb der Stadt konnte schlimmstenfalls der gestürzte Signore sich gegen die siegreiche Innenpartei behaupten.

In Lodi spielte um die Wende des 13. und 14. Jahrhunderts eine große Rolle Antonius de Fissirago, ein Guelfe der Partei nach, der klügste Mann in der Lombardei, wie ihn Nikolaus von Butrinto[1] nennt, der ihn beim Römerzuge Heinrichs VII. kennen lernte. Recht schlau hat es Antonius auch angestellt, die Herrschaften des Bischofs von Lodi in seine Hand zu bringen. Nach einer Urkunde vom Jahre 1299 (III, 427) gab ihm der Bischof wegen Schulden seiner Kirche an der römischen Kurie unter anderem das Kastell Cavenago und Gebiet mit allen Ehren, Rechten und Gerichtsbarkeit auf $9^1/_2$ Jahre zu Libell gegen einmalige Barzahlung von 1805 Pfund statt des Pachtzinses und Stundung der Rückzahlung von 700 Goldflorenen. Im nächsten Jahre (III, 430) ernannte der Bischof den Pächter zu seinem Bevollmächtigten für Ausübung der Herrschaftsrechte in Cavenago und Rekuperation entfremdeter Güter der Kirche. 1309 (III, 447) wurde ein Tausch vorgenommen. Es ist da gesagt, daß Antonius die Höfe und Gebiete von Cavenago und Sommariva zu Libell vom Bischof auf 29 Jahre und Erneuerung innehabe gegen eine Jahrespacht von 40 Pfund; die Bestimmungen von 1299 müssen also inzwischen abgeändert worden sein. Die 40 Pfund tauschte nun Antonius gegen Grundbesitz ohne Herrschaftsrechte ein, der 60 Pfund Ertrag brachte, um mit den 40 Pfund ein von ihm begründetes Kloster auszustatten. An den Bischof brauchte er also gar nichts mehr zu zahlen, während ihm dessen Hoheitsrechte zustanden. So gingen Feudalherrschaften aus der Epoche der Kommunen in die der Signorien über.

IV. **Regalien jenseits und diesseits der Alpen.** Die Regalien, zu denen die Gerichtsbarkeit wegen der mit ihr verknüpften Einkünfte gerechnet wurde, stehen im Mittelpunkt der Verfassungsgeschichte des regnum Italicum — seit seiner Begründung durch die Langobarden. Ganz gewiß handelte es sich bei der Teilung zwischen Herzogen und König, die im Jahre 582[2] nach der Wahl

[1] Relatio de Heinrici VII. imperatoris itinere Italico, ed. Heyck, S. 19, vgl. auch Arch. stor. Lombardo, S. 3, Bd. 12 (1899), S. 273ff.

[2] Paulus Diaconus, hist. Langob. l. 3 c. 16.

des Authari vor sich ging, nicht nur um das Fiskalgut, sondern auch um die nutzbaren Hoheitsrechte, die zur Bestreitung der Kosten für die Staatsverwaltung dienen sollten. Den Grafen, die Karl der Große einsetzte, kann von Amtswegen außer der gräflichen Gerichtsbarkeit höchstens die Verwaltung der Einkünfte aus Regalien zugestanden haben, die übrigens sonst vielfach mit der des Königsgut verbunden war. Jedenfalls behielt der Graf von den Bezügen nur einen Teil und hatte das übrige abzuliefern. Den späteren Markgrafen waren Regalien verliehen. Dadurch unterscheiden sie sich von den einfachen Grafen, während eine höhere als die gräfliche Gerichtsbarkeit nicht ihnen zukam,[1] sondern den Königsboten, deren weitreichende Wirksamkeit, zumal im 11. Jahrhundert, viel mehr zur Auflösung der Grafschaftsverfassung beigetragen hat als die Immunität, die, fremdländischen Ursprungs, in Italien keine rechten Wurzeln schlug, schon weil ihre eigentliche Basis fehlte, die in Nordfrankreich vorwiegende geschlossene Grundherrschaft. Wo die villa vollständig, also die ganze Dorfgemarkung, sich im Besitz eines Herrn befand, war mit Verleihung der Immunität ein Bannbezirk hergestellt, innerhalb dessen ihm alle Gewalt zufiel, Gerichtsbarkeit, Verfügung über die Leistungen der Insassen an den Staat und Vertretung nach außen hin vor Graf, Missus und König. Bei Streulage des Besitzes konnte ein Bannbezirk nur entstehen, wenn durch besondere Verleihung dem Grundherrn über fremden Boden die Rechte zuerteilt wurden, die er kraft der Immunität über den eigenen besaß. Soweit ist es offenbar gerade in Italien durchaus nicht überall gekommen. Viele geistliche Korporationen und auch Laien mußten sich mit dem bloßen Königsschutz begnügen, dessen Wirkungen die hinzutretende Bestätigung des Besitzes der namentlich aufgeführten Güter verstärkte. Wenn aber einmal der König Verleihungen vornahm, so gab es gar keine Schranken für deren Ausdehnung. Arduin[2] schenkte seinem Kanzler Cunibert, Propst von Vercelli, zu dessen Burg und Hof Desana die Regalien an dem Orte und im Umkreis von einer Millie, dazu missatische Gerichtsbarkeit über die Einwohner mit der Befugnis, Prozesse zu entscheiden, wie wenn der Pfalzgraf selbst zugegen wäre. Damit war ein exemter Bannbezirk geschaffen, dessen Inhaber höhere Gerichtsbarkeit als die gräfliche erhielt. Der Gegenkönig ging

[1] Vgl. Bresslau, Jahrbücher Konrads II., 1, 439ff. In Genua waren Regalien (Zölle u. dgl.) Lehen der vicecomites vom Markgrafen, vgl. H. Sieveking, Genueser Finanzwesen, 1, 4.

[2] M. G. Dipl. 3, 706, Nr. 6 (1002), vgl. o. S. 39.

allerdings wohl mit Hoheitsrechten verschwenderisch um; immerhin hat er dem Diakon Tedevert zu Ivrea[1] wohl den Hof Orco mitsamt dem Tal Chiusella und den Regalien, aber nicht auch Gerichtsbarkeit verliehen.

Für die Weiterbildung der Immunität, oder richtiger, für die Zersetzung eines Rechtsinstituts, das, zur Merowingerzeit in Gallien entstanden, durch die Karolinger nach den ihrer Herrschaft unterworfenen Ländern übertragen wurde, sind die ausdrücklichen Verleihungen von Gerichtsbarkeit und anderen Regalien, die im Einzelfall sehr verschieden weit gehen konnten, nicht nur in Italien bedeutungsvoll geworden.

Im Jahre 960[2] hat Otto I. dem Bischof von Chur das Tal Bergell geschenkt mit allem bisher zur Grafschaft gehörigen Gerichtszwang und Bann, allem Zins von Berg und Ebene, offenem und bewaldetem Gelände, so viel zur Mark gehörte, und auch dem Zoll, der im Tal von reisenden Kaufleuten erhoben wurde, zur Zeit aber nach Chur verlegt war. Diese Schenkung bedeutete nichts anderes als eine Verleihung der Regalien. Sie wurde von Otto II.[3] bestätigt, Otto III.[4] fügte das Kastell hinzu, die Zehntkirche, Forsten und sprach nicht mehr von der Erhebung des Zolls in Chur; gleichlautend sind die Bestätigungen Heinrichs II.,[5] Konrads II.[6] und Heinrichs IV.[7] Daß der Bischof einen Hof mit Zubehör im Tale besessen hätte, ist nirgends ersichtlich. Grundherr war er dort nicht; lehnsherrliche Rechte über Grundbesitz, die ihm später zustanden, können aus Auftragung herstammen. Nach einem Urbar[8] vom Ende des 13. Jahrhunderts gehörten dem Bistum Chur im Bergell die „fürlaiti" zu Vicosoprano, der Zoll (zu Castelmur) und Gerichtsbarkeit. Zweimal im Jahre hält der Bischof an Ort und Stelle Gericht und empfängt die schuldigen Dienste. Ein Ämterbuch des Bistums Chur[9] vom Anfang des 15. Jahrhunderts macht darüber genauere Angaben:

Im Bergell hat der Bischof einen Podesta zu setzen, und dem

---

[1] M. G. Dipl. 3, 709, Nr. 8, 1003.
[2] Ibid. 1, 288, Nr. 209, vgl. o. S. 40.
[3] Ibid. 2, 1, 140, Nr. 124, 976.
[4] Ibid. 2, 2, 449, Nr. 48, 988.
[5] Ibid. 3, 139, Nr. 114, 1006.
[6] Ibid. 4, 304, Nr. 224, 1036.
[7] Mohr, Codex dipl. z. Gesch. Cur-Rätiens, Bd. 1, S. 134, Nr. 95, 1061.
[8] Ibid. Bd. 2, S. 98, Nr. 76, s. S. 120.
[9] Hg. von J. C. Muoth im 27. Jahresbericht der hist. antiqu. Gesellschaft von Graubünden, 1897, S. 44f., s. auch S. 122ff.

soll er empfehlen zu richten ob Port und under Port, und es soll der Podesta zu Gericht sitzen zu Vicosoprano; dort soll jedermann vor ihn zu Gericht kommen, er sei gesessen ob Port oder under Port, und die Rechtung, so er davon hat vom Commun, das ist denen im Bergell wohl bekannt. Der Podesta nimmt die Frevel und Bänne ein; der Herr darf für sich die großen Frevel behalten. Zweimal im Jahre soll der Bischof selbst ins Bergell kommen, um Gericht zu halten, oder einen Vertreter schicken; dabei richtet er über alle Sachen, kleine und große, geistliche und weltliche. Sitzt er zu Gericht oder sein Vertreter, so soll ihm und allen denen, die mit ihm reiten, das Commune drei gute Mahlzeiten geben und Heu und Futter; jedoch „tedigent“ sie gelegentlich mit dem Herrn und geben ihm statt der Mahlzeiten eine Geldsumme. „Item es sprechend och Brigeller“: wenn man einen Podesta setzen will, so sollen sie selbst drei fromme, weise Männer auslesen, die sich dazu eignen, und diese dem Bischof „antwurten“; der setzt einen von den drei, wen er will, zum Podesta.

Der Text des Ämterbuches ist deutsch, die dargestellten Rechtsverhältnisse sind die typischen italienischen, allerdings für so späte Zeit in Italien bereits selbst antiquierten. Urkundlich nachweisbar ist ein Podesta des Tales Bergell zuerst 1293;[1] das Commune der Talleute, die Talgemeinde, ist gewiß viel älter, vermutlich standen ihr ursprünglich Konsuln vor. Der Bischof von Chur war Regalieninhaber; er besaß alle Gerichtsbarkeit, hohe und niedere, also auch das Recht, den Richter zu ernennen. Da jedoch die Talleute zum Vorsteher ihrer Gemeinde nehmen konnten, wen sie wollten, so wird sich eben der Gebrauch herausgebildet haben, daß die Gemeinde wählt, der Bischof einsetzt oder investiert, ähnlich wie nach dem Konstanzer Frieden das Verhältnis zwischen Kaiser und Stadtgemeinde in bezug auf die Konsulnwahl geordnet war. Der Bischof besaß ferner das Almendregal und bezog daher einen Weidezins, das auch im Oberengadin vorkommende pretium comitis (pred cunt).[2] Übrigens sind die Rechte des Bischofs nicht unangefochten geblieben.

Eine auf den Namen Heinrichs II. in der ersten Hälfte des 12. Jahrhunderts gefälschte Urkunde[3] nahm alle Leute der Graf-

---

[1] Mohr, l. c. 2, 79, Nr. 61.

[2] S. ibid. S. 122.

[3] Ibid. 1, 112, Nr. 79, vgl. Bresslau, Zu dem angeblichen Freiheitsbrief Kaiser Heinrichs II. für die Leute von Bergell, Anz. f. schweiz. Gesch., Bd. 6, S. 312ff.

schaft Bergell in den Schutz des Kaisers; sie sollen nur ihm dienen, Forsten und Jagdrecht werden ihnen geschenkt. Die Fälschung mag mit der Begründung des Commune zusammenhängen, die gewiß nicht ohne Streit mit dem Bischof vor sich ging.

Mit dem Langobardenreich stand das Bergell niemals in Verbindung. Kirchlich gehörte es zu Chur; nach dem Reichsgutsurbar von 831[1] bildete es einen der rätischen Amtsbezirke. Ebensowenig wurde das Bergell jemals in den Machtbereich einer lombardischen Stadt gezogen. Im Jahre 1219[2] schloß der Bischof von Chur Frieden mit Como für sich und alle Leute seines Bistums von der Landquart bis Castelmur. Die politische und die Diözesangrenze fielen also zusammen und verliefen südwärts von der Wasserscheide des Gebirges; das Gebiet von Como reichte nicht bis zur Paßhöhe des Maloja. Nur ähnlich, weil auf der gleichen römischen Grundlage beruhend, nicht identisch mit den italienischen waren die Zustände Rätiens, das einen Bestandteil des Herzogtums Schwaben seit dessen Begründung durch Graf Burchard von Rätien bildete.

Grenzgebiete lassen am besten die Übereinstimmungen und Abweichungen in der Entwicklung benachbarter Länder erkennen. Es haben in Deutschland Regalienverleihungen nicht minder häufig stattgefunden als in Italien, nur handelte es sich dabei vielfach um „ungesuchte" Hoheitsrechte, die noch nicht nutzbar gemacht waren; Märkte und Münzstätten mußten erst errichtet, Forsten abgegrenzt werden. Die Gerichtsbarkeit, das vornehmste Regal, ging nicht notwendig mit den übrigen Regalien zusammen. Otto I. hat dem Bistum Chur verschiedentlich fiskalische Einkünfte aus Regalien in der Grafschaft Chur (Oberrätien) verliehen,[3] aber nicht die Grafenrechte selbst[4] (abgesehen vom Bergell) oder gar eine höhere Jurisdiktion. Für Italien ist das Auseinandergehen von Gerichtsbarkeit und anderen Regalien ganz besonders wichtig geworden. Die Kommunen

---

[1] Mohr, l. c. 1, 283, Nr. 193, s. S. 297, vgl. meinen Aufsatz über: „Ein Urbar des Reichsguts in Churrätien aus der Zeit Ludwigs des Frommen", in Mitteil. d. Instituts für österr. Geschichtsforschung, Bd. 28 (1907), S. 261ff.

[2] Mohr, l. c. 1, 257, Nr. 186.

[3] M. G. Dipl. 1, 219, Nr. 139, 951; 244, Nr. 163, 953; 273, Nr. 191, 958; 288, Nr. 209, 960.

[4] Vgl. S. Rietschel, Das Burggrafenamt und die hohe Gerichtsbarkeit in den deutschen Bischofsstädten, Leipzig 1905, S. 62. Die Gerichtsbarkeit des Kirchenvogts ist nicht über den immunen Boden hinaus erstreckt worden; sie bezog sich also auf die Burg und den dem Bistum geschenkten Königshof in der Stadt nebst dessen Pertinenzen, aber nicht auf die ganze Stadt, in der noch viel später eine Gerichtsstätte der Grafschaft lag, vgl. ibid. N. 6.

nahmen seit ihrer Entstehung eine Gerichtsbarkeit über Stadt und Gebiet in Anspruch, die nicht vom König sich herleitete, und betrachteten Verfügungen, die ihrer usurpierten Jurisdiktion Eintrag taten, mit mißgünstigem Auge. Der daraus entspringende Gegensatz war die eigentliche Ursache für den Konflikt zwischen Mailand und Friedrich I., der sich zu dem großen Kampf des Kaisers gegen den Lombardenbund ausweitete und mit dem allgemeingültigen Zugeständnis der Regalien an die Kommunen im Konstanzer Frieden sein Ende fand.

Recht gesprochen haben — unbefugter Weise — die Konsuln von Mailand 1140[1] in Angelegenheiten der zur Grafschaft Seprio gehörigen Orte Mendrisio und Rancate. Parteien in dem Prozeß waren einerseits Graf Ubertinus von Seprio, wohnhaft zu Piacenza, nebst seinen Verwandten und die Bewohner von Mendrisio, vertreten durch Abgesandte von der Gemeinde wegen, andererseits Locarnus von Besocio, vertreten durch seinen Sohn Pedracius, der behauptete. daß er von den Kaisern Heinrich und Lothar mit dem fodrum von Mendrisio und Rancate, dem Gerichtszwang, den Arimannen und auch dem Recht auf Beherbergung, also mit den Regalien belehnt worden sei. Dagegen wurden von seiten der Grafen Instrumente vorgewiesen, nach denen diese Rechte, als zur Grafschaft gehörig, ihr Lehen vom Kaiser waren, vor dem allein sie zu Recht stehen wollten. Das Urteil fiel dementsprechend aus. Die Sache gehöre vor den Kaiser, aber auf die Gerichtsbarkeit solle Locarnus verzichten, wegen widersprechender Verleihungen, und weil die Nachbarn seit Menschengedenken gewohnt waren, unter sich Recht zu sprechen. Demnach erkannten die Mailänder eine herrschaftliche Gerichtsbarkeit, die sich aus Regalienverleihung herschrieb, nicht an; aber auch die gräfliche Gerichtsbarkeit ließen sie nicht gelten, sondern nur die vom lokalen Commune geübte, die gleich der ihrigen selbst auf Usurpation beruhte. Nicht schlechthin abweisend verhielten sie sich in bezug auf die übrigen Regalien. Für den speziellen Fall allerdings bedeutete die Verweisung des Klägers an den entfernten König eine Vertagung der Entscheidung ins Unabsehbare. Indessen ist es gerade im Machtbereich Mailands vorgekommen, daß nutzbare Hoheitsrechte, die sich aus einer Regalienverleihung herschrieben, von den Inhabern während der kommunalen Epoche so

[1] S. die Urkunde bei Ficker, Forsch. z. Reichs- und Rechtsgeschichte Italiens, Bd. 4, S. 156, Nr. 113, vgl. das Regest bei Hidber, Schweizer. Urkundenregister, Bd. 1, Nr. 1740, und auch Nr. 1754.

gut wie unter den Signoren ausgeübt wurden, und dann noch einige Jahrhunderte länger, als das Gebiet an die Schweizer Eidgenossenschaft gefallen war.

In der Gegend von Locarno am Lago-Maggiore hatte ein Adelsgeschlecht die Regalien inne, das sich in seinen verschiedenen Zweigen de Muralto, de Magoria und de Orello beibenannte, und dessen Ursprung sich im Dunkel der Sage verliert.[1] Der Kapitantitel, der ihm in seiner Gesamtheit beigelegt wird, beweist, daß es zu den valvassores maiores gehörte, den höheren Vasallen, die unmittelbar von den Fürsten dependierten. Die Kapitane von Locarno hatten Grundbesitz und Zehnten vom Bischof von Como zu Lehen. Freilich stammt die älteste in den „Regestes des archives de la famille de Muralt"[2] aufgeführte Belehnungsurkunde erst aus dem Jahre 1259 (die letzte ist von 1747); derartige Lehnsverhältnisse können jedoch in Italien nicht gut jüngeren Ursprungs sein, sondern reichen wohl in die vorkommunale Zeit zurück, also in das 11. Jahrhundert oder noch höher hinauf. Wann zuerst der Erwerb von Regalien durch die Kapitane erfolgte, muß zweifelhaft bleiben. In Locarno lag früher ein Königshof, den Kaiser Ludwig II. 866 seiner Gemahlin Engelberga verlieh.[3] Der Königshof mag Zentralstelle für die Verwaltung von Einkünften aus Regalien im Umkreise eines nicht gar zu kleinen Gebiets gewesen sein, aber die Brücke fehlt hier zwischen den Zuständen des 9. Jahrhunderts und den späteren.

Friedrich I. hat 1164[4] den Kapitanen von Locarno einen neuen Markt an dem Orte mit den zugehörigen Einkünften verliehen. 1186[5] nahm er die Leute des Kirchspiels (plebs) Locarno in seinen Schutz, gewährte ihnen Freiheit von Dienstleistungen, fodrum und Heerfahrt, und eximierte sie von jeder Herrschaft außer der königlichen, jedoch mit Vorbehalt der Rechte Mailands, dessen oberer

[1] S. Codex dipl. capitaneorum Locarnensium de Muralto, de Orello et de Magoria, ed. E. de Muralto, Berlin 1856, S. 3ff.

[2] Lausanne 1870, s. S. 4, Nr. 5, und S. 48, Nr. 345.

[3] Cod. dipl. Lang. S. 396, Nr. 237, Böhmer-Mühlbacher, Regesta imperii, I, Nr. 1201.

[4] Böhmer, Acta imperii, S. 153, Nr. 163. Die ibid. an der Echtheit der Urkunde geäußerten Zweifel beruhen hauptsächlich auf der Schwierigkeit, sie bei ihrem Datum, 9. Okt., und Ausstellungsort, Abtei Disentis, in das Itinerar des Kaisers einzuordnen; jedoch ist sein Aufenthalt für den 5. Okt. 1164 auf Schloß Belfort (bei Lenz in Graubünden?) belegt, so daß er damals auch in Disentis verweilt haben könnte.

[5] Böhmer, Acta imperii, S. 147, Nr. 155.

Gerichtsbarkeit demnach Locarno unterworfen blieb, während es im übrigen kommunale Selbständigkeit erlangte. In einem gewissen Gegensatz hierzu steht die Regalienverleihung Ottos IV. von 1210[1] an Gaffus und Guido von Locarno und ihre Agnaten, welche fodrum und Jurisdiktion im plebs Locarno und im Hofe Ascona in sich schloß und das Recht gewährte, Entfremdungen rückgängig zu machen. Daß die Urkunde gefälscht sei, braucht deswegen nicht angenommen zu werden; widersprechende Verleihungen sind denkbar. Unangefochten ist die Urkunde Friedrichs II. von 1219[2] über Belehnung des Gaffus und Jacobus de Locarno mit den Regalien, die Heinrich VII.[3] auf seinem Römerzuge für ihre Nachkommen erneuerte. Jedenfalls konnten die Kapitane den Anspruch auf Gerichtsbarkeit gegen die Landesherrschaft Mailand und gegen die Ortsgemeinden nicht durchsetzen. Nur gewisse Modifikationen der Gemeindeverfassung mögen damit zusammenhängen, so, wenn in Brissago später der Podesta jeweils ein Orelli sein mußte.[4] Es standen jedoch neben dem Podesta an der Spitze der Kommune Brissago Konsuln und credentiarii oder consiliarii.[5] Andere, einträgliche Rechte sind trotz mancher Anfechtungen[6] den Kapitanen andauernd verblieben, selbst bis über die Zeit der französischen Revolution hinaus,[7] die sonst mit dem Privatbesitz an Regalien gründlicher aufräumte als einst die kommunale Bewegung. Über die Verteilung der Einkünfte unter die vielen Bezugsberechtigten gibt eine Aufzeichnung von 1317 Kunde. Aus einem umfangreichen Statutenbuch von 1358 hat ferner Liebenau in seinen „Urkunden und Regesten zur Geschichte des Gotthardweges“[8] Stücke mitgeteilt, die zeigen welche Bedeutung auch hier dem Almendregal zukam, das den Kapitanen in der Ebene von Magadino, dem Mündungsdelta des

[1] Böhmer, Acta imperii, S. 223, Nr. 246; Böhmer-Ficker, Regesta imperii V, Nr. 380.

[2] Cod. dipl. capit. Loc., S. 12, Böhmer-Ficker, Regesten, Nr. 1044.

[3] Böhmer, l. c., S. 436, Nr. 626, und s. Cod. dipl. capit. Loc., S. 14ff.

[4] S. Bollettino storico della Svizzera italiana, Jahrg. 8 (Bellinzona 1886), S. 203.

[5] S. die Statuten von Brissago, im Bollettino storico della Svizzera italiana, Jahrg. 10, S. 76ff. (Bellinzona 1888).

[6] S. Cod. dipl. capitan. Locarnensium, S. 16ff.

[7] St. Franscini, La Svizzera italiana, Bd. 2, T. 2, Lugano 1840, S. 234f., klagt über die Kulturschädlichkeit der Weidgangsrechte.

[8] Archiv für Schweizerische Geschichte, Bd. 18—20, Zürich 1873ff. Die „memoria regaliarum seu fictorum dominorum capitaneorum de Locarno“ von 1317, s. ibid. Bd. 20, S. 4, Nr. 103, die Auszüge aus dem Statutenbuch, S. 80ff., Nr. 168.

Tessin, und anderwärts zustand. Bei Zählung der Tiere, die auf die Alpen zogen, erhielten sie 2 solidi für je 100 Stück, als teratichum 3 sol.; das pedagium betrug für 1 Pferd 8 sol. 4 den., für eine Kuh 8 den., für ein Stück Kleinvieh 2 den., dazu kam noch eine Abgabe für den Passierschein. Von jedem Bündel hölzerner Stangen (gleich 50 Stück), das aus dem Gebiet von Gordora oder Magadino ausgeführt wurde, waren 6 den. zu entrichten, von jedem Zentner Kalk 4 den., für jedes leere Faß 4 den., außer wenn es mit Wein gefüllt nach Locarno oder Ascona zurückgebracht wurde, usw.

Den alten, zurückgedrängten Feudalherren von Locarno sind neue vorgesetzt worden, als 1436 der Herzog von Mailand die Herrschaft dem „Grafen" Franchino Rusca zu Lehen gab.[1] Darin lag eine Fortsetzung jener rückläufigen Bewegung, welche die Verfassungsverhältnisse der Lombardei im späteren Mittelalter eingeschlagen hatten. Indem aus der städtischen Demokratie die Tyrannis hervorging, suchten die Herren von Mailand eine vom Volkswillen unabhängige Gewalt zu erlangen. Das Reichsvikariat[2] war nur ein Amt; die Erhebung zum Herzog schuf aus dem Bevollmächtigten der Kommune und dem Beamten des Königs einen Fürsten, der wieder Vasallen unter sich haben konnte. Der Herr von Mailand hat erreicht, was die Kommune vergeblich anstrebte, die Unterwerfung der benachbarten Stadtstaaten. Die Grafen von Locarno stammten aus dem Geschlecht der Signoren von Como, die sich nicht auf die Dauer zu behaupten vermochten; sie wurden mit dem Lehen abgefunden, das ihnen für ein nicht unbeträchtliches Gebiet die bisher vom Herzog durch Beamte ausgeübten Regierungsrechte und fast alle staatlichen Einkünfte gab. Beim Anfall von Locarno an die Schweizer Eidgenossenschaft trat an Stelle des Lehensträgers wieder der Beamte, der Landvogt, während im übrigen ziemlich alles beim alten blieb; denn die seconde féodalité, um einen in der französischen Verfassungsgeschichte üblichen Ausdruck zu gebrauchen, hat keine tiefen Wurzeln geschlagen. Für die Organisation der Verwaltung trug es wenig aus, ob an der Spitze des lokalen Bezirks ein Vikar des Signore, ein Vasall des Herzogs oder ein eidgenössischer Vogt stand.

---

[1] S. Bollettino stor. d. Svizz. ital., Bd. 17 (1895), S. 1ff. Über analoge Verhältnisse in Lugano s. Periodico della società storica per la provincia e antica diocesi di Como, Bd. 2 (Como 1880), S. 153ff.

[2] Vgl. Sickel, Das Vikariat der Viskonti, Sitzungsber. d. Wiener Akad., phil. hist. Klasse, Bd. 30 (1859), S. 3ff.

Das frühe und kräftige Aufkommen von Stadt- und Dorfgemeinden räumte in Oberitalien mit den für die Zustände des früheren Mittelalters maßgebenden Rechtsverhältnissen auf. Die Leibherrschaft verschwand, Grundherrschaft reduzierte sich auf den Besitz des Bodens, während die Gewalt über dessen Bebauer vor der Landeshoheit der Städte weichen mußte. Durch Rückführung sämtlicher Herrschaftsrechte auf Regalienverleihung gelangte ihr rein staatlicher Charakter zur Anerkennung. Ungleich schärfer als in Deutschland sonderten sich privates und öffentliches Recht. Übergangszustände sind in den Alpentälern zu beobachten, und nicht nur in den nach Süden verlaufenden; denn das Gebirge, gangbar durch die vielen Pässe, verband die Länder viel mehr, als daß es sie trennte.

VI

Ländlicher Grundbesitz von Stadtbürgern im Mittelalter.[1]

Aus den Erörterungen über Sombarts Theorie von der Entstehung des Kapitalismus dürfte für die deutsche Sozial- und Wirtschaftsgeschichte vor allem der Vorteil erwachsen sein, daß manchen bisher ein wenig vernachlässigten Fragen sich wieder mehr Interesse zuwendet. Vielleicht allzu ausschließlich hat die städtegeschichtliche Forschung den rechtshistorischen Standpunkt bevorzugt,[2] und es ist darüber wohl mehr als gebührlich jenes einfache Konstatieren von wirtschaftlichen Tatsachen verabsäumt worden, das allein die feste Grundlage abgeben kann für eine Erkenntnis der sozialen Zustände, auf denen sich die Erscheinungen des Verfassungslebens aufbauten. Die folgenden Ausführungen erheben nicht den Anspruch, Unbekanntes darzulegen; aber die Zusammenstellung von privatwirtschaftlichen Einzelheiten, die an sich niemals verkannt werden konnten, unter einheitlichem Gesichtspunkt wird, wie ich hoffe, ihre Rechtfertigung finden durch die Ausblicke nach verschiedenen Richtungen hin, die sie eröffnet.

I. Der hergebrachten Meinung gemäß gehörten in der großen, weltgeschichtlichen Epoche, die von den Kreuzzügen einerseits, der französischen Revolution andererseits begrenzt wird, Handel und

[1] Veröffentlicht in den Jahrbüchern für Nationalökonomie und Statistik, hg. von J. Conrad, 3. Folge, Bd. 31, S. 721ff.

[2] So S. Rietschel, Markt und Stadt in ihrem rechtlichen Verhältnis, Leipzig 1897, und „Das Burggrafenamt und die hohe Gerichtsbarkeit in den deutschen Bischofsstädten während des früheren Mittelalters", Leipzig 1905; aber auch F. Keutgen, nicht nur in den „Untersuchungen über den Ursprung der deutschen Stadtverfassung", Leipzig 1895, sondern selbst in „Ämter und Zünfte", Jena 1903. Dagegen hat G. v. Below, „Großhändler und Kleinhändler im deutschen Mittelalter", Jahrb. f. Nationalökonomie und Statistik, hg. von J. Conrad, S. 3, Bd. 20, S. 1ff., sehr mit Recht rein wirtschaftsgeschichtliche Gesichtspunkte in den Vordergrund gestellt; s. ferner H. Sieveking, Die mittelalterliche Stadt, ein Beitrag zur Theorie der Wirtschaftsgeschichte, Vierteljahrschr. f. Soz. u. Wirtschaftsgesch., Bd. 2 (1904), S. 177ff.).

Gewerbefleiß dem Bürger in der Stadt, die agrarische Bodennutzung dem Ritter und Bauern auf dem Lande. Daß diese Ansicht, abgeleitet von den zum Extrem ausgebildeten ostdeutschen Zuständen, in ihrer Allgemeinheit nicht zutrifft, liegt schließlich auf der Hand. Stellt doch gerade die in Oberdeutschland mancher Orten schon früh entwickelte ländliche Hausindustrie eine sehr bemerkenswerte Ausnahme dar. Immerhin ist es eine unbestreitbare Tatsache, daß in der vorrevolutionären Gesellschaftsordnung dem Bauern, Bürger und Edelmann durch Beruf und Lebensweise seine Stellung angewiesen war. Wie es sich nun in den Zeiten verhielt, als das Städtewesen aufkam, als der Bürgerstand in den alten oder neu gegründeten ummauerten Wohnplätzen sich bildete, darüber vermögen die Urkunden des 13. Jahrhunderts, die zahlreich genug in den Urkundenbüchern vieler Städte zu finden sind, mancherlei Aufschlüsse zu geben. Zunächst sei aus dem Urkundenbuch von Frankfurt a. M., das seinerzeit, von Böhmer herausgegeben, die erste auf eine Stadt bezügliche Urkundensammlung war und jetzt in neuer, erweiterter Bearbeitung vorliegt,[1] einiges Einschlägige angeführt, da es für die Frage nach dem Grundbesitz der Bürger auf dem Lande ganz besonders lehrreiches Material bietet.

Die Entwickelung von Frankfurt gleicht im wesentlichen derjenigen anderer Städte.[2] Erwachsen neben einer Königspfalz, die den Mittelpunkt eines alten und großen Komplexes von Fiskalgut bildete, tritt die Stadt als solche deutlicher erst am Anfang des 13. Jahrhunderts hervor. Daß sie planmäßig als Marktansiedelung angelegt wurde, ist möglich; jedenfalls war und blieb das Marktrecht mit Zoll und Münze in der Hand des Stadtherrn, des Königs. Für den Einfluß der Stadtmark auf den Zusammenschluß der Bürgergemeinde ließen sich gerade aus Frankfurt beachtenswerte Belege beibringen.[3] Alleiniger Stadtrichter war der Schultheiß, seit Friedrich II. mit Zustimmung der Reichsfürsten die Vogtei aufgehoben hatte;[4] es geschah das vielleicht auf dem Reichstage zu Frankfurt vor seiner Fahrt zur Kaiserkrönung, April 1220,[5] jeden-

[1] Codex diplomaticus Moenofrancofurtanus, U.-B. der Reichsstadt Frankfurt, hg. von J. F. Böhmer, neu bearbeitet von F. Lau, Bd. 1 und 2, Frankfurt a. M. 1901 und 1905.

[2] Vgl. H. Derwort, Zur Entstehung der Stadtverfassung von Frankfurt a. M., Diss. Freiburg i. B. 1906. Die Untersuchungen zur Wirtschaftsgeschichte Frankfurts von F. Bothe reichen kaum irgendwo ins 13. Jahrhundert hinauf.

[3] U.-B. Frankfurt, Bd. 1, Nr. 50, 1219, 82, 1227.

[4] Ibid. Nr. 217.

[5] Winkelmann, Jahrb. Friedrichs II. 1, 39.

falls bald nach 1219.[1] Urteiler im Stadtgericht sind die Schöffen, Schultheiß und Schöffen führen das Stadtsiegel und handeln in städtischen Angelegenheiten gemeinsam; erst 1266 taucht neben dem Schöffenkolleg das Ratskolleg der consules auf.[2]

Von einem der ersten nachweisbaren Schöffen, Harpern, liegt eine Urkunde vor, derengleichen es aus dieser Zeit nicht viele gibt. Es ist nämlich ein vollständiges Testament, durch das der Aussteller, der offenbar kinderlos war, letztwillig über seinen gesamten Grundbesitz verfügte. Das Datum ist 1223, 23. Oktober.[3] Harpern hatte die Absicht, die er nachher auch ausführte, den Rest seiner Tage im Kloster Arnsburg zu verbringen. Daher übertrug er dem Kloster seinen Hof außerhalb Frankfurts, beim Fronhof gelegen, von dem 6 Denare der leichten Sorte als Zins jährlich an den Fronhof entrichtet wurden, und 6 Morgen Rebland bei Bergen, die von seinen Eltern nach Erbrecht an ihn gekommen sind. Seinem Bruder Bertold vermachte er seine ganze Landwirtschaft bei Frankfurt; unter dem Ausdruck agricultura sind wohl die Äcker zu verstehen, die vom Hofe aus bewirtschaftet wurden, vielleicht auch das Inventar des Hofes. Seinen beiden Schwestern legierte Harpern je zwei Hufen in benachbarten Dörfern, nämlich je eine Hufe an Heidendrud in Rockenberg und Bergheim, und je eine an Reinhed in Dorfgüll und Fauerbach; diese Güter dürfen nicht an Fremde kommen, sondern sollen nur innerhalb der Familie vererbt werden. Auf dem Hofe bei der Stadt betrieb offenbar der Frankfurter Schöffe selbsttätig Landbau; aber ein einfacher Bauer war er deswegen nicht. Die Hufen in den Dörfern kann er nicht persönlich bewirtschaftet haben, schon der Entfernung wegen; sie waren unzweifelhaft unter irgend einem Rechtstitel ausgetan, so daß nur die ausbedungenen Zinse an Harpern fielen; das gleiche wird für die Weinberge gelten. Der Stadtbürger erscheint als ein, immerhin recht kleiner Grundherr. Daran kann der Umstand nichts ändern, daß der Hof, auf dem er seinen Sitz hatte, ihm nur zu abgeleitetem Besitzrecht zustand; Obereigentümer des Bodens war das Bartholomäusstift in Frankfurt, dem der Fronhof gehörte, an den der Arealzins fiel. Der Besitz von Erbgut schloß den von Eigen nicht aus. Bertold, der Bruder des

---

[1] U.-B. Frankfurt, Bd. 1, N. 49, 1219, 26. Nov., urkunden noch H. scultetus, R. advocatus, ceterique iudices et cives in F. Die später übliche Formel, Schultheiß, Schöffen und alle Bürger, findet sich zuerst in der undatierten Urkunde Nr. 52 und sodann Nr. 87, 1228.

[2] Ibid. Nr. 263, scultetus, scabini, consules totumque commune F.

[3] Ibid. Nr. 68, vgl. übrigens für die Personalnachweise das Register.

Harpern, Bresto beibenannt, der gleichfalls Schöffe war, hat 1226 an das Kloster Arnsburg all sein Allod in Fauerbach, nämlich eine Hufe, eine zweite Hufe in Bergheim und den vierten Teil eines Hofes in Bergen verkauft.[1] Die beiden Hufen sind nicht die gleichen, die Harpern seinen Schwestern vermachte, vielleicht daß ihr Vater, der auch Harpern hieß, zwei Hufen in Fauerbach besaß, und diese wohl unter gleichem Rechtstitel, als freies Eigen; doch können die Hufen auch nachträglich von den Brüdern erworben worden sein. Ihre Schwester Heidendrud, Frau des Hermann Niger, ebenfalls eines Schöffen, hat ihr Erbteil von Harpern, die Hufen zu Rockenberg und Bergheim, an das Kloster Arnsburg verkauft, dazu Weinberge in Bergen, die als Erbe von ihrem Vater, Harpern dem älteren, an sie gekommen waren, und den vierten Teil eines Hofes in Bergen.[2]

Bertold Bresto hatte noch anderen Landbesitz: er verkaufte 1245 seine Güter in Bockenheim an Heinrich Knoblauch, wiederum einen Schöffen, der dieselben 9 Jahre später mit Rodland in Rödelheim und Renten von Stadthäusern im Betrage von 2 Mark Pfennigen an das Kloster Thron schenkte.[3] Den Betrieb der Landwirtschaft scheint Bertold aufgegeben zu haben. Im Jahre 1236 schenkte er den Antoniterbrüdern seinen Hof dicht bei dem Stadttor, nach Preungesheim zu gelegen, und 1259 verzichtete er gegen Zahlung von 27 Mark Geldes zugunsten des Klosters Arnsburg auf den ihm von seinem Bruder vermachten Landbesitz, der, wie hier gesagt ist, aus Äckern, Wiesen und auch Gärten bestehend bei Frankfurt, Rödelheim und Hausen lag.[4] Ein Rechtsstreit ist der Abmachung vorangegangen, zu dessen Schlichtung bereits im vorhergehenden Jahre Schultheißen und Schöffen der Städte Frankfurt, Gelnhausen, Friedberg und Wetzlar einen Schiedsspruch gefällt hatten.[5] Es behielt danach das Kloster Arnsburg, was ihm von Heidendrud und Bertold Bresto verkauft war; den Söhnen der Reinhed wurde dagegen das Vermächtnis des Harpern an ihre Mutter, die Hufe in Dorfgüll und die in Fauerbach, bestätigt, in deren Besitz sie seit vielen Jahren sich befanden, und außerdem wurden ihnen 3 Morgen Weinberge zugesprochen, die Hälfte von den 6, die Harpern dem Kloster zugedacht hatte; in diesem Punkt blieb also seine Verfügung nicht in Kraft.

Das Testament des Harpern, durch andere Urkunden erläutert, gibt vortrefflichen Aufschluß über den ländlichen Grundbesitz einer

---

[1] Ibid. Nr. 80. [2] Ibid. Nr. 79. [3] Ibid. Nr. 137 und 183.
[4] Ibid. Nr. 109 und 224. [5] Ibid Nr. 219, 1258.

Familie, die zu den angesehensten der Stadt gezählt haben muß; noch ein Hartmud Bresto saß gleichzeitig mit Harpern auf der Schöffenbank, auch in Gelnhausen und Friedberg findet sich der Name.[1] Ein zweites Testament, beinahe vier Jahrzehnte jünger als das erste, vom Mai 1270,[2] gibt Einblick in etwas andersartige Besitzverhältnisse. Wicker auf der Brücke, Sohn des Harpern von Offenbach, aus einem Geschlecht, das, in mehrere Zweige gespalten, gleichfalls durch eine Anzahl von Mitgliedern auf der Schöffenbank vertreten war, setzte gemeinsam mit seiner Frau Gisela zu Erben ihrer liegenden und fahrenden Habe das Haus des Deutschherrenordens in Sachsenhausen ein, vorbehaltlich einer Anzahl Legate. Hauptgegenstand der Erbschaft und des Vermögens waren die zwei Höfe des Wicker bei der Mainbrücke mit den anliegenden Häusern, die nach seinem Tode an das Ordenshaus fallen sollten. Außerdem konnte er zugunsten von Legataren über Renten verfügen, Zinse von Stadthäusern, $^1/_2$ Mark und $3^1/_2$ sol. leichter Münze, und auch 4 Achtel Weizen jährlich von Gütern in Offenbach an die Schwestern vom Orden der Reuerinnen oder Weißfrauen. Andere Renten in geringem Betrage, 1 sol. leichter Münze für den Brückenbau und je 6 Denare zum Licht für 7 Kirchen, sollten erst von hinterlassenem Gelde erworben werden. Endlich setzte Wicker noch Legate aus, die sofort nach seinem Tode in bar auszuzahlen waren: $4^1/_2$ Mark an geistliche Korporationen, $1^1/_2$ Mark und 78 sol. leichter Münze an Verwandte, außerdem 12 Mark, die Morgengabe seiner Gattin, an das Deutschordenshaus für das heilige Land und Geld zur Erwerbung eines Kelchs für die neue Kapelle des Hauses und für einen silbernen Hostienbehälter im Wert von einer Mark. Die Dominikaner, bei deren Kirche Wicker begraben werden wollte, und die er auch mit einer Rente bedacht hat, erhielten seine Waffen. Der Gesamtbestand des Vermögens läßt sich aus diesem Testament nicht genau ermitteln. Es ist noch von beweglichen und unbeweglichen Gütern außer den speziell aufgezählten die Rede, die er besitzt oder noch erwerben wird, und die gleichfalls an das Deutschordenshaus fallen sollen. Viel wird es nicht gewesen sein. Die Frau des Wicker ist vor ihm gestorben; er hat sich, obgleich wohl schon bejahrt, zum zweitenmal vermählt und glaubte aus dieser Ehe Kinder erwarten zu dürfen, die ihm jedenfalls aus der ersten Ehe versagt geblieben waren. So setzte er sich 1279 mit dem Deutschordenshaus auseinander.[3] Das eine seiner Häuser bei der Brücke soll nur, wenn er ohne Nach-

---

[1] Ibid. [2] Ibid. Nr. 296. [3] Ibid. Nr. 410.

kommen stirbt, an den Orden fallen, sonst an die Kinder; dafür verzichtete er auf den dritten Teil der Rente, die ihm der Orden von seinen Gütern in Preungesheim entrichtete, und die in 27 Achtel Weizen bestand. Das Recht auf diese Rente schrieb sich jedenfalls aus einem Leibgedinge her, das der Orden dem Wicker zum Entgeld für das Vermächtnis zugestanden haben wird. Landwirtschaft hat also Wicker gar nicht betrieben, und aus Besitzrecht an agrarisch nutzbarem Boden stand ihm nur eine verhältnismäßig kleine Rente zu, die 4 Achtel Weizen aus Offenbach; aber, wie gesagt, das Material ist nicht vollständig. Nur daß städtischer Grundbesitz, die beiden Höfe, das Hauptstück im Vermögen des Wicker bildete, ist sicher, und außerdem muß er unter seiner Fahrhabe einen, wenn auch wohl nur kleinen Barbestand besessen haben.

Deutlicher tritt ein teilweise geldwirtschaftlicher Charakter des Vermögens hervor aus dem Testament des Hermann von Köln (von 1297, 31. Dezember),[1] der, wie der Name besagt, aus Köln stammte, wo er Häuser besaß,[2] und wo seine Brüder lebten; eine seiner Schwestern war in Mainz verheiratet. Hermann selbst wohnte in Frankfurt in einem Steinhause auf dem Kirchhof; er besaß ferner außerhalb der Stadt in den Gärten nach Bornheim zu einen Hof mit Zubehör und $29^1/_2$ Joch Ackerland in zwei Parzellen, $11^1/_2$ „in deme Lindehe“ und 18 „zu den Heugen“. Den Hof ließ er durch einen Angestellten bewirtschaften, der außer Ackerbau wohl auch Viehzucht zu treiben hatte. Die beste Kuh vermachte nämlich Hermann seiner Haushälterin, während ein früherer Diener gleichfalls bedacht wurde. Außerdem konnte Hermann über nicht unbeträchtliche Geldsummen verfügen. Seiner Mutter, Geschwistern Neffen und Nichten vermachte er zusammen 90 Mark Kölner Münze; an Legaten für Kirchen, Geistliche, und dergleichen setzte er zusammen 72 Pfund Heller und 900 Denare leichter Münze (gleich $3^2/_3$ Pfund) aus. Diese Summen müssen teilweise bereit gelegen haben, in bar oder doch in Gegenständen, die von den Testamentsexekutoren leicht verwertet werden konnten, und zwar dürften das Waren gewesen sein; denn vom Hausrat vermachte er das wesentlichste Stück, zwei Betten mit Kissen, Matratzen und Bezügen seiner Dienerin; über Wertgegenstände, wie einen goldenen Ring, verfügte er besonders. Der übrige Hausrat des alten Junggesellen ist schwerlich so viel wert gewesen, als die Legate betrugen, und überdies vermachte Hermann auch Jahresrenten, von denen nur ein Teil auf

[1] Ibid. Nr. 721. [2] Ibid. Nr. 604, 1291.

Häuserzinse fundiert war; Zinse von $1^1/_2$ Mark, 3 fertones und 1 Pfund Frankfurter Münze sollten erst aus seinen hinterlassenen Gütern erworben werden, auch sollte aus der Hinterlassenschaft ein Kelch für die Pfarrkirche gekauft werden. Den Rest nach Ausbezahlung aller Legate sollten die Testamentsvollstrecker unter seine Verwandten verteilen. Hermann scheint bald nach Abfassung des Testaments gestorben zu sein. Schon am 17. März 1298[1] verkauften sein Bruder und sein Schwager den Hof vor der Stadt mit Zubehör und Äckern um 36 Mark Kölner Münze und verwandten den Preis, so weit er reichte, zur Auszahlung der Legate für fromme Zwecke. Was ihnen selbst vermacht war, die 90 Mark, muß eben in bar oder Mobilien vorhanden gewesen sein.

Sämtliche gleichartigen Urkunden zu erörtern wäre nicht wohl angängig. Sind doch die Zeugnisse für den Grundbesitz der Bürger auf dem Lande gerade aus Frankfurt recht häufig. Das Weistum der Grafschaft zum Bornheimer Berg von 1303[2] ist festgestellt worden, weil große Klage war von geistlichen Leuten und von Bürgern und auch von anderen guten Leuten, die liegendes Gut haben in des Königs Grafschaft zum Bornheimer Berg, daß man ihre Landsiedeln in den Dörfern zu unrechtem Dienst von Wasser und von Weide dränge. Die Bürger erscheinen hier also als Grundherren, die für ihre Hintersassen eintreten.

Daß ähnliche Verhältnisse in anderen oberdeutschen Städten obwalteten, zeigt im Grunde jedes Urkundenbuch, nicht mit gleicher Deutlichkeit, wegen der Zufälligkeiten in der Erhaltung des Materials, aber doch unverkennbar. So liegt aus Worms[3] eine letztwillige Verfügung aus dem Jahre 1283 vor, von Gisela, der Witwe eines sonst nicht nachweisbaren Hartlieb, deren Bruder Volzo super ripam bischöflicher Schultheiß in Hochheim war,[4] obgleich er schwerlich zu den Ausbürgern gehörte. Gisela verfügte zugunsten des Klosters Schönau über Grundbesitz in und bei der Stadt und auf dem Lande. In Worms gehörten ihr ein Hof im vicus Hagenonis, ein Haus „inter gades“, ein Laden, zwei Hausgrundstücke vor dem Fischertor, ein solches bei der neuen Brücke, zwei „imme Cratzwinkele“ und zwei Höfe beim Nonnenmünster. Der Ertragswert dieses städtischen Grundbesitzes wird insgesamt auf $18^1/_2$ Pfund Heller und 17 sol. veranschlagt, am höchsten der des erstgenannten Hofes in vico Hagenonis auf 11 Pfund Heller; niedriger belastet zugunsten der

[1] Ibid. Nr. 724. [2] Ibid. Nr. 833.

[3] Urkundenbuch der Stadt Worms, hg. von H. Boos, Bd. 1, Berlin 1886, Nr. 401. [4] Ibid. Nr. 378, 389.

Eigentümerin waren die Aree, aber doch so, daß sie mehr als einen bloßen Rekognitionszins brachten. Auf dem Lande besaß Gisela einen Hof in Pfiffligheim zu 9 Unzen Ertrag, im Dorfe Westhofen $5^1/_2$ Joch und in Hochheim $4^1/_4$ Joch Weinberge, die an Jahreszins 12 Talente brachten, zwischen der Stadt Worms und Pfeddersheim 87 Joch Ackerland, die im ganzen jährlich 100 Malter Weizen bringen sollten. Es gingen davon Renten ab, die Gisela früher verkauft oder verschrieben hatte, die übrigen 74 Malter wurden auf 19 Pfund Heller Jahreszins veranschlagt. Endlich konnte Gisela noch über Wiesen zu 22 Mannesmaden verfügen, die auf 6 Pfund Heller Jahreszins geschätzt wurden, und es stand ihr eine Rente von $2^1/_2$ Unzen zu, vom Bürgermeister (im Namen der Stadt) jährlich auf Martini zu entrichten. Der Gesamtwert der jährlichen Einkünfte wurde auf $57^1/_2$ Pfund Heller berechnet und 2 Malter Weizen. Die Töchter der Gisela haben später noch andere Schenkungen hinzugefügt.[1]

Aus Speier[2] sei eine Urkunde von 1269 angeführt. Mechthild, Witwe des Konrad Hauenstein, und ihr Sohn Heinrich, der Scholar, schenkten in Gegenwart des Walther von Lingenfeld, Oheims und Vormunds des Heinrich, dem Kloster Eussertal alle ihre Güter in der Stadt Speier, in Königsbach, Gimmeldingen, Winzingen, Haardt und Ottersheim, bestehend in Höfen, Hausgrundstücken, Äckern, Weinbergen, Grund- und Pachtzinsen in Geld und Wein und anderem.

Die gleiche Erscheinung, das Vorhandensein von Grundbesitz der Bürger auf dem Lande, für schweizerische Städte nachzuweisen, ist nicht erst erforderlich, da die Tatsache keinem Zweifel unterliegt. Was Zürich betrifft, so bemerkt F. v. Wyß[3] für das 13. Jahrhundert, daß „gleich den ritterlichen Geschlechtern auch die übrigen Bürger aus Grund und Boden noch hauptsächlich ihren Unterhalt und Erwerb gewonnen haben werden, und zwar neben dem Betriebe eigener Landwirtschaft durch häufigen Besitz von Gütern auf dem Lande, deren Zinse sie beziehen. Erst gegen Ende des Jahrhunderts treten Gülten als Kapitalverwendung häufig an Stelle des Eigentums an Grundstücken."

---

[1] Ibid. Nr. 422, 1286, und 444, 1290.

[2] Urkundenbuch zur Geschichte der Stadt Speier, hg. von A. Hilgard, Straßburg 1885, Nr. 115; s. auch Zeitschr. f. d. Geschichte des Oberrheins, Bd. 19, S. 173.

[3] Abhandlungen zur Geschichte d. schweizer. öffentlichen Rechts, Zürich 1892, S. 432f.

II. Es drängt sich nun vor allem die Frage auf nach dem Ursprung des ländlichen Grundbesitzes der Bürger. Woher stammen die Güter, die sich nachweislich in ihren Händen befinden? Haben reich gewordene Stadtbewohner sich auf dem Lande angekauft, oder haben Landbewohner, als sie in die Stadt zogen, ihr agrarisch nutzbares Besitztum beibehalten?

Für die erstere Alternative, also für den fortschreitenden Erwerb von ländlichem Grundbesitz durch Bürger bietet das Basler Urkundenbuch schöne Belege. Heinrich Tanz, Bürger von Basel, hat 1253 von Ritter Rudolf Pfaffe das Haus Vorbrücke gekauft. 1262 erwarb er vom Kloster Marbach Weinberge im Bann von Geberschweier und zu Pfaffenheim im Elsaß für 45 Mark Silber. 1264 kaufte er um 51 Mark Silber von der Frau von Sulz (im Elsaß) und ihren drei Söhnen, Rittern von Epfig, ein Allod oder Eigen, mit Reben bepflanzt, im Bann von Geberschweier und einen Hof im Dorf zu Eigentumsrecht. Im folgenden Jahre (1265) erwarb er gemeinsam mit dem Basler Bürger Burkhard zum Rosen von Lutold von Röteln, Domherrn zu Basel, und dessen beiden Brüdern für 78 Mark ihr Eigengut zu Tannenkirch (im Breisgau), nämlich die Höfe Ettingen und Gupf mit Rechten und Zubehör, ausgenommen das Patronat über die Kirche von Tannenkirch.[1] Burkhard zum Rosen ist als Ratsherr in Basel nachweisbar, und zwar zu den Bürgern gehörig, nicht zu den Rittern.[2] Heinrich Tanz hat noch 1269 von dem Johanniterhaus zu Sulz Weinberge zu Geberschweier für 12 Mark Silber gekauft, 1271 ist er als Zeuge nachweisbar;[3] dann scheint der Tod seinem Erwerbseifer ein Ziel gesetzt zu haben. 1273 vergabte Guta, des Tanzes seligen Tochter und Ehefrau des Vivian, mit Zustimmung ihres Mannes alles Gut, das sie von Vater und Mutter geerbt hatte, Eigen und Erbe, an das Kloster St. Klara zu Basel; zugleich verfügte sie, daß alle Leute, die von ihr etwas zu Erbe empfangen hätten, es von dem Kloster St. Klara nehmen sollten, und hieß besonders den Birseler und den Vuller von Geberschweier und den Berner von Pfaffenheim und die anderen im Elsaß die Güter, die sie von ihr empfangen hätten, von den Frauen zu St. Klara zu nehmen.[4] Wie begreiflich hat der Tanz die von Basel recht entfernt gelegenen Weinberge nicht selbst bebaut, sondern gegen Zins nach Erbrecht ausgetan. Die genannten und die anderen Bauleute haben denn auch ihre Güter von dem Vertreter des

[1] Urkundenbuch der Stadt Basel, Bd. 1 (Basel 1890), Nr. 263, 405, 434, 456.
[2] Ibid. Bd. 2 (Basel 1893), Nr. 205, 1276; 219, 238, 1277.
[3] Ibid. Nr. 16, 64, 68. [4] Ibid. Nr. 113.

Klosters empfangen, wie Vogt und Rat zu Ruffach, vor denen die Handlung geschah, bezeugten.[1] Heinrich Tanz hat noch anderen Landbesitz gehabt, dessen Erwerb nicht unmittelbar nachweisbar ist; seine Tochter Gertrud, Frau des Heinrich Kraft, verzichtete auf das Gut zu Werenzhausen und Benken, das ihr von ihrem Vater zugefallen war, und zwar gleichfalls zugunsten des Klosters St. Klara, von dem die Leute, welche das Gut inne haben, es empfangen sollen.[2]

Für den Stadtbürger, der nicht selbsttätig Ackerbau trieb, bestand der Wert des Grundbesitzes in der daraus fließenden Rente, die der Hintersasse zu entrichten hatte. Es gab aber noch andere Mittel, sich Rentenbezug zu verschaffen, als den Erwerb von Eigentumsrechten an Grund und Boden. Das zeigen die Erwerbsurkunden Johanns des Spezereihändlers (apothecarius) von Basel. Auch sie sind in ihrer Aufeinanderfolge recht lehrreich.[3] Johann hat 1250 von Ludwig dem Krämer ein Hausgrundstück zu Erbe gekauft; Eigentümer war Konrad, Kaplan zu St. Andreas, dem ein Jahreszins von 44 solidi und 6 Bretzeln entrichtet werden mußte. Ein Haus an der Marktgasse kaufte er 1258 von Adelheid Schaltenbrand, die es kraft einer früheren Tradition vom Stift St. Peter zu Erbe hatte, und die dem Stift dafür Güter im Bann von Inzlingen übertrug; der Zins betrug für den neuen Inhaber 2 sol. 4 den. Gleichfalls zu Erbe, gegen Jahreszins von 6 den. an das Domstift, erwarb Johann im gleichen Jahre ein halbes Haus, genannt „Steinchelr". Ländlichen Grundbesitz hat er nicht erworben, sondern eben in anderer Weise sich Rentenbezug gesichert. 1263 trug er, als das Zisterzienserkloster Lützel Besitzungen zu Jungholz und im Bann von Hagental von dem Basler Ritter Heinrich dem Reichen um 56 Mark Silber zurückkaufte, 46 Mark bei unter der Bedingung, daß ihm und seiner Gemahlin auf Lebenszeit 30 Viertel Spelt, so viel als die Güter an Zins zu bringen pflegten, von der grangia des Klosters zu Attenschweiler jährlich in sein Haus geliefert werden sollten. Der Erwerbung dieser ersten Leibrente folgte sechs Jahre später (1269) die einer zweiten. Johann hat Rebland auf dem Trübelberg (bei Sulz im Elsaß), das er von der Witfrau von Trübelberg für 100 Pfund Basler Münze gekauft hatte, dem Kloster Unterlinden zu Kolmar zediert und soll dafür auf seine und seiner Gemahlin Lebzeiten 8 Pfund Basler Münze jährlich zu Martini erhalten,

[1] Ibid. Nr. 121. [2] Ibid. Nr. 129.
[3] Ibid. I Nr. 238, 343, 349, 423; II Nr. 24.

und es soll außerdem zu ihren Jahrzeiten dem Konvent für ein Talent Zukost gereicht werden.

Der erwerbseifrige Kaufmann war jedenfalls kinderlos und hat daher schon 1269[1] ein Testament errichtet, durch das er und seine Frau sich gegenseitig zu Erben aller ihrer Güter einsetzten. In der Folge baute er die Beziehungen zum Kloster Unterlinden weiter aus, während er die zu Lützel fallen ließ. 1271 schenkte er ersterem Kloster sein Haus in der Marktgasse, „Apoteka" genannt, und ebendort das halbe Haus der Steinchelr, und erhielt beide gegen einen Rekognitionszins von 1 Pfund Wachs jährlich auf sein und seiner Frau Lebzeiten zurück. 1273 kaufte er um 6 Pfund einen Garten vor dem Spalentor bei Basel, der Erbe vom St. Leonhardsstift war, und übertrug ihn dem Kloster Unterlinden; demselben Kloster zedierte er im gleichen Jahre eine Forderung von 264 Mark Silber und 2 Pfund, die er an das Kloster Lützel hatte. Zwei Jahre später bekannten Priorissin und Konvent von Unterlinden dem „apothecarius" 160 Mark Silber schuldig zu sein, die sie zum Ankauf von Besitzungen und anderweitig verwandt hätten, und versprachen dafür, ihm und seiner Frau auf Lebenszeit jährlich für jede Mark je ein Viertel Weizen zu entrichten. 1275 kaufte er vom Vizeprezeptor des Johanniterordens in Deutschland ein Haus zu Kolmar für 11 Mark unter der Bedingung, daß, falls er und seine Frau sterben oder in einen Orden eintreten würden, das Haus an den Verkäufer zurückfällt. 5 Tage später vollzog er die Aufgabe seines Hauses an der Marktgasse zu Basel, in dem er wohnte, an Kloster Unterlinden. 1279 hat Johann dem Kloster Unterlinden abermals eine große Schenkung gemacht, 264 Mark Silber, die zur Erweiterung des Gebäudes und zum Ankauf von Besitzungen in Sulz, Riedweier, Gebweiler, Pfaffenheim und anderwärts Verwendung fanden; dafür erhielt er mit seiner Frau eine jährliche Rente von 233 Viertel Weizen und Gerste, 2 Pfund 4 den. Münze und die Hälfte des Weines von 20 scadi (4 Mannwerk) Rebland; außerdem sollen ihre Jahrzeiten gehalten und ihr Andenken als das von Wohltätern des Klosters gefeiert werden.[2] Vermutlich hat der Unermüdliche noch mehr ähnliche Vergabungen gemacht. 1282 gestand ihm das Kloster auf sein und seiner Frau Lebzeiten die Nutznießung von 400 Viertel Getreide zu, halb Weizen und halb Gerste, von den Besitzungen des Klosters in Ober- und Nieder-Hergheim, Woffenheim und Heiligkreuz zu ent-

[1] Ibid. II Nr. 17.

[2] Ibid. Nr. 65, 104, 127, 163, 173, 174, 269.

richten. Die abschließende Handlung nahm 1287 seine Witwe vor, indem sie all ihre bewegliche und unbewegliche Habe dem Kloster schenkte und selbst eintrat.[1]

In solchen Reihen von Urkunden liegen den Grundzügen nach ganze Lebensläufe vor Augen. Über mehr als dreißig Jahre erstrecken sich Johanns Erwerbungen. Sie zeigen unverkennbar, wie er die ihm fortlaufend aus seinem Geschäftsgewinn zufließenden Kapitalien nutzbringend anlegte, nur daß er, der Fürsorge für Erben überhoben, nicht selbst Grundbesitz erwarb, sondern die Güter durch Klöster ankaufen und sich für sein vorgestrecktes Geld Leibgedinge verschreiben ließ. Mit dem Erwerb von Grundbesitz durch Stadtbürger ist also ohne Zweifel zu rechnen. Auf die Art des Besitzrechts, in das sie eintraten, Eigen, Erbe oder auch Mannlehen, kommt vom wirtschaftlichen Standpunkte aus nicht gar so viel an. Nur Boden in unmittelbarer Nähe der Stadt konnte der Bürger selbst bestellen; was weiter ablag, mußte er anderen zur Bebauung überlassen und empfing davon nur Grundrente.

Andererseits ist nicht aller Grundbesitz von Bürgern nachträglich erworben worden. Eine Klasse bezog jedenfalls seit alters Einkünfte vom Lande: die besonders in den Bischofsstädten angesessenen Ministerialen ritterlichen Standes, die gerade in Basel recht zahlreich waren. Von dem Reichtum, den Angehörige dieser Klasse gelegentlich erlangten, und der nicht in bürgerlichem Erwerb seine Wurzel haben kann, gibt ein Testament aus Worms Kunde, von Ritter Dirolf und seiner Frau Agnes herrührend. Das Ehepaar vermachte 1299[2] dem von ihm gegründeten Kloster Himmelskron in Hochheim an Renten 1300 Malter Weizen, von Landgütern an verschiedenen Orten zu entrichten, und 40 Pfund Heller, gleich 24 Pfund Pfennige, Grundzinse in der Stadt Worms, außerdem anderen geistlichen Stiftungen im ganzen 50 Pfund Jahresrente, ebenfalls von städtischen Grundstücken.

Indessen nicht die Ministerialen allein hatten seit alters ländlichen Grundbesitz, und nicht überall bildeten sie einen wesentlichen Bestandteil der Bürgerschaft. In der Stadt, von der unsere Betrachtungen ausgingen, in Frankfurt, zeigt schon der Familienname bürgerlicher Geschlechter ihre Herkunft vom Lande. Die von Offenbach müssen an dem gleichnamigen Orte Besitz behalten haben, auch als sie in der Stadt wohnten. Wicker auf der Brücke verfügte über

[1] Ibid. Nr. 372, 597.
[2] U.-B. Worms I Nr. 496.

eine kleine Rente von Gütern in Offenbach,[1] und ein anderer Zweig des Geschlechts, die 4 Söhne eines älteren Wicker, hatten vom St. Petersstift zu Mainz Novalzehnten in Offenbach zu Lehen.[2] Ebenso wird sich ein Zusammenhang des Geschlechts Holzhausen mit dem gleichnamigen Dorf in Hessen (bei Friedberg) nicht in Abrede stellen lassen. Nach einer undatierten, wohl mit Recht etwa zu 1245 gesetzten Urkunde[3] hat Gutda, Witwe des Heinrich centurio (Hundertschaftsvorstehers oder Zentgraf) in Holzhausen, als sie mit ihrer Tochter ins Kloster Marienhagen ging, eine Hufe dem Kloster tradiert, und außerdem hat Heinrich, genannt von Holzhausen, Bürger in Frankfurt, dem Kloster, als seine Tochter dort eingekleidet wurde, 10 Achtel Weizen jährlicher Rente von seinem Hofe in Erlenbach vergabt. Zeugen waren Schultheiß und Schöffen von Frankfurt; die Urkunde wurde mit dem Stadtsiegel versehen. All das deutet auf nahen verwandtschaftlichen Zusammenhang zwischen dem ländlichen Zentgraf und dem Stadtbürger, der später auf die Schöffenbank gelangte. Bürgerlicher Grundbesitz in Holzhausen ist später für die vom Hohenhaus nachweisbar und findet sich detailliert beschrieben in einem vor 1333 aufgesetzten Güterverzeichnis der Frau Rilind vom Hohenhaus.[4]

Nun handelt es sich in allen diesen Fällen aus Frankfurt um Familien, die nach geltender Anschauung zum städtischen Patriziat zu rechnen sind. Ritter waren diese Altbürger nicht, es fehlt in den Urkunden die entsprechende Bezeichnung; aber sie waren persönlich freie Leute und fühlten sich als solche. Das zeigt eine bisher meines Wissens nicht ganz richtig aufgefaßte Urkunde.[5] König Heinrich (VII.), der Sohn Kaiser Friedrichs II., gab 1232 den Schöffen und allen Bürgern von Frankfurt, Wetzlar, Friedberg und Gelnhausen die Freiheit, daß er niemals einen von ihnen, arm oder reich, zwingen werde, seine Tochter oder Nichte an jemand vom königlichen Hofe oder außerhalb desselben zu vermählen, und sofort ließ er von dem Zwang ab, den er gegen die Tochter des Johannes Goltstein von Frankfurt auszuüben begonnen hatte für „R. servo nostro", indem

[1] Vgl. o. S. 134.

[2] U.-B. Frankfurt I Nr. 262, 1266.

[3] Ibid. Nr. 141, vgl. dazu v. Nathusius-Neinstedt, Die Ritter unter den Patriziern, im Korrespondenzblatt des Gesamtvereins d. deutschen Geschichts- und Altertumsvereine, Jahrg. 1889, Jan., s. S. 33.

[4] U.-B. Frankfurt II Nr. 474.

[5] Ibid. I Nr. 94, vgl. dazu v. Nathusius-Neinstedt, Die Aufhebung des Ehezwangs zu Frankfurt a. M., im Archiv für Frankfurts Geschichte und Kunst, 3. F., Bd. 2 (1889), S. 141 ff.

er zusagte, daß er künftig keinen Bürger der Reichsstädte mehr zu dergleichen nötigen wolle, sondern nur tun werde, was er durch einfache Bitte erreichen könne, ohne Böswilligkeit. Konrad IV. hat 1240 das Privileg erneuert.[1] Er verzichtete, auf Beschwerden der Bürger hin, ihre Töchter und Witwen Dienern des königlichen Hofes (famulis curie nostre) zur Ehe zu geben. Die Zusage ist in einem Privileg König Richards 1257 wiederholt worden;[2] Anlaß zu ihr muß der in der ersten Urkunde erwähnte Einzelfall gegeben haben, der augenscheinlich viel Aufsehen erregte. Vier Reichsstädte gemeinsam haben beim König Beschwerde erhoben; das ist begreiflich im Hinblick auf die betroffene Persönlichkeit.

Johannes Goltstein (der Familienname entspricht dem einer Ortschaft bei Frankfurt) ist von 1222 bis 1245 als Schöffe nachweisbar[3] und muß gleich seinen Kollegen recht ansehnlich begütert gewesen sein. 1242 hat Konrad IV. einen Vertrag bestätigt,[4] den Johannes mit Ulrich dem Langen, ebenfalls einem Schöffen, geschlossen hatte, als sie gemeinsam um 100 Mark das Dorf Fechenheim kauften, des Inhalts, daß der Überlebende von beiden das Dorf für die Hälfte des Kaufpreises ganz an sich ziehen dürfe. Unter dem servus R., den ihm König Heinrich als Schwiegersohn aufdrängen wollte, ist keinesfalls ein unfreier Bauer von irgend einem Königshofe zu verstehen; curia bedeutet in der Urkunde Hofstaat des Königs. Es ist aber auch nicht an irgend einen niederen Angestellten etwa aus der Küche oder dem Marstall zu denken; für einen solchen wäre der König kaum persönlich eingetreten. Gemeint kann nur ein Ministeriale sein, einer der unfreien Ritter aus dem Gefolge des Königs, die ja auf die ganze Politik Heinrichs (VII.) einen so großen und verhängnisvollen Einfluß übten. Dem Günstling wollte der König eine reiche Heirat verschaffen; der Vater aber willigte nicht ein, seiner freigeborenen Tochter war der Herrenknecht nicht ebenbürtig, auch wenn ihn die Ritterwürde zierte.[5] Es ist ganz unbegreiflich, wie man aus der Urkunde die Aufhebung einer auf Leibeigenschaft der Bürger beruhenden Last hat herauslesen können. Hörige waren höchstens verpflichtet, den Konsens des Herrn zu ihrer Heirat einzuholen. Den Verheiratungszwang für Erbtöchter,

[1] U.-B. Frankfurt I Nr. 120.
[2] Ibid. Nr. 217. [3] S. ibid. im Register s. v. [4] Ibid. Nr. 126.
[5] Ein solcher Unfreier war z. B. der Reichstruchseß Markward von Anweiler, den Kaiser Heinrich VI., nachdem er ihn frei gelassen hatte, zum Herzog von Ravenna, Markgraf von Ankona etc. erhob, Winkelmann, Jahrb. Philipps u. Ottos IV., 1, 19.

wie ihn etwa die Normannenherrscher in England auf lehnsrechtlicher Grundlage übten, können deutsche Könige überhaupt nur mißbräuchlich in Anspruch genommen haben. Das Privileg hob nicht ein Recht auf, sondern ein Unrecht.

III. Für den Niedgau, in dem Frankfurt lag, sind die Zeugnisse aus karolingischer Zeit keineswegs ganz spärlich; vor allem Lorscher Traditionsurkunden[1] geben hier über die Grundbesitzverhältnisse Auskunft, wie die St. Galler für die Nordostschweiz.[2] Da zeigt sich denn eine starke Zersplitterung der Eigentumsrechte in den Dörfern. So beziehen sich auf Eschborn 13 Traditionen aus den Jahren 770—806, wenigstens 10 rühren von verschiedenen Tradenten her; noch erheblich größer sind die Zahlen für Eschbach. Wenn für andere Orte weniger Grundeigentümer bekannt werden, so liegt das an dem Umstande, daß denn doch nur ein verhältnismäßig kleiner Teil an Lorsch Traditionen gemacht haben kann, und es tritt dafür auffällig oft in Erscheinung, daß eine Tradition sich auf Besitzstücke an mehreren Orten bezieht. Viele der Tradenten waren nicht eigentlich freie Bauern, an denen es übrigens auch nicht gefehlt haben wird, sondern kleine Grundherren, die von ihren an verschiedenen Orten zerstreut liegenden Gütern nur einen Teil in Eigenbau bewirtschaftet haben können, ganz so wie der Stadtbürger und Schöffe Harpern am Anfang des 13. Jahrhunderts seine Landwirtschaft auf einem Hofe bei der Stadt betrieb und daneben Besitz an anderen Orten hatte. Die Ähnlichkeit zwischen den Besitzverhältnissen im 9. und 13. Jahrhundert ist überhaupt frappant, trotz aller Verschiebungen, die inzwischen durch die Ausdehnung des geistlichen Grundbesitzes und den Einfluß des Lehenswesens eingetreten sein müssen. Es läßt sich gar wohl annehmen, daß freie Grundeigentümer in die Städte gezogen sind; nur daß eine solche Verlegung des Wohnsitzes sich weniger für freie Bauern eignete, die aus der Ferne ihren Wirtschaftsbetrieb nicht aufrecht erhalten konnten, als eben für die kleinen Grundherren, deren Einkünfte nicht auf Eigenwirtschaft allein beruhten, und denen es schließlich wenig verschlug, wo sie die Zinse in Empfang nahmen. Das städtische

[1] Codex principis olim Laureshamensis abbatiae dipl., ed. Academia Theodoro palatina, Mannheim 1768, s. Bd. 3, S. 83ff., Nr. 3315—3407, vgl. Archiv f. Frankfurts Gesch. u. Kunst, Bd. 1, H. 2 (1839), S. 8ff.

[2] Vgl. den Aufsatz: Die Grundbesitzverteilung in der Nordstschweiz und den angrenzenden alamannischen Stammesgebieten zur Karolingerzeit, in meinen Beiträgen zur älteren deutschen Wirtschafts- und Verfassungsgeschichte (Leipzig 1905), S. 1ff.

Patriziat wäre demnach hervorgegangen aus den mittleren Freien, deren Besitz zu ritterlicher Lebensweise nicht ausreichte, und die daher nicht (hochadlige) Freiherrn wurden, sondern, je mehr sich der Spielraum für sie auf dem Lande verengte, entweder in den für unfrei geltenden Ministerialenstand (niederen Adel) eintraten, oder aber durch Wegzug in die Städte ihre Freiheit bewahrten.

Das Problem des ländlichen Grundbesitzes der Stadtbürger ist durch den Nachweis nachträglichen Erwerbs und der Einwanderung ländlicher Grundbesitzer[1] noch nicht gelöst. Beide Erklärungen treffen zu, erschöpfen aber in letzter Instanz die Möglichkeiten nur für die neu gegründeten Städte, zu denen Frankfurt und die umliegenden Reichsstädte gehörten. In den alten Städten, den Bischofssitzen, die seit der Römerzeit bestanden, sind von jeher Leute seßhaft gewesen, die Grundbesitz außerhalb der Ringmauern hatten, die selbst Landwirtschaft trieben und Zinse von Hintersassen bezogen. Gewiß muß dies beides wohl unterschieden werden. Agrarische Beschäftigung, und nicht bloß Viehzucht, übten die Bürger in älterer Zeit selbst innerhalb des Mauergürtels. Otto von Freising[2] beschreibt zum Jahre 1117 Mainz, so wie er wohl selbst etwas später die Stadt gesehen hat, lang ausgestreckt am Rhein und nicht sehr breit, an der Landseite von einer starken Mauer mit nicht wenigen Türmen umgeben. Die ansehnlichen Kirchen und Gebäude lagen am Rhein, dort war der Boden dicht besiedelt; an der anderen Seite wohnten nur wenige Menschen, das Land wurde da zum Weinbau und anderweitig benutzt. Ähnlich dürfte Mainz auch zur Karolingerzeit ausgesehen haben; es zeigen das Fuldenser Traditionsurkunden. Bereits 753 verkaufte ein gewisser Adalbert dem h. Bonifacius einen Weinberg innerhalb der Mauer der Stadt Mainz und einen Weinberg außerhalb im Dorfe Bretzenheim; 758 schenkte Rathari von Mainz an Kloster Fulda einen Weinberg innerhalb der Stadtmauer.[3] Gewiß wurde solches Rebland von den Stadtbewohnern selbst angebaut; aber aus der Zeit Pippins ist auch ein Mainzer bekannt, der, ganz ähnlich dem fast ein halbes Jahrtausend jüngeren Schöffen von Frankfurt, neben Grundbesitz in und bei der Stadt entfernter gelegenen auf dem Lande hatte. Am 18. Dezember 765[4] tradierte Bernhari mit seiner Frau Walthaid und seiner Schwester Hiltilanc

---

[1] Ein beachtenswerter Fall ergibt sich auch aus den Urkk. U.-B. Frankf. I Nr. 441, 1281, 462, 1282, 883, 1307.

[2] Gesta Friderici imp. l. 1, c. 13, M. G. S. 20, 359, S.-A.[2] S. 23.

[3] Codex diplomaticus Fuldensis, hg. von Dronke (Kassel 1850), Nr. 6 u. 19.

[4] Ibid. Nr. 27.

für den Fall ihres Ablebens dem Kloster Fulda zwei Hausgrundstücke innerhalb der Mauer von Mainz, davon eines am Rhein gelegen, einen Weinberg innerhalb der Stadtmauer und an sie angrenzend, vier Weinberge und Wiesen an zwei Orten außerhalb der Stadtmauer, dazu im Wormsgau im Dorfe Saulenheim alles, was er dort hatte, Hausgrundstücke, Hufen, Häuser, Gebäude, freie Hintersassen, Weinberge, Ackerland, nur ausgenommen einen Weinberg, den Thanchulf inne hält, dazu Unfreie. Die Urkunde ist in Mainz ausgestellt, und überwiegende Wahrscheinlichkeit spricht dafür, daß Bernhari in Mainz selbst seinen Wohnsitz hatte; Zweifel könnte höchstens erregen, daß mit den aree nicht auch ein Haus übertragen wird. Dieses Bedenken fällt bei folgenden Urkunden weg. Adalfrid tradierte 773 mit seiner Gattin Songart dem Kloster Fulda für den Fall ihres Todes 2 aree in Mainz, eine mit Haus, und unter anderem auch einen Weinberg in Laubenheim. Udo vergabte 797 mit seiner Frau Geilsuinda dem Kloster Fulda zwei aree mit allen Baulichkeiten, dazu einen Weinberg innerhalb, einen zweiten außerhalb der Stadtmauer, einen dritten in der Gemarkung von Bretzenheim und ebendort 40 Joch Ackerland, dazu 11 Unfreie.[1]

Es ließe sich wohl noch einen Schritt weiter zurückgehen. Jene merkwürdige Quelle, die Einblick vergönnt in die dunkelsten Zeiten der Völkerwanderung und des 5. Jahrhunderts, die vita s. Severini,[2] weiß von Städten in Noricum und an der Donau zu berichten, deren Bewohner als Hauptbeschäftigung Ackerbau trieben. Da wird erzählt, wie Hunimund mit wenigen Barbaren Passau überfiel, als fast alle Bewohner bei der Ernte beschäftigt waren und nur vierzig Männer zur Hut der Stadt zurückgelassen hatten, die der wilde Feind niedermetzelte. Eine kranke Frau in Juvavum (später Salzburg) machte der Heilige in wunderbarer Weise gesund, so daß sie schon am dritten Tage nach Landessitte mit eigenen Händen wieder am Feldbau sich beteiligen konnte. Den Bewohnern des Kastells Cucullis, dessen Gebiet von Heuschrecken bedroht war, befahl der Heilige, in der Kirche zu beten, was sie auch taten. Nur ein sehr armer Mann ging auf seinen Acker und bemühte sich den ganzen Tag über die Heuschreckenscharen zu verscheuchen; am nächsten Morgen fand er gerade seine Saat gänzlich aufgefressen, während die der Nachbarn unberührt war, und was dergleichen Er-

---

[1] Ibid. Nr. 43 u. 143.

[2] M. G. Auct. antiquissimi, Bd. 1, T. 2, s. Kap. 22 (S. 19), Kap. 14 (S. 15), Kap. 12 (S. 14), Kap. 18 (S. 17) usw.

zählungen mehr sind. Nicht Landleute, sondern die Bewohner der festen Plätze lieferten auf Ermahnung des Heiligen den Zehnten von ihren Früchten ab zum Unterhalt der Armen, und als die von Lauriacum (Lorch) sich weigerten, wurde ihr Korn unmittelbar vor der Ernte vom Rost befallen. Indessen möchte ich nicht allzuviel beweisen wollen.

Eine untergegangene Welt schildert die vita des h. Severinus. Die Städte, in denen er wirkte, sind in Trümmer gesunken, haben jahrhundertelang wüst gelegen, oder sind gänzlich vom Erdboden verschwunden; ihre Bewohner sind umgekommen oder fortgezogen. Am Rhein ist nun die römische Kultur nicht so völlig zugrunde gegangen wie an der Donau; eine Stadt wie Mainz blieb andauernd bewohnt, nur daß hier statt der römischen Personennamen, die für das 5. Jahrhundert vorauszusetzen wären, im 8. durchgehends germanische erscheinen. Ob das auf einen gänzlichen Wechsel der Einwohnerschaft schließen läßt, könnte noch fraglich sein; aber wie es sich auch damit verhalten möge: Von einer Entstehung des Landbesitzes der Stadtbewohner läßt sich, soweit die alten Städte in Betracht kommen, nicht wohl reden; er war immer vorhanden. Nicht nur in ständischer Beziehung, sondern auch gerade rücksichtlich der wirtschaftlichen Beschäftigung und Lage unterschieden sich bis zum späteren Mittelalter Stadt- und Landbewohner durchaus nicht sehr erheblich. Deswegen darf jedoch nicht die andere Seite des städtischen Lebens ungebührlich hintangesetzt werden, die man sonst wohl allzu ausschließlich hervorhebt. Unbeschadet seiner agrarischen Beschäftigung konnte der Bürger Handel treiben und Geld erwerben. So baten die Bewohner von Passau den h. Severin,[1] er möge zu Febana, dem Fürsten der Rugier, gehen und ihnen die Erlaubnis zum Handel mit dessen Volk auswirken. Der Heilige erwiderte: das hätte keinen Zweck, ihre Stadt würde doch bald zerstört werden; was brauchten sie für Waren zu sorgen an Orten, wo kein Kaufmann fernerhin werde sich einfinden dürfen.

Am Rhein hat der Verkehr so wenig aufgehört, als die Städte untergingen. Gewiß sind Vorstellungen von erheblichen Umsätzen im Handel der Karolingerzeit durchaus nicht am Platze, und man wird die Betriebsformen nicht einfach genug sich vorstellen können; aber die primitive Stufe des Tauschhandels war längst überwunden. Das Geld, geprägt oder in Barren, diente als Vermittler des Warenumsatzes, wie schließlich schon bei den alten Germanen zur Zeit

---

[1] Ibid. Kap. 22 (S. 19).

des Tacitus, die sich übrigens auf den wahren Wert der römischen Münzen ganz wohl verstanden, wenn sie nicht die schönen neuen Silbermünzen mit dem Kaiserkopf nehmen wollten, sondern die alten der republikanischen Zeit bevorzugten, wegen ihres geringeren Kupferzusatzes.[1] So wird es angängig sein, einen oder den anderen der Bewohner von Mainz, die an Kloster Fulda Traditionen machten, als Kaufmann aufzufassen. Am 15. September 791[2] tradierte Lantfrid für den Fall seines Todes: Ein Grundstück außerhalb der Stadtmauer mit Häusern und anderen Baulichkeiten überbaut, das an den Rhein stößt, alle seine Unfreien, mit Ausnahme von zehn und einer Magd mit Kind,[3] all seinen Erwerb und Habe, bestehend in Gold, Silber oder irgend einem Metall und anderen Dingen. Das Vermächtnis trägt bei der Hervorhebung des Barbestandes neben den Waren so gut einen geldwirtschaftlichen Charakter, wie etwa das viel jüngere des Hermann von Köln in Frankfurt. Aller Wahrscheinlichkeit nach war Lantfrid ein Kaufmann, der einen Teil seines Betriebskapitals in Edelmetallvorräten flüssig erhielt.

Am 15. Januar 813[4] schenkten Eggiheri und seine Frau Vvolfsvvind dem Kloster Fulda 3 Unfreie und die Hälfte ihres Erwerbes, alles, was sie in Zukunft werden erarbeiten können an Gold, Silber, Kleidungsstücken, Vieh, Geräten, Wein und anderen Dingen; auch hier steht der Erwerb aus Landwirtschaft schwerlich in erster Linie. Gold und Silber brachten die Güter nicht hervor, wohl aber erforderte und ermöglichte bereits im Zeitalter Karls des Großen der Handel die Ansammlung von mobilem Kapital, selbst im kapitalfeindlichen Deutschland. Denn daß in Italien damals verhältnismäßig erheblicher Mobiliarbesitz keine Seltenheit war, zeigt ein Gesetz des Langobardenkönigs Aistulf über die Pflicht zum Heerdienst,[5] das besagt: Leute, die Gewerbe treiben und keinen Grundbesitz haben, sollen, wenn sie zu den größeren und leistungsfähigen gehören, mit Pferd, Panzer, Schild und Lanze ausziehen, ganz wie die erste Klasse der Grundbesitzer, die 7 mit Hintersassen besetzte Höfe oder mehr haben. In Italien hat freilich das Wirtschaftsleben seit der Römerzeit weit mehr einen ausgesprochen städtischen Charakter bewahrt als diesseits der Alpen. Die Grundbesitzer vom Lande wohnten

[1] Tacitus, Germania Kap. 5, vgl. Seeck, Gesch. des Unterganges der antiken Welt, Bd. 2 (Berlin 1901), S. 202f.

[2] Cod. dipl. Fuld. Nr. 101.

[3] So der hier vielleicht nicht korrekte Text.

[4] Ibid. Nr. 280.

[5] M. G. LL. 4, 196.

großenteils in der Stadt, ähnlich wie das einst im Altertum der Fall war, so daß in den Städten der Lombardei im 11. Jahrhundert unter dem Einfluß des Lehnswesens auf die Besitzrechte geradezu die drei Stände der größeren und kleineren Vasallen (capitanei, valvassores) und der eigentlichen Bürger unterschieden wurden. In Oberdeutschland sind die ländlichen Grundbesitzer in ungleich höherem Grade auf dem Lande seßhaft gewesen, Landadel und städtisches Patriziat sonderten sich viel schärfer und für die Dauer; aber so gänzlich verschieden waren die deutschen und italienischen Verhältnisse nicht, als daß nicht Vergleichspunkte sich finden ließen. Ein Bezug von ländlichen Grundrenten durch Stadtbewohner fand hier wie dort statt, und zwar nicht erst seit durch Handel reich gewordene Bürger begonnen hatten, sich auf dem Lande anzukaufen, sondern gewissermaßen von Anfang an. In den alten ummauerten Wohnplätzen Deutschlands gab es so gut wie in Dörfern und Weilern jene den Großbauern nahestehenden kleinen und kleinsten Grundherren, die aus eigenem Landwirtschaftsbetrieb und Zinsen von Hintersassen ihren Lebensunterhalt bezogen. Zur Bevölkerung der neu emporwachsenden Städte stellte diese Klasse ein, vielleicht nicht numerisch, aber sozial und wirtschaftlich bedeutsames Element, freilich nur da, wo sie überhaupt vorhanden war, in den alt besiedelten Landschaften des Südens und Westens, wo noch im 13. Jahrhundert die alte Gliederung der Gesellschaft in Freie und Unfreie stark nachwirkte, und nicht im Osten, auf Kolonialboden, wo die Art der Besiedelung von vornherein den Unterschied der Berufstände, der Ritter, Bürger und Bauern, klarer ausgeprägt zur Geltung brachte.

IV. Das Lübecker Urkundenbuch[1] bietet für das 13. Jahrhundert ein ungemein reichhaltiges Material; die Zahl der Urkunden übersteigt 800. Um so sicherer ist hier aus dem Fehlen von Zeugnissen die negative Schlußfolgerung, daß kein Lübecker Bürger außerhalb der Stadtmark Grundeigentum besaß. Es kam natürlich vor, wenn auch nicht eben häufig, daß sie solches erwarben. So erhielt 1271[2] Gerhard von Bremen, Bürger von Lübeck, von den Grafen von Holstein gegen Zahlung von 250 Mark Pfennigen das Eigentum an dem halben Dorf Sürstorf und dem ganzen Dorf Scharbeutz, die er bisher von ihnen zu Lehen hatte, mit hoher und niederer Gerichtsbarkeit und allem Zubehör, ausgenommen die landesherrlichen Rechte, Landwehr, Burgwerk und Grafenschatz. Gerhard erscheint später als

---

[1] Codex diplomaticus Lubecensis, Bd. 1 u. 2, Lübeck 1843 und 1858.
[2] Ibid. I, Nr. 327.

Ratsherr in Lübeck.[1] Den Ankauf hat er wohl nicht vorgenommen, um die Güter zu behalten; bereits 1272 gaben die Grafen von Holstein ihre Zustimmung zur Übertragung des Dorfes Scharbeutz, das 14 Hufen enthielt, an das Hospital zum heiligen Geist in Lübeck, und 1274 zum Verkauf von 10 Hufen in Sürstorf an das gleiche Hospital,[2] als dessen provisor übrigens Gerhard später nachweisbar ist.[3]

Besonders deutlich zeigen den abweichenden Charakter der ostniederdeutschen von den oberdeutschen Besitzverhältnissen die Testamente, deren einige auch aus Lübeck vorliegen. So ein undatiertes, das vor 1288[4] angesetzt wird: Hermann von Bucken vermacht sein Haus zur Errichtung einer Vikarei an der Kirche St. Jakob, zum vollen Ausbau des Hauses 26 Mark Silber, seiner Frau seinen Anteil an einer im englischen Graben gelegenen area, 84 Mark Silber und alles Hausgerät, seinen Brüdern und Neffen zusammen 86 Mark Silber, für Zwecke der Kreuzzüge nach dem h. Lande, Riga, Preußen usw., zusammen 50 Mark Silber, an Kirchen 43 Mark Silber und 70 Mark Pfennige verschiedener Münzsorten und auch noch unter anderem 10 Mark Silber zu Kleidern und Schuhen für die Armen. Die gesamten Legate sind zwar im Text durchgestrichen und ein Zusatz auf der Rückseite des Blattes stellt die Errichtung der Vikarei dem Ermessen seiner Frau anheim, so daß wohl das Ganze nur Entwurf ist; aber worauf es ankommt, tritt deutlich hervor: Hermann von Bucken hatte keinen Grundbesitz außerhalb der Stadt, obgleich er nicht unvermöglich war und vom Lande stammte. 1269[5] wurde ein Streit zwischen Nikolaus, Herrn von Werle, und der Stadt Lübeck beigelegt, bei dem es sich jedenfalls um Ansprüche handelte, die Meineko, ein Lehnsmann des Herrn von Werle, auf Godefrid von Bucken, Bürger der Stadt, erhob. Die Sache ist nicht ganz klar, auch nicht, ob dieser Godefrid mit einem gleichnamigen Bruder des Hermann identisch ist oder ihr Vater war. Der größeren Kirche von Bucken hat Hermann ein Legat ausgesetzt zur Anschaffung von Meßgeräten.

Ganz ähnlich ist ein zweites, vollständiges Testament, das auch vor 1289 fällt.[6] Godeke von Swineborch vermachte der Gesa, der Tochter seiner Schwester, das Haus, in dem er wohnt, alles Hausgerät und 50 Mark Pfennige, und der Greta, der Tochter der Gesa,

---

[1] Ibid. Nr. 535, 536, 1289, 552, 555, 1290.

[2] Ibid. Nr. 335, 352.

[3] Ibid. Nr. 670, c. 1297, 681, 1298.

[4] Ibid. Nr. 531. [5] Ibid. Nr. 311. [6] Ibid. Nr. 530.

200 Mark Silber. Er vermachte ferner $^2/_3$ des anstoßenden Hauses und $^2/_3$ von 14 solidi Weichbildrecht (Grundzins) davon an die Kirche St. Jakob, das letzte Drittel an St. Klemens, 18 sol. Grundzins, zu entrichten von dem Weber Bernard, an die Kirche St. Egidius. Die Legate an Kirchen, Klöster, Spitäler usw. belaufen sich auf zusammen 462 Mark Pfennige, jeder Beghine in der Stadt ist 1 sol. ausgesetzt, jedem Armen 1 den., andere Legate betragen 33 Mark, 30 Mark sollen für Pilgerzwecke nach dem h. Lande und Riga dienen, für 100 Mark soll ihm 10 Jahre lang täglich eine Messe bei St. Jakob gelesen werden, 100 Mark fallen an die Hausarmen, 2 Mark an jemand, der zur h. Elisabeth nach Marburg pilgert. Seinem Diener Thiderus legiert Godeke seine Waffen, seinem Knecht Friso 2 Mark und seine alten Kleider. Was er sonst noch an Gütern haben wird, sollen die Exekutoren des Testaments nach Gutdünken vergaben.

In einem anderen Testament, vom 7. April 1289,[1] vermacht Nikolaus Vrowedhe 350 Mark Pfennige von Handelswaren (de bonis mercimonialibus), um eine Vikarei in der Marienkirche zu stiften, die der Sohn des Winand von Wirinchusen erhalten soll, sobald er Priester wird. Sein eigener Sohn, Hinric, erhält 300 Mark, seine Tochter Margarete das Haus, in dem er wohnt, ein Haus, in dem Faßbinder verweilen, und einen Getreidespeicher, dazu Weichbildrecht von 3 Häusern, im ganzen 12 Mark Pfennige weniger 3 sol., und 6 sol. von einer area. Nikolaus, der Sohn seiner Tochter, erhält 200 Mark Silber, die im Seehandel angelegt werden sollen; die beiden Töchter seiner Tochter erhalten 400 Mark Pfennige, um davon Renten zu kaufen, usw. Zum Vergleich für den Gebrauchswert des Geldes führe ich an, daß nach Urkunde von 1289[2] dem Stadtschreiber ein jährliches Gehalt von 16 Mark Pfennigen und 6 Mark für Kleidung ausgesetzt ist; dazu kommen allerdings Gebühren aus der Führung des Stadtbuchs. Wollte man allein nach dem Schema Natural- und Geldwirtschaft diese Zeugnisse beurteilen, so käme man zu der Ansicht, daß im Nordosten die Geldwirtschaft ungleich weiter fortgeschritten war als im Südwesten, weil der Besitz an mobilem Kapital den an Grund und Boden überwog; und doch stand sonst in jeder Beziehung das neue Kulturland des Ostens hinter dem alten des Westens zurück.

Aus dem regen Handelsverkehr Lübecks, der die Ansammlung von Kapitalien ermöglichte und hervorrief, läßt sich allein die Er-

---

[1] Ibid. Nr. 533. [2] Ibid. Nr. 534.

scheinung nicht erklären; in italienischen Seehandelsstädten, Genua, Venedig, findet sich der Grundbesitz von Bürgern auf dem Lande genau ebenso und selbst in noch höherem Maße als etwa in einer binnenländischen Industriestadt wie Florenz, und eine stark kommerziell tätige oberdeutsche Stadt wie Augsburg gleicht, wie das hier allerdings für das 13. Jahrhundert etwas spärlicher vorliegende Material[1] erkennen läßt, in dieser Beziehung den anderen. Dabei tritt das Standesbewußtsein der Patrizier als vollfreier Leute in Lübeck eher noch kräftiger hervor als im Süden. Eine Ratsordnung, die jedenfalls im 13. Jahrhundert in Geltung war,[2] stellte als Vorbedingung für die Wahl zum Ratsherrn auf: freie Geburt, keines Herren eigen oder Amtmann, und Besitz von Eigen in der Stadt. Die Erklärung kann nur in den Verhältnissen bei der Gründung und in den Rechtszuständen des umliegenden Landes zu suchen sein. Auf Kolonialboden gab es keine freien Bauern, die auf Eigengut saßen, und auch nicht die ihnen so nahestehenden kleinen Grundherren. Dörfer und Städte waren systematisch angelegt, die einen mit wohlregulierten Hufen, die anderen mit planmäßig abgesteckten aree; die Ritter empfingen Lehen, die Bauern Hufen zu Erbe, und die Kaufleute aree nach Stadtrecht. Der eine konnte und sollte in die Sphäre des anderen nicht übergreifen. Stadt und Land waren von Anfang an getrennt, und es änderte daran nichts, daß die Bürger wohl auch in der Gemarkung der Stadt Ackerbau trieben oder doch Vieh hielten, wie das selbst für Lübeck nicht zu bezweifeln ist, geschweige denn für kleine Ackerstädtchen. Wollte der Bürger außerhalb der ihm gesteckten Grenzen Landbesitz erwerben, so mußte er Bauer werden, was nicht jedermann zugesagt haben wird, oder Ritter, was durchaus nicht unmöglich war, aber ihn der Stadt entfremdete.

Es würde gewiß verlohnen, die hier begonnene Untersuchung auf eine größere Anzahl von Städten verschiedener deutscher Landschaften auszudehnen. Leicht verwertbares Material liegt ja in ausreichender Menge in den Urkundenbüchern bereit.[3] Nur die Extreme gleichsam möchte ich einander gegenübergestellt haben, einmal

---

[1] Urkundenbuch der Stadt Augsburg, hg. von Ch. Meyer, Bd. 1, Augsburg 1874.

[2] U.-B. Lübeck I, Nr. 4.

[3] Vgl. z. B. Urkundenbuch der Stadt Erfurt, hg. von C. Beyer, Bd. 1, Halle 1889 (Geschichtsquellen der Provinz Sachsen, Bd. 23), Nr. 58, 1193, 77, 1217, 93, 1225, 199, 1265 usw. Osnabrücker Urkundenbuch, hg. von F. Philippi, Bd. 2 (Osnabrück 1896), Nr. 428, 1243, 471, 1246.

den Grundbesitz der Stadtbürger in den Römerstädten und in den neu gegründeten, wo sich benachbarte Grundeigentümer niederließen, andererseits die schroffere Scheidung der Stadt vom Lande in den Kolonialgebieten des Ostens, die aus der Ferne her besiedelt wurden. Es gibt wohl auch mancherlei Zwischenstufen; vielleicht ähnelten die Marktstädte Ostsachsens hinsichtlich der Besitzverhältnisse der Bürger von vornherein mehr den nach ihrem Vorbild angelegten ostelbischen Städten als denen des Westens und Südens.[1] Ganz besondere Beachtung würde aber die Fortentwickelung der Zustände des 13. Jahrhunderts im späteren Mittelalter und der Neuzeit verdienen.[2] Dem Rentenbezug der Stadtbürger von Landgütern wies Sombarts[3] Theorie eine wesentliche Rolle zu für die Entstehung des modernen Kapitalismus. Indem er die These aufstellte, daß die Urvermögen, aus denen das Kapital sich zu entwickeln vermochte, nichts anderes seien als akkumulierte Grundrente, ließ er geradezu von der Stärke des Zuflusses von Landrentenbezügern die Entwickelung des bürgerlichen Reichtums abhängen.[4]

Die Aufstellungen Sombarts haben lebhaften Widerspruch gefunden, vor allem durch Below,[5] der die gesamte Theorie einer scharfen Kritik unterzog. Ihre eigentliche Basis ist von Strieder,[6] wie man sagen darf, umgeworfen worden durch die Ermittelung des Anwachsens der großen Vermögen in Augsburg aus den Steuerlisten des 15. und 16. Jahrhunderts. Da zeigte sich denn die Unrichtigkeit der Annahme, daß aus den grundbesitzenden Geschlechtern die Handelsherren hervorgingen, die, nicht zufrieden mit dem Rentenbezug, ihre angesammelten Schätze in kommerziellen Unternehmungen zu verwerten begannen. Strieder hat nachgewiesen, daß eine ganze Anzahl „reicher Handelsleute und Geldmänner“ in Augsburg aus dem Stande der berufsmäßigen Kaufleute und den Handwerkerkreisen hervorgegangen sind; aber Strieder hält fest an der von Sombart so stark betonten Unterscheidung des älteren handwerksmäßigen Handels, dessen Zweck nichts weiter als Bedarfs-

[1] Vgl. Urkundenbuch der Stadt Magdeburg, hg. von G. Hertel, Bd. 1, Halle 1892 (Geschichtsquellen der Provinz Sachsen, Bd. 26).

[2] Für Frankfurt s. K. Bücher, Die Bevölkerung von Frankfurt a. M. im 14. u. 15. Jahrh. (Tübingen 1886), S. 261 ff.

[3] Der moderne Kapitalismus, Bd. 1, Die Genesis des Kapitalismus, Leipzig 1902.

[4] Ibid. S. 291 ff.

[5] Die Entstehung des modernen Kapitalismus, Historische Zeitschrift, Bd. 91 (N. F. 55, 1903), S. 432 ff.

[6] Zur Genesis des modernen Kapitalismus, Leipzig 1904.

befriedigung war, von dem jüngeren, kapitalistischen, der auf Erzeugung von Reichtum hinarbeitet.[1] Letzteren läßt Sombart[2] erst entstehen, als die Grundrentenbezüger dem Handel sich zuwandten. Von ihnen sei der kapitalistische Geist des Gewinnstrebens ausgegangen, an dem es früher mangelte. Auf ein psychologisches Motiv wird also die wirtschaftliche Wandlung zurückgeführt. Gerade diese Grundlage der Theorie ist unhaltbar.

Wenn Eggiheri von Mainz 813 sich vornahm, noch Gold und Silber zu erwerben, was war das anderes als Gewinnstreben über den unmittelbaren Bedarf hinaus, da er doch zu seinem Lebensunterhalt die Ansammlung von Edelmetallvorräten nicht nötig hatte, und ganz unbegreiflich ohne die Annahme einer gewissen Habgier wäre der Basler, der sein gewiß recht lukratives Gewerbe Jahrzehnte hindurch fortsetzte und aus dem angesammelten Gewinn eine Rente nach der anderen erwarb, wiewohl er längst mehr als genug hatte, um davon leben zu können. Das angebliche psychologische Leitmotiv kann, soweit die Einzelpersönlichkeit in Betracht kommt, niemals das Bestimmende gewesen sein. Nicht die Idee der Nahrung[3] beherrschte den Kaufmann in einer noch so entlegenen Vergangenheit, sondern das Streben nach Gewinn, nicht minder wie den Ritter, der im Herrendienst oder auf Kriegszügen nach Lehen und Beute trachtete, oder selbst den Bauer, dem noch am meisten ein eng begrenzter Wirkungskreis gesteckt war. Richtig ist soviel, daß in der Signatur ganzer Epochen die Beschränkung des Gewinnstrebens durch Vorschriften des Gewerberechts eine erhebliche Rolle spielt. Es gehören dahin all die mannigfaltigen Bestimmungen in Zunftstatuten und Stadtrechten für Handwerker und Kaufleute über Ausschluß der Konkurrenz, Begrenzung des Gewinns, Kleinhaltung der Betriebe. Das war die naturgemäße Reaktion gegen den allzu machtvoll sich hervordrängenden individuellen Erwerbstrieb, die noch überdies Rückhalt fand an kirchlichen, moraltheologischen Doktrinen.

Zutreffend ist auch, daß nach Betriebsform und Funktionen wenigstens der oberdeutsche Handel am Ende des 15. Jahrhunderts bereits erheblich von dem früherer Zeiten abwich, auch hatten sich die Umsätze vergrößert, und damit der absolute Gewinn; aber deswegen besteht keine prinzipielle Verschiedenheit zwischen einem jüngeren, kapitalistischen, und einem älteren, handwerksmäßigen Handel, sondern höchstens eine relative. Der Satz, daß der Handel

[1] Ibid. S. 223f. [2] 1, 294. [3] Sombart 1, 174.

seiner Natur nach kapitalistisch betrieben werden muß, behält trotz des Widerspruchs von Sombart seine Geltung.[1] Der Kaufmann war alle Zeit Unternehmer, ein größerer oder auch ein kleinerer, je nach den Umständen, der mit eigenem Gelde arbeitete oder, und das kann auch im früheren Mittelalter nicht ganz selten gewesen sein, mit fremdem, von einem Kapitalisten vorgestreckten. Es ist eben der Unterschied zwischen Unternehmer, dem Leiter des Betriebes, und Kapitalist, der ohne Mitarbeit erwirbt, zu berücksichtigen. Ein richtiger Kapitalist war, oder sollte doch werden, der (jedenfalls noch unmündige) Enkel des Nicolaus Vrowedhe in Lübeck,[2] dem der Großvater 200 Mark Silber vermachte mit der Bestimmung: „ut ei super fortunam suam ducantur in negociacionibus ad aquas", (daß sie für ihn auf sein Risiko im Seehandel angelegt werden). Es muß ein Accomendageschäft beabsichtigt gewesen sein von der Art, wie sie aus dem Bereich des Mittelmeerhandels durch zahllose Urkunden bekannt sind.[3] Der Kaufmann, der das Geld übernahm, es in Waren anlegte und über See ging, um drüben die Waren zu verkaufen, andere einzukaufen und wieder mit Gewinn abzusetzen, das war der Unternehmer; der Enkel des Vrowedhe, der ohne eigene Mitarbeit Nutzen zog, war der Kapitalist. Das ganze Geschäft erscheint wenigstens der Absicht nach (wie die Ausführung vor sich ging, ist ja nicht nachweisbar) als eine kapitalistische Unternehmung im Sinne von Sombart,[4] das ist „eine Wirtschaftsform, die bezweckte, durch eine Summe von Vertragsabschlüssen über geldwerte Leistungen und Gegenleistungen ein Sachvermögen zu verwerten oder mit einem Aufschlag (Profit) dem Eigentümer zu reproduzieren". Ich zitiere die Definition wörtlich, um ihre Anwendbarkeit auf den Fall vor Augen zu führen. Die 200 Mark waren ein wirkliches Kapital, ein Sachvermögen, das in der genannten Art zu kapitalistischer Unternehmung genutzt werden sollte; ob sie ein großes oder ein kleines Kapital darstellen, — der heutige Metallwert ist etwa 9000 Mark, — tut dabei sehr wenig zur Sache. Der Größenbegriff ist relativ. Bei

[1] R. Ehrenberg, Große Vermögen, ihre Entstehung und ihre Bedeutung, Bd. 1, Jena 1902, S. 7f.; s. gegen Sombart jetzt vor allem H. Sieveking, Die kapitalistische Entwicklung in den italienischen Städten des Mittelalters, Vierteljahrschr. f. Sozial- u. Wirtschaftsgesch., Bd. 7 (1909), S. 64ff., und dazu H. Sieveking, Aus Genueser Rechnungs- und Steuerbüchern, Sitzungsberichte der Wiener Akademie, phil.-hist. Klasse, Bd. 162, 1909.

[2] Vgl. o. S. 151.

[3] Vgl. F. Keutgen, Hansische Handelsgesellschaften vornehmlich im 14. Jahrh., Vierteljahrschr. f. Sozial- u. Wirtschaftsgesch., Bd. 4, S. 278ff., 461ff.

[4] 1, 195.

den hohen Zahlen, die Sombart zur Kennzeichnung des mittelalterlichen Großkapitalismus anführt, handelt es sich, soweit sie überhaupt der Kritik stand halten, um imaginäre Werte. Der enorm hohe Zinsfuß ließ ausgeliehene Geldsummen binnen kürzester Frist gewaltig anschwellen, mochten nun Lombarden oder Juden die Geldgeber sein. Realisierbar waren die Außenstände in ihrer Gesamtheit kaum jemals. Falls die Schuldner überhaupt zahlten, machten sie Abzüge; die Gläubiger konnten zufrieden sein, wenn sie einen Teil der in ihren Büchern unter Haben verzeichneten Summen einzuziehen vermochten, und werden auch dabei nicht zu kurz gekommen sein.[1] Die primären Kapitalien, deren Ursprung Sombart zu ergründen sucht, waren schließlich immer vorhanden. Eigentlich schon Lantfrid und Eggiheri, die Zeitgenossen Karls des Großen,[2] sind definitionsgemäße Kapitalisten, oder wollten es werden. Gewiß darf man auch die Grundrentenbezüger, die in den Städten des späteren Mittelalters ihren Sitz hatten, als Kapitalisten auffassen, weil sie ohne eigene Arbeit ihren Lebensunterhalt fanden. Daß ihre Einkünfte sich gehoben haben, entsprechend der Wertsteigerung ihres Grundbesitzes in der Stadt selbst und auf dem Lande, kann trotz der Einwendungen Strieders[3] gegen Sombarts Mehrwertstheorie für sehr wahrscheinlich gelten; aber nicht mit Notwendigkeit ging aus diesen Kreisen das Unternehmertum hervor, das durch kommerzielle Tätigkeit höheren Gewinn zu erzielen suchte als den der bloßen Kapitalrente, und früh genug eröffnete sich nicht nur in Italien,[4] sondern auch in Deutschland die Möglichkeit zu anderweitiger nutzbringender Kapitalanlage als durch Erwerb von Grund und Boden.

---

[1] Vgl. einen charakteristischen Fall in meinen Beiträgen zur älteren Wirtschafts- und Verfassungsgeschichte, S. 116f.

[2] Vgl. o. S. 148. [3] S. 67ff.

[4] Vgl. die Vermögensverteilung des Ansaldus Maniavaca in Genua 1236, Sieveking, Vierteljahrschr., Bd. 7, S. 76.

Metzger & Wittig, Leipzig.

www.ingramcontent.com/pod-product-compliance
Lightning Source LLC
LaVergne TN
LVHW042244300926
849161LV00003B/458